복 있는 사람

오직 여호와의 율법을 즐거워하여 그 율법을 주야로 묵상하는 자로다
저는 시냇가에 심은 나무가 시절을 좇아 과실을 맺으며 그 잎사귀가
마르지 아니함 같으니 그 행사가 다 형통하리로다 (시편 1:2-3)

우리 세대를 위한
조나단 에드워즈 신앙감정론

C. Samuel Storms

Signs of the Spirit

우리 세대를 위한
조나단 에드워즈 신앙감정론

샘 스톰즈 지음 | 장호준 옮김

복 있는 사람

우리 세대를 위한
조나단 에드워즈 신앙감정론

2011년 7월 22일 초판 1쇄 발행
2025년 4월 3일 초판 9쇄 발행

지은이 샘 스톰즈
옮긴이 장호준
펴낸이 박종현

(주) 복 있는 사람
서울특별시 마포구 연남동 246-21 (성미산로 23길 26-6)
전화 723-7183(편집), 723-7734(영업·마케팅)
팩스 723-7184
이메일 hismessage@naver.com
등록 1998년 1월 19일 제1-2280호

ISBN 979-11-7083-223-2

Signs of the Spirit
by C. Samuel Storms

Copyright © 2007 by C. Samuel Storms
Originally published in English under the title
Signs of the Spirit: An Interpretation of Jonathan Edwards' "Religious Affections"
Published by Crossway Books
a publishing ministry of Good News Publishers
Wheaton, Illinois 60187, U.S.A.
This edition published by arrangement with Good News Publishers.
Korean Copyright © 2011 by The Blessed People Publishing Co., Seoul, Korea.
All rights reserved.

이 책의 한국어판 저작권은 알맹2 에이전시를 통해 Crossway Books와 독점 계약한
(주) 복 있는 사람이 소유합니다. 저작권법에 의하여 한국 내에서 보호를 받는 저작물이므로 무단
전재와 복제를 금합니다.

하나님을 사랑하고 교회에 헌신한 신실한 친구
라일과 메리 도세트에게.

앤과 나는 당신들이 베풀어 준 헌신적인 지원과 사랑 넘치는 기도와
목자의 마음, 하나님을 따라가는 삶을 영원히 잊지 못할 것입니다.

차례

머리말 이 책에 대한 짧은 해명 __9

1부 신앙감정론

서론 부흥, 조나단 에드워즈 「신앙감정론」의 배경 __21

1장 참된 영성의 본질 __43

2장 신령한 감정 __51

3장 감정에 대한 성경적 이해 __57

4장 기도와 찬양과 설교에서의 감정 __65

5장 진정한 신앙감정의 표지가 될 수 없는 것들 I __75

6장 진정한 신앙감정의 표지가 될 수 없는 것들 II __87

7장 진정한 신앙감정의 표지: 도입 __99

8장 진정한 신앙감정의 첫 번째 표지 __103

9장 진정한 신앙감정의 두 번째 표지 __113

10장 진정한 신앙감정의 세 번째 표지 __119

11장 진정한 신앙감정의 네 번째 표지 __125

12장 진정한 신앙감정의 다섯 번째 표지 __131

13장 진정한 신앙감정의 여섯 번째 표지 __139

14장 진정한 신앙감정의 일곱 번째 표지 __153

15장 진정한 신앙감정의 여덟 번째 표지 __ 157

16장 진정한 신앙감정의 아홉 번째 표지 __ 163

17장 진정한 신앙감정의 열 번째 표지 __ 169

18장 진정한 신앙감정의 열한 번째 표지 __ 175

19장 진정한 신앙감정의 열두 번째 표지 I __ 181

20장 진정한 신앙감정의 열두 번째 표지 II __ 191

2부 조나단 에드워즈의 '신앙고백'

서론 조나단 에드워즈의 영성 __ 205

21장 마음에 생긴 새로운 자각 __ 213

22장 하나님과 경건을 향한 열망 __ 225

23장 새 하늘과 새 땅 __ 239

24장 고난과 그리스도의 사랑스러움 __ 255

25장 말씀과 성령 __ 269

26장 고통스럽지만 유익한 죄의 자각 __ 281

부록 조나단 에드워즈의 생애·사역·저작에 대한 연보 __ 293

주 __ 313

머리말
이 책에 대한 짧은 해명

성경의 저자들을 제외하고, 조나단 에드워즈만큼 나에게 큰 영향을 준 사람은 없다. 나는 달라스 신학교에서 오랫동안 가르쳐 온 존 해나John Hannah 교수의 강권으로 에드워즈를 처음 알게 되었다. 그의 지도하에 역사신학으로 1973년에 신학 석사학위를 받았다. 존은 나에게 에드워즈에 대한 독자적인 연구과정을 이수해 볼 것을 제안했고, 나는 「의지의 자유*Freedom of the Will*」에 대한 그의 논문을 읽는 것으로 그 과정을 시작했다(결국 이 책으로 석사논문을 쓰게 되었다). 내가 처음 에드워즈의 「신앙감정론*Religious Affections*」을 대한 것은 존 교수가 이 책을 나의 독서목록에 반드시 포함시키도록 했기 때문이다. 그가 해준 이 현명한 조언을 나는 평생 잊을 수 없을 것이다!

나 역시 만나는 거의 모든 사람에게 나의 삶을 변화시키는 데 막대한 영향을 준 에드워즈의 저작을 추천했고, 그것이 바로「신앙감정론」을 해설하는 책을 내놓는 계기가 되었다. 사람들이 나의 충고에 귀를 기울였다면, 나는 사실 이런 책을 내놓을 필요가 없었을 것이다. 누군가 에드워즈를 읽기 시작했다가 그의 문체와 복잡한 주장에 좌절하고 질려서 그만 포기했다는 소식을 듣는 것만큼 나를 서글프게 하는 일도 없다. 책을 추천해 달라는 말에 에드워즈의 책을 추천하면(그럴 때마다 나는 특별히 「신앙감정론」을 추천했다), 대부분 이내 얼굴을 찡그리거나 당혹스러운 표정으로 이렇게 말했다. "저도 정말 「신앙감정론」을 읽고 싶습니다. 사실, 저도 에드워즈를 읽어 보려고 했습니다. 하지만 스무 페이지 정도 읽다가 그만두었습니다. 이유는 모르겠지만, 도저히 계속 읽을 수가 없었습니다. 그의 문체는 너무 힘들어요. 솔직히 말해서 그가 무슨 말을 하는지 도무지 모르겠더라고요."

평범한 교인뿐 아니라 잘 배운 신학생들도 이런 고백을 한다. 에드워즈가 자주 사용하는 많은 신학적 비약과 복문 구조의 만연체 문장들은 그가 말하고자 하는 바를 전달하는 데 별로 도움이 되지 못하는 것 같다. 심지어 열심 있고 지적인 그리스도인을 시험하고 무색하게 한 것이 한두 번이 아니다.

수년 동안 나는 "에드워즈의 건조한 문장을 좀 다듬어 보라"거나 그의 신학적 개념을 의역해 보라는 집요한 요구들을 거부하고 일관된 입장을 취해 왔다. 나는 그동안 에드워즈를 읽는 데 어려움을 느끼는 수많은 사람들에게 포기하지 말고 마음을 가다듬고 다시 시작해 보라고 격려해 왔다. 하지만 "당신의 인내와 수고가 아깝지 않을 만큼 풍성한 것들을 얻게 될 것입니다"라는 말도 그들에게는 별로 도움이 되지 못하는 것 같다. 물론, 곳곳에 이 책을 끝까지 읽고 나름대로 자신의 여정을 뿌듯하게 여기는 사람들이 있다(그럴 만하다). 하지만 그런 사람들조차도 대부분 자신이 제대로 이해하면서 읽었는지 확신하지 못하고, 자신이 읽은 것을 잘 소화하지 못하고 지나간 경우가 태반이다.

나는 지금까지 「신앙감정론」을 열 번 정도 읽었지만, 어떤 부분에서는 여전히 에드워즈를 제대로 이해하지 못해 씨름하고 있다. 내가 아직도 씨름하는 것은 결코 에드워즈의 잘못이 아니고 나의 부족함 때문이라는 사실이 나는 너무 기쁘다(사실 나는 여전히 에드워즈에게 무슨 결점이 있다고 인정하기를 주저한다!) 내가 아무리 단호하고 열정적으로 사람들에게 에드워즈를 읽으라고 격려하고 재촉하고 도전하고 나무라고, 힘들더라도 참고 에드워즈를 읽으면 위대한 보고를 얻을 것이라고 어떤 말로 약속해도, 역시 대부분 에드워즈를 읽지 않을 것이라는 사실을 인정할 수밖에 없다. 기껏해야 처음 몇 페이지를 읽다가 덮어 버리고는, 역시 에드워즈는 어렵다고 결론 내릴 것이다. 정말 그렇게 하지 않으면 좋겠다. 그렇게 하지 않기를 기도한다. 그러나 안타깝게도 사람들은 여전히 그렇게 하고 있고, 앞으로도 계속 그렇게 할 것 같다.

더 많은 사람들이 에드워즈의 책을 접하게 하는 일을 그의 권위(혹은 우리의 자존심)를 손상시키는 것으로 치부하고 그를 고상한 이상과 관념의 세계에만 묻어 두기에는, 신앙체험의 본질에 대한 그의 신학과 통찰력이 너무나 중요하고 적실하고 풍성하다. 내가 죽을 때, 그의 책을 쉽게 하려는 유혹에 끝까지 굴복하지 않은 나 자신을 자랑스럽게 여기며 무덤으로 내려갈 수도 있었을 것이다. 하지만 나는 어쩌면 많은 사람들이 그가 말하고자 했던 영원한 유익을 얻지 못한 채 무덤으로 내려가는 것을 깨닫고 고통스러워하게 될지도 모르겠다.

좀 더 분명하게 말하면, 나는 대중에게 쉽게 다가가게 하고자 조나단 에드워즈(혹은 기독교 신앙의 어떤 측면이라도)의 글을 왜곡하거나 손상시키는 것을 결코 바라지 않는다. 오히려 그리스도인들을 더 "총명하게" 해서 이 위대한 신학적 지성과 (물론 다른 사람들과도) 씨름할 수 있도록 준비시키기를 바란다. 또한 나는 연령과 교육적 배경을 막론하고 모든 신자를 도전해서, 지난 2천 년 동안 그리스도의 교회에서 의미 있게 사용되었던 자료들과 그리스도의 말씀과 그분의 부요한 보고에 대해서 생각하고 깊이 파고들도록 부단히 도전할 것이다. 이 책「우리 세대를 위한 조나단 에드워즈 신앙감정론」이 이 목적을 이루는 데 유용한 도구가 될 수 있기를 기도한다.

그럼에도 이 책을 읽은 많은 사람들이 "샘, 당신이 잘못 안 겁니다! 저도「신앙감정론」을 읽었어요. 그리고 그 책을 정말 사랑해요. 맞아요. 그 책이 정말 어려운 건 사실이에요. 하지만 충분히 읽을 만한 가치가 있어요."라고 나에게 항의할 수도 있을 것이다. 이런 사람이 있다면 진심으로 하나님께 감사할 일이다. 그러나 이런 사람이 한 명이라면, 에드워즈를 읽으려다가 좌절하고 포기한 사람은 백 명 정도 될 것이다. 이 책은 바로 그런 백 명을 위한 책이다.

이 책을 쓰기로 마음먹기까지, 나는 예일대학 출판부에서 펴낸 에드워즈 전집 가운데「신앙감정론」을 편집한 존 스미스John E.

Smith의 지적 또한 넘어서야 했다. 그는 편집자 서문에서 이렇게 적고 있다.

> 에드워즈의 문체를 고려해 볼 때, 우리는 많은 독자들이 「신앙감정론」을 어렵게 여기고 있다는 사실을 무시할 수 없다. 또한 이 책을 다시 고쳐 쓰려고 하는 많은 편집자들의 움직임이 의미하는 바를 간과해서도 안 된다. 이 책은 정밀한 내용을 담고 있다. 그만큼 이 책을 읽기 위해서는 독자들의 최선의 노력이 필요하다. 에드워즈의 엄정한 기준에까지 우리를 높이려고 기꺼이 힘쓴다면 반드시 얻는 것이 있을 것이다. 하지만 우리가 원하는 바를 듣기 위해 에드워즈를 읽기 쉽게 만들어 버린다면 아무것도 얻지 못할 것이다.[1]

"자, 샘, 이제 당신은 무슨 말을 하겠소?" 적어도 에드워즈의 책을 "독자들이 어렵게 여기고" 있고, 그 책이 "정밀한 내용을 담고" 있고, 독자들이 에드워즈의 "엄정한 기준에까지" 다다르도록 해야 한다는 존 스미스의 결론에 대부분 동의한다. 하지만 이 책을 쓴 의도가 "우리가 원하는 바를 듣기 위해 에드워즈를 읽기 쉽게" 만드는 것이라 여긴다면, 이는 오산이다. 이 책을 통해 내가 바라는 것은 독자들이 에드워즈 자신이 말하고자 한 바를 들을 수 있게 하는 것이다. 나는 단지 에드워즈가 18세기에 말한 방식과, 그가 21세기에 살고 있다면 말했을 방식 사이의 큰 차이를 메우려는 것뿐이다.

스미스의 편집자 서문을 읽으면서 그의 말에 수긍하고 고개를 끄덕이다가, 그가 말한 경고에 귀를 기울이는 것으로 만족하고 점

잖게 돌아서기는 쉽다. 그러나 그렇다고 많은 사람들이 에드워즈를 읽는 것은 아니다! 의도는 좋지만, 적어도 이런 이상적인 주장을 입증할 만큼 많은 사람들이 에드워즈를 읽지는 않을 것이다.

여러분 가운데 많은 사람들이 내가 에드워즈를 손상시키고 있고, 에드워즈가 개인적으로 나에게 끼친 유익이 많은데도 그에게 합당한 대우를 하지 않고 있다고 주장할 것이다. 오히려 나는 최대한 많은 이들이 기독교 신앙에 대한 그의 경이로운 통찰력을 이해하도록 애쓰는 것이 그에게 합당한 경의를 표하는 것이라고 생각한다. 그렇다면 정확히 이 책을 통해 내가 하고자 하는 바는 무엇인가? 이 책은 도대체 어떤 책인가?

이 책은 에드워즈의 「신앙감정론」에 대한 해설서다. 에드워즈의 「신앙고백 Personal Narrative」은 「신앙감정론」에 비해 좀 더 실제적이라고 할 수 있지만, 이것까지 제목에 포함시키면 독자들에게 부담이 될 것 같아 넣지 않았다. 그렇다면 왜 이 책을 '해설서'라고 부르는가?

사실 이 책에 '현대판'이라는 이름을 붙여 볼까도 생각했지만, 그것은 정직하지 못한 것 같았다. 나는 단지 「신앙감정론」을 해설했을 뿐이기 때문이다. 이런 책에 '현대판'이라는 이름을 붙이는 것은 순진한 생각일 뿐 아니라, 나 자신의 신학적이고 개인적인 체계를 가지고 그의 책을 설명한 것을 부정하는 것이다. 사실 나는 어떤 문단을 취사선택할 때마다 이 논문에서 내가 가장 중요하게 생각하는 것을 반영하는 '해석적 선택'을 하는 것이다. 에드워즈의 저작에서 이차적이고 지엽적인 것과 대비되는 지배적이고 중심적인 것이 무엇인지를 결정하는 데는 나의 개인적이고 철학적인 전제가 작용한다. 내가 문단을 다시 고쳐 쓰거나, 그의 주장을 풀어 쓰거나, 신학적 핵심을 요약할 때마다 나의 신념이 분명히 드러난다. 독자들이 그 부분을 이해하는 것이 중요하다고 믿기 때문이다.

물론 에드워즈가 말하고자 하는 바를 내가 제대로 이해했다고 확신하지 못했다면, 나는 이 책을 시작하지 못했을 것이다. 내가 이 일을 제대로 했는지의 여부는 에드워즈에 정통한 학자들의 판단에 맡긴다. 에드워즈에 익숙한 독자들은 내가 그의 숭고한 인식을 '밋밋하게' 하지 않으면서도 더 이해하기 쉽게 하기 위해 신학적인 해석을 하거나 편집상의 결정을 한 것에 대해 반대할지도 모르겠다. 이것이 바로 이런 책을 쓸 때 따르는 위험이다.

내가 택한 방법은 단순하다. 수개월 동안 책상머리에 앉아서 「신앙감정론」을 읽고 또 읽었다. 매번 읽을 때마다 에드워즈의 핵심 주장을 이해하기 쉽게 다시 쓰고 다시 설명했다. 논지에 비추어 지엽적이거나 부차적이라고 여겨지거나 일반 독자들을 지루하게 할 만큼 반복되는(많은 증거 본문들을 인용할 뿐 아니라, 여기에 대해 지나치게 많은 설명을 덧붙이는) 부분은 생략했다. 그러나 많은 경우 그 저작의 중요한 부분들은 그대로 두었다. 이런 부분들은 말할 수 없이 부요하고 읽기에도 어렵지 않다. 나는 에드워즈가 언급한 것을 설명하기 위해서 때때로 그의 글을 길게 인용했다. 어느 것이 나의 말이고 어느 것이 에드워즈의 말인지 구분하기 쉽도록, 직접 인용한 부분이나 그가 간간히 사용하는 강렬하고 다채로운 표현에는 따옴표를 붙였다.

한 가지 덧붙일 점은, 이 책은 에드워즈 대용으로 읽게 하려고 쓴 책이 아니라 에드워즈 원전을 더 깊이 읽을 수 있도록 준비시키고 동기를 부여하기 위해 쓴 책이라는 것이다. 이런 말을 다소 이상적이라고 생각할 사람이 있을지도 모른다. 그러나 사실 사람들이 「신앙감정론」을 완전히 읽기를 바라면서도 정작 그 책에 전혀 다가가지 못하는 상황을 방치하는 것보다는 덜 이상적이다. 어쨌든 여러분이 이 책을 에드워즈를 대면하기 위한 '준비서'로서, 혹은 에드워즈 원전을 읽으면서 함께 볼 수 있는 '안내서' 정도로 여겨 주면 좋겠다.

문법과 문체의 변화

에드워즈를 읽은 사람들은 그의 문체가 어떤지 잘 알 것이다. 그는 쉼표를 즐겨 사용한다. 그의 글에는 곳곳에 쉼표가 많다. 콜론과 세미콜론도 자주 사용하는데, 이는 오늘날 작문 수업에서도 잘 사용하지 않는 방식이다. 종속절도 많이 사용하는데, 종속절이 일곱 개나 되는 긴 문장도 자주 볼 수 있다. 종종 한 문장으로 말할 수 있는 내용을 다섯 문장으로 말하기도 한다. 독자들의 가독성을 위해 문장의 길이를 줄일 뿐 아니라 구두점을 바꾼 곳도 여러 군데 있다. 내가 제대로 했는지의 여부는 독자가 판단할 것이다.

당시 많은 사람들이 그랬던 것처럼, 에드워즈 역시 악어나 문법적으로 맞지 않은 단어를 사용한다. 예를 들어, 그는 h로 시작하는 단어 앞에서는 a 대신에 an을 사용한다. 이런 경우는 건드리지 않고 그냥 두었다. them 대신에 'em을 사용하고, it is 대신에 'tis를, not이 와야 할 자리에 no를 사용한 경우도 그대로 두었다.

가장 신경 쓰이는 것 가운데 하나가 문법적으로 doesn't가 와야 할 자리에 don't를 쓰는 경우다. 그러나 이것 역시 그냥 두기로 했다. 이것을 바꾸려면 이 말이 포함된 문장을 재구성해야 하는데, 그럴 경우 이 문장을 통해 그가 의도한 바가 더 모호해질 수 있기 때문이다. 에드워즈를 읽어 가다 보면 이런 특징에 금방 익숙해질 것이다.

특별히 주의를 기울여야 할 단어도 있다. inclined나 disposed to와 같은 뜻을 의미할 때 그는 wont(won't가 아니다)를 쓰고, 우리가 actions를 쓰는 자리에는 actings를 사용한다. revelation을 예상하는 자리에는 discovery를 자주 쓴다. 마찬가지로, 복수형인 revelations가 올 자리에는 discoveries를 쓴다. 철자의 경우 Saviour는 Savior로, shew는 show로 바꾸었다.

나는 에드워즈가 주장하는 의미를 보충하기 위해 몇몇 문장에 단어를 삽입했다. 이런 경우에는 그 단어에 괄호를 쳐서 표시했다. 이미 언급한 것처럼, 그가 쉼표를 과도하게 사용하기 때문에 오늘날 용법에 맞게 쉼표를 많이 생략했다. 반면에 그가 세미콜론을 넣은 자리에 쉼표를 넣었고, 콜론 대신에 마침표를 찍고 문장을 새로 시작했다. 그러나 대부분은, 특히 에드워즈에 익숙하지 않은 사람들은 잘 알아차리지 못할 것이다.

에드워즈의 글을 인용할 때는 「신앙감정론」의 여러 판본 가운데 특별히 해석에 도움이 되는 책을 선별해서 인용했기 때문에, 인용한 본문의 페이지를 달지 않았다. 인용한 책들의 목록을 보려면 1부 서론의 주1을 보면 된다. 이는 독자들이 읽기 쉽도록 하기 위한 것이다.

에드워즈는 항상 흠정역성경KJV을 인용한다. 에드워즈를 직접 인용할 때는 성경 본문도 그대로 인용했고, 그 외에는 영어표준성경ESV을 사용했다.

그의 짧은 보고서라고 할 수 있는 「신앙고백」도 원전에서 약간 변화만 시켰을 뿐, 위와 같은 원칙을 따랐다. 그리고 보다 덜 중요한 문제를 다루는 부분은 생략했다. 「신앙감정론」을 주로 다루는 이 책에 왜 「신앙고백」을 포함시켰는지 궁금한 독자는 2부 서론을 읽어 보기 바란다.

여기까지가 바로 이 책을 왜 쓰게 되었는지에 대한 나의 해명apologetic이다. 내가 편집자로서 한 결정에 동의하든 동의하지 않든 간에, 나의 이런 결정은 에드워즈에 대한 크나큰 존경과, 그의 신학적 확신이 오늘날 기독교 세계에 더 많이 알려지기를 바라는 열정에서 비롯되었음을 이해해 주기 바란다. 우리는 그가 간파한 영적 체험의 본질과 그가 제시한 통찰들을 외면한 채 살아가도 될 만큼 영적으로 여유 있는 사람들이 아니다. 적어도 나는 그렇다.

2006년 10월

샘 스톰즈

1부
신앙감정론

서론
부흥, 조나단 에드워즈 「신앙감정론」의 배경

많은 사람들(나를 포함한)이 조나단 에드워즈의 논문인 「신앙감정론」을 지금까지 기록된 그의 저작들 가운데 신앙체험에 대한 가장 중요하고 정확한 분석이라고 말한다. 이 책에서 에드워즈는 "영원한 상급을 받아 누리기에 합당한, 하나님의 은혜를 받아 누리는 사람들의 가장 뚜렷한 특징은 무엇인가" 하는 것을 가급적 분명히 정의하려고 했다.[2] 간단히 말하면, 그는 참되고 진정한 영성을 이루는 것이 무엇인지 정의해 보려고 애를 썼다. 질문의 형태로 정리해 보면 이렇다. '하나님의 성령의 임재와 구원하는 역사의 표지라고 할 수 있는 분명한 특징과 성품이 인간의 생각과 말을 통해 드러나는가?' 다시 말해, '하나님의 구원하시는 은혜를 체험했다고 주장하는 사람이 정말로 거듭났는지 어떤 방법으로 정확히 알 수 있는가' 하는 것이다.

에드워즈의 많은 유명한 일화들 가운데 하나는, 그가 하루에 열세 시간을 연구하며 보냈다는 사실이다. 하지만 그가 신학이라는 상아탑에 들어앉아 당대에 제기되는 많은 문제들에 대한 답을 구했다고 생각하면 오산이다. 이런 문제들에 대한 에드워즈의 결론은 18세기 뉴잉글랜드에서 일어난 부흥의 불길 속에서 제련되어 나온 것이다. 그러므로 우리는 당시의 역사적·신앙적인 배경에 대한 이해 없이 이 중요한 저작을 해석하려고 해서는 안 된다.

대각성운동

1735년 5월 30일에 에드워즈는 보스턴에 있는 브래틀 스트리트 교회의 목사인 벤저민 콜먼Benjamin Colman 박사에게 여덟 장에 달하는 편지를 썼다. 이 편지에서 그는 자신이 목도한 부흥의 특징을 설명했다. 콜먼은 이 편지의 주요 부분을 영국에 있는 자신의 친구에게 보냈고, 이 편지로 인해 식민지에서 일어나고 있던 신앙적 사건들에 대한 소식이 빠르게 퍼져 나갔다. 이내 에드워즈는 자신이 목도한 것을 좀 더 상세히 설명해 줄 것을 요청받았고, 그는 다음과 같은 제목으로 그것을 기술했다. 「뉴잉글랜드 매사추세츠만 햄프셔 카운티에 있는 노샘프턴과 주변 도시들에 사는 수백 명 영혼들의 회심에서 드러난 하나님의 놀라운 역사에 대한 충실한 이야기」*A Faithful Narrative of the Surprising Work of God in the Conversion of Many Hundred Souls in Northampton, and the Neighbouring Towns and Villages of the County of Hampshire, in the Province of the Massachusetts-Bay in*

New England」.³

에드워즈는 1736년 11월 6일에 이 작업을 마쳤다. 그는 이 짧은 책의 앞부분에 첫 번째 부흥의 물결(1734-1736년)을 기록했고, 뒤이어 대각성운동Great Awakening(1740-1742년)으로 알려진 역사를 기록했다.

부흥의 역사적 전조

매사추세츠 사람들에게 부흥은 새로운 것이 아니었다. 에드워즈는 자신의 전임자요 외조부인 솔로몬 스토다드Solomon Stoddard(노샘프턴에서 60년간 목회했다) 아래서 이른바 추수harvests를 다섯 차례 목도할 수 있었다. 매번 부흥의 추수가 있을 때마다 에드워즈는 자신의 외조부인 스토다드가 "마을의 젊은이들 대부분이 자신의 영원한 구원을 염려하는 것 같았다"고 말하는 것을 들었다.⁴ 에드워즈가 노샘프턴에서 목회하는 동안에 일어난 성령 역사의 첫 번째 물결은, 이웃 마을 두 젊은이의 예기치 않은 죽음에서 비롯되었다. 이 일이 "많은 젊은이들의 영혼을 진지하게 했고, 그로 인해 사람들의 마음에 신앙적인 관심이 일제히 일어나기 시작했다."⁵
　이 부흥을 가져온 초자연적·신적인 원인을 모두 부정하고, 당시 있었던 자연적 재앙 때문에 겁에 질린 공동체가 그렇게 반응한 것이라고 이야기하는 학자들도 있다. 1735년부터 1740년 사이에 뉴잉글랜드에 디프테리아라는 전염병이 돌았던 것은 사실이지만, 여기에 대해 에드윈 거스태드Edwin Gaustad는 이렇게 말한다.

부흥운동이 있은 지 한참 후인 1735년 뉴저지 주에 전염병이 돌았다. 어느 지역보다 전염병이 심각했던 코네티컷 주와 매사추세츠 주에 윗필드가 다녀간 전후로 강력한 부흥이 있었지만, 전염병과 부흥 사이에는 어떤 관련성도 찾아볼 수 없다. 뉴햄프셔 주의 전염병은 1736년에 완전히 지나갔는데, 이 사실이 킹스턴과 햄프턴 폴스 지역에 있었던 두 번의 대각성운동 사이에 있는 5년의 휴지기를 설명하기 어렵게 한다. 마지막으로, 뉴햄프셔 주와 메인 주에서도 코네티컷 주와 매사추세츠 주와 같은 전염병이 네다섯 번 심하게 훑고 지나갔지만, 부흥은 코네티컷 주와 매사추세츠 주에서만 가장 광범위하게 일어났다.[6]

에드워즈 스스로가 최근에 일어난 영적인 갱신을, 믿음으로 말미암는 칭의에 대한 자신의 연속설교와 노샘프턴 지역의 문란했던 한 젊은 여인의 특별한 회심과 연결 짓고 있다(에드워즈는 그녀에 대해 "이 도시에서 사람들과 어울리기를 가장 좋아했던 사람 가운데 하나"라고 조심스럽게 언급한다[7]).

부흥의 특징

부흥의 일화를 자세히 다루는 대신 에드워즈가 말하는 대각성운동의 주된 특징을 살펴보려고 한다.

   말 그대로 어디서 만나든지 부흥에 대해 이야기하지 않는 사람이 없었다고 에드워즈는 말한다. "모이기만 하면 사람들은 저마다 신앙에 관한 것을 이야기했다. 사람들의 생각은 놀라울 정도로 세상과 멀어져 있었다. 세상이 더 이상 중요한 곳으로 생각되지 않았다."[8]

사람들은 자신의 일상을 소홀히 하는 경향이 있었다. 적어도 일상의 일들보다 영혼의 상태에 대해 더 큰 관심을 기울였다. "이전에는 세상적인 일을 필요 이상으로 좇았다면, 지금은 오히려 세상적인 일을 지나치게 소홀히 하는 경향이 있다. 신앙과 직접적으로 관련된 일에 너무 많은 시간을 보내서 위험할 지경이다."[9] 이들의 주된 관심은 "하늘나라에 들어가는 것이었다. 모두가 하늘나라를 침노해 들어가는 것처럼 보였다. 그들의 마음을 사로잡은 거대한 관심사는 결코 숨길 수 없어서 항상 그들의 표정에 드러났다."[10]

에드워즈는 대각성운동이 끼친 광범위한 영향에 크게 고무된 듯, 갱신의 표지들이 드러난 서른 곳의 다른 지역의 이름을 일일이 언급한다. 노샘프턴에 대해서는 "무론대소하고 영원한 세계의 위대한 일들에 무관심한 채로 남아 있는 사람이 단 한 사람도 없었다"고 말한다.[11] 하나님을 예배하는 일에도 괄목할 만한 변화가 있었다. "우리가 공예배를 드릴 때 부른 찬송은 그 어느 때보다도 생명력이 있었다.…… 사람들은 여느 때와 달리 고양된 마음과 목소리로 노래했고 모두 기쁨으로 찬양을 드렸다."[12] 무엇보다도 예수 그리스도의 인격이 예배에 참여한 모든 사람의 생각과 관심의 중심이 되었다.

말할 필요도 없이, 이런 현상을 바라보는 사람들의 반응은 엇갈렸다. "많은 사람들이 이런 모습을 보고 비웃고 조롱했다. 우리가 회심이라고 부르는 것을 일종의 불안과 혼란으로 보는 사람들도 있었다."[13] 그러나 깊은 인상을 받은 사람들도 있어서, "이전에 이 도시가 어땠는지 모르는 사람은 지금 이 도시의 상태가 무엇을 의미하는지 절대 이해할 수 없을 것"이라고 말했다.[14] 에드워즈는 말한다. "외부에서 방문차 혹은 사업상 이유로 이 도시를 찾은 사람들 가운데는 얼마 지나지 않아 이 도시에서 일어나고 있는 일에 깊은 감명을 받고, 하나님께서 이 도시에 쏟아 부으시는 복을 함께 나누어 받고, 기쁨으로 돌아간 사람들도 있었다. 결국 이와 동일한 역사가 그들이 돌아간 몇몇 지역에서도 분명하게 드러나고 여러 다른 지역들까지 퍼져 가기 시작했다."[15]

타락했다가 죄를 깨닫고 다시 교회로 돌아오는 사람들의 수만큼이나 새로이 구원을 얻은 사람들의 수도 많았다. 에드워즈는 "이 도시(노샘프턴)에서 육 개월 만에 남녀 거의 비슷한 비율로, 300명이 넘는 영혼들이 구원을 받고 그리스도께로 돌아왔다"고 확신하며 말했다.[16]

대각성운동에서 드러난 보다 분명한 특징 가운데 하나는 하나님의 일하심이 더 분명하고 강렬해진다는 사실이었다. 에드워즈는 이런 특징에 대해 다음과 같이 말한다. "하나님께서 마치 일상적인 방식에서 벗어나신 것처럼 민첩하게 일하시고, 하나님의 성령이 많은 사람들의 마음에서 순식간에 역사하셨다. 사람들이 순식간에 이토록 엄청나게 변화된다는 것이 정말 놀랍다."[17] 그는 또 이렇게 말한다. "모든 사람이 보통 때 누리는 복을 가지고 있는 힘을 다해 일년 동안 이루는 일들이, 하루 이틀이면 다 이루어질 정도로 하나님께서는 놀랍게 역사하셨다."[18]

회심의 본질

에드워즈는 참된 회심에 일정한 정형이나 패턴이 있음을 인정하기를 꺼려 했다. 그럼에도 회심은 일반적으로 항상 두 가지 단계로 나타났다.

첫째, 회심에는 죄에 대한 통렬하고도 깊은 깨달음이 있었다. 죄에 대한 깨달음이 어떤 사람에게는 갑작스럽게, 어떤 사람에게는 점진적으로 일어났다. 그 결과 "죄악된 행실을 끊고, 이전에 자신이 행하던 악한 일을 버리고, 무절제한 삶을 사는 것을 두려워하며"[19] "구원의 방편인 성경 읽기, 기도, 묵상 등을 열심히 추구했고, 교회에서 이루어지는 의식에 열심히 참여했다."[20] "그들이 평소에 자주 드나들던 곳도 바뀌었다. 더 이상 선술집에 가지 않을 뿐 아니라, 오히려 이제까지 선술집에 모였던 것보다 더 많은 사람들이 말씀을 배우기 위해 목회자의 집으로 몰려들었다."[21]

두려움을 체험하는 정도와 기간도 매우 다양했다. "도무지 감당하지 못할 정도로 죄에 대한 하나님의 진노를 절감한 사람들은, 자신의 죄책에 소스라치게 놀라서, 왜 하나님께서 자신과 같이 극악무도한 자들을 즉시 지옥에 쳐 넣지 않으시고, 계속 살아가게 내버려 두시는지 의아해 하면서 울부짖었다."[22]

둘째, 하나님의 사랑과 긍휼, 그리스도 안에 있는 구원의 은혜를 절감했다. 에드워즈는 이렇게 설명한다.

사람의 감정이 때때로 어떻게 감화되는지 보면 정말 놀랍다. 하나님께서 순식간에 그들의 눈을 열어 그들로 하여금 하나님 은혜의 광대함과 그리스도의 충만과 죄인을 구원하시는 기꺼우심을 맛보게 하시면,…… 그들의 마음은 기쁨 넘치는 놀라움으로 날아올라 웃음과 함께 폭포수 같은 눈물이 터져 뒤범벅이 되었다. 때때로 깊이 탄복한 나머지 큰소리로 울부짖는 것을 주체하지 못하기도 했다.[23]

하나님의 구원하시는 사랑에 대한 넘치는 확신을 얻은 사람들은 여러 가지 반응을 보였다.

어떤 사람은 그리스도를 간절히 열망한 나머지 몸도 가누지 못할 정도가 되었다. 어떤 사람은 사악하고, 비참하고, 도무지 가치 없는 피조물인 자신을 죽기까지 사랑하신 그리스도의 사랑에 압도되어 기력이 쇠진할 정도가 되었다. 하나님의 영광과 그리스도의 탁월함을 분명하게 느낀 나머지 자신의 본성과 생명이 그분 안에 완전히 잠기는 것을 경험한 사람도 있었다. 아마 하나님께서 자신의 영광을 조금만 더 드러내셨다면, 그의 체질이 완전히 풀어져 버렸을 것이다.…… 그리고 생각을 가다듬고 말할 수 있을 정도가 되자, 그는 완전하신 하나님의 영광에 대해 말하기 시작했다.[24]

신령한 기쁨으로 충만할 때는 많은 사람들이 먹는 일조차 잊어버렸다. 다른 사람들은 알지 못하는 진미로 배부른 동안에는 육신의 식욕도 사라졌다.[25]

"하나님을 찬양하고자 하는 영혼의 갈망"으로 사람들에게 나타나는 말할 수 없는 기쁨에 에드워즈도 때때로 크게 고무되었다.[26] 성경에 대한 새로운 사랑을 표현하는 사람들도 있었다. "하나님의 말씀에 대한 사랑 때문에 성경책이 눈에 보이기만 해도 크게 기뻐하고 감격하는 사람들이 있었다. 그들에게 주일만큼 소중한 날도 없었고, 이 세상에서 하나님의 교회당만큼 사랑스러운 곳도 없었다."[27]

에드워즈는 이렇게 진술한다. "지난해와 같이, 다른 사람들을 힘들게 했던 것을 고백하고 서로 간의 다툼과 분쟁을 해결한 때도 없었다. 이미 회심을 맛본 사람들은 다른 사람들도 회심하기를 간절히 열망했다."[28] 부흥이 일어나는 동안에는 지역 주민들의 몸 상태도 눈에 띄게 좋아졌다. "당시는 내가 이곳에 온 이래로 사람들의 건강이 가장 호전되는 때였다. 보통 건강이 안 좋은 이들을 위한 기도제목이 한 주에 예닐곱 건이 올라왔지만, 부흥의 기간에는 모든 주일을 통틀어 한 건 정도만 올라왔다. 하지만 부흥이 지나간 후에는 다시 예전으로 돌아가는 것처럼 보였다."[29]

부흥의 결말

부흥의 역사를 통해 우리는 어떤 부흥도 정확히 똑같거나 틀에 박힌 방식으로 나타나지 않는다는 것을 안다. 그럼에도 모든 부흥에 공통적으로 나타나는 한 가지 사실은, 부흥이 언젠가는 끝난다는 것이다. 에드워즈는 이렇게 적고 있다. "5월 하순경에는 하나님의 성령이 조금씩 우리에게서 물러가시는 것을 현저하게 느낄 수 있었고, 이때 이후로 사탄은 마치 매인 결박이 풀린 것처럼 그 어느 때보다 더 사납게 날뛰었다."[30] 에드워즈가 보기에 부흥의 종지부를 찍은 한 가지 결정적인 사건이 있었다. 우울증 내력이 있는 가정의 한 남자가 자신의 목을 칼로 그어 자살하는 사건이 발생했다. "사탄은 그의 우울한 기질을 이용해 그에게 절망감을 불어넣었다."[31] (사실 이 남자는 에드워즈의 숙부인 조셉 홀리 Joseph Hawley였다.) 이 사건은 그 지역의 부흥에 찬물을 끼얹는 것과도 같았다.

> 이 일이 있은 후에, 그와 똑같이 하고 싶은 강한 충동을 느낀다는 사람들이 곳곳에서 많이 나타났다. 특별히 마음이 어둡지 않고 신앙적으로도 전혀 문제가 없는 일단의 경건한 신자들을 포함해서, 우울한 기질이 전혀 없는 사람들조차도 마치 누군가가 자신에게 "지금이 좋은 기회다. 너도 목을 그어라. 어서! 어서!"라고 재촉하는 것처럼 느꼈다.[32]

"이런 일이 있은 지 얼마 후 하나님의 성령이 온 나라에서 떠나가시는 것을 분명하게 느낄 수 있었다."[33] 그럼에도 부흥을 통해 구원받은 것을 고백한 대다수의 신자들은 "자신들에게 시작된 삶의 변화를 계속 이어갔다.……일반적으로 이들은 모든 일을 새롭게 느끼고, 하나님과 예수 그리스도의 신적인 성품과 복음의 위대한 일들을 새롭게 자각하고 이해하는 것처럼 보였다."[34] 이런 일들을 겪고 난 에드워즈는 1740-1742년에 일어난 부흥에서는 전과 달리 좀 더 신중하게 접근하는 모습을 보인다.

1740-1742년의 부흥

제1차 대각성운동으로 알려진 두 번째 성령의 역사는 일반적으로 1740-1742년으로 잡는다. 역사가들은 일반적으로 조지 윗필드 George Whitefield가 당시 미국을 방문한 시점을 부흥의 기점으로 삼는다. 1740년 가을에 도착한 "위대한 순회설교자" 윗필드는 "뉴잉글랜드 전역을 부흥의 불길에 사로잡히게 했는데, 이에 비하면 1734-1735년에 있었던 부흥은 작은 산불로 여겨질 정도였다."[35]

대서양 연안을 따라 수천 명에게 설교한 윗필드가, 에드워즈가 있는 노샘프턴에 도착한 것은 10월 중순이었다. 에드워즈가 목회하는 교회에서 주일 아침 설교를 한 윗필드는 나중에 자신의 일기에 이렇게 적었다. "에드워즈 목사는 설교 시간 내내 울었고, 회중도 동일하게 감동을 받았다. 오후에는 더 큰 능력이 임했다."[36]

에드워즈의 부인인 사라 에드워즈도 예외는 아니었다. 뉴헤이븐에서 목회하는 자신의 오빠인 제임스 피어폰트 James Pierpont에게 보낸 편지에 그녀는 이렇게 적고 있다.

복음의 단순한 진리를 선포하여 그가 회중을 감화시키는 것을 보면 정말 놀랍습니다. 울음을 참아 가며 흐느끼는 소리만이 간간히 들릴 뿐, 수천 명이 숨 죽여 그의 말 한 마디 한 마디에 귀를 기울입니다. 무지한 사람들을 감화시킬 뿐 아니라, 유식하고 교양 있는 사람들도 예외가 없습니다. 상점도 문을 닫고, 막일꾼들도 연장을 집어던진 채 그의 설교를 들으러 나아왔습니다. 감동을 받지 못한 채로 돌아가는 사람은 거의 없었습니다.…… 노샘프턴에 사는 수많은 사람들이 그리스도를 증거하는 설교를 들은 날부터 새로운 생각과 새로운 열망과 새로운 목적과 새로운 삶을 시작했습니다.37

불신자였지만 윗필드를 자신의 친구로 여긴 벤저민 프랭클린 Benjamin Franklin은 그의 설교에 대해 이렇게 적고 있다.

그는 우렁차고도 또렷한 목소리로 한 마디 한 마디를 분명히 말하기 때문에 멀리서도 그의 말은 잘 알아들을 수가 있다. 특히 그의 회중은 설교 시간 내내 쥐 죽은 듯이 고요하다.…… 그의 설교를 자주 들은 덕분에, 그가 하는 설교가 새롭게 준비한 것인지, 아니면 순회설교에서 종종 들었던 것인지 금방 분간할 수 있다. 특히 후자의 경우는 여러 번 반복된 설교라서 흐름이 매끄럽고 잘 짜여져 있다. 설교 주제에 흥미가 없던 사람도 관심을 갖고 듣지 않을 수가 없다.38

C. C. 고언Goen에 따르면, "윗필드는 코네티컷 주에서 뉴욕 주로 가는 45일 동안, 마흔 개의 도시를 들러서 아흔일곱 번의 설교와 권고를 했다."39 그는 미국에서 40일 하고도 보름을 더 설교한 후, 1741년 1월 16일에 영국으로 돌아갔다. 그 후, 1744년 가을에 다시 한 번 미국을 짧게 방문했다.

윗필드만 대각성운동에 기여한 것은 아니다. 한 사람이 더 언급되어야 하는데, 그는 바로 중부 식민지에서 장로교 부흥을 주도한 길버트 테넌트Gilbert Tennent다. 고언은 말하기를 "테넌트가 동부 코네티컷 주를 순회한 후부터, 이 지역에서는 예배시간에 감화를 받아 감정이 격해지는 것이 흔한 일이 되었다. 설교자들은 중간 중간에 한숨과 탄식과 흐느끼는 소리와 괴로워하며 부르짖는 소리 때문에 설교를 더 이상 진행하지 못하고 기다려야 했다. "아! 이제 나는 망했다! 오, 내 죄악들을 어찌할까! 이것들이 내 생명을 얼마나 많이 갉아 먹었던가! 나는 어찌될까? 하나님이 밝히 보여주셨음에도 이 황금 같은 기회를 허망하게 보내 버린 나 같은 사람이 어떻게 지옥을 피해 갈 수 있단 말인가?"[40] 환상과 황홀경에 빠지는 일도 다반사였다. 테넌트의 중심 메시지는 당시 대부분의 목사들이 회심하지 못했다고 믿은 그의 신념에서 비롯되었다. 이런 그의 설교가 당시 뉴잉글랜드의 목사들로부터 환영 받지 못했을 것이라는 사실은 어렵지 않게 짐작할 수 있다!

 그와 정반대의 입장에서 설교한 사람은 제임스 데븐포트James Davenport다. 데븐포트에게는 "광신자"라는 낙인이 찍혔다. 에드워즈가 믿기로, 부흥의 중단을 초래한 극단적인 사례들이 대부분 그에게서 비롯된 것이었다. 고언이 정의한 대로, "광신주의enthusiasm는 하나님의 직접적인 영감과 사로잡힘을 믿고, 이런 것을 통해 하나님의 권위를 주장하는 것"을 말한다.[41]

 당시 부흥을 반대했던 대표적인 사람인 찰스 촌시Charles Chauncy는 이 말을 데븐포트에게 적용했다. "아주 부정적인 의미에서 보면, 광신주의는 실제 영감에서 온 것이라기보다는 상상에서 비롯된 것이다. 이런 의미에서 광신주의자는 자신이 하나님의 특별한 임재를 누리는 사람이라고 확신한다. 그는 자신이 흥분할 때마다 하나님과 교감하고 있다고 착각하고, 지나친 흥분에서 비롯된 상상을 하나님의 성령께서 직접 주신 영감이라고 착각한다."[42]

반대와 분리

대각성운동에 대한 비난은 신랄했고 도저히 멈출 기세가 보이지 않았다. 보스턴에서 가장 영향력 있는 교회의 목사인 찰스 촌시가 이 반대 세력을 주도했다. 촌시는 "당시에 일어났던 모든 부흥을 '열광주의자들의 흥분'으로 매도했던 옛빛파Old Lights의 영향력 있는 지도자였다."[43] 촌시와 그를 따르는 사람들은 대개 뉴잉글랜드의 전통적인 신앙질서를 선호했고, 부흥운동가들이 도입한 새로운 방식을 거부했다. 이들에게 회심은 주로 개인에게 일어난 지적인 신념의 변화를 말했다. 그러므로 이른바 성령과의 조우encounter를 포함한 그리스도인의 삶은, 합리적이고 교양 있고 감정이 시각적이나 감각적으로 드러나지 않는 것이어야만 했다.

부흥에 대한 반대의 일환으로 촌시가 쓴 책이 1743년 9월에 「작금의 뉴잉글랜드 신앙 상태에 대한 고찰*Seasonable Thoughts on the State of Religion in New England*」이라는 제목으로 출간되었다. 이 책을 통해 그는 무엇보다도 순회목회자들이 끼치는 악영향에 대한 우려를 나타냈다. 그중에서도 특히 정식으로 안수 받지 못한 설교자들이 끼치는 악영향을 우려했다. 촌시는 말한다. "이런 떠돌이 설교자들은 시기심을 조장하고 권위를 위협할 뿐 아니라 목회의 직분에 대한 교회의 원리를 우습게 여긴다."[44]

그는 또한 "평신도 권사들"에 대해서도 반대했다. 그는 이렇게 비난한다. "지금까지 당신이 듣도 보도 못했을 희한한 이들이 있는데, 사람들은 이들을 권사exhorter라 부른다. 남자 권사도 있고, 여자 권사도 있는데, 대개는 남자들이고 젊다. 이들은 열정만 있지 무지하고 무례하다. 이런 권사들은 교인들 가운데 세워지는데, 이들은 이 도시 저 도시, 이 집 저 집 다니면서 어리석은 여인들을 꾀고 남편들까지 끌어들인다. 이들은 대개 목소리가 좋아서 듣는 사람들을 쉽게 흥분시키고, 울리기도 하고, 기절시키고, 황홀경에 빠지게 하고, 경련을 일으키게도 한다."45

촌시는 특별히 부흥에 관계된 사람들의 극단적이고 열광주의적인 행동을 아주 못마땅하게 여겼다. 촌시는 참된 신앙은 주로 지성에 관계된 것이며, 자기절제와 문화적 교양과 엄격한 도덕을 특징으로 하는 것이지, 결코 감정적인 것은 아니라고 말했다. "명백한 진리는, 다른 모든 일뿐 아니라 신앙의 문제에서도 **흥분된 감정**이 아닌 계몽된 지성이 사람이라는 존재를 이끌어 간다는 사실이다."46 앞으로 그의 논문을 살펴 가면서 더 분명해지겠지만, 위와 같은 사실 때문에 에드워즈가 지성을 무시했다고 결론을 내릴 이유는 없다. 조지 마즈던George Marsden은 이렇게 지적한다. "어떤 에드워즈의 설교를 통해서도 알 수 있지만, 에드워즈는 결코 이성을 희생하여 감정을 높이는 일을 하지 않는다."47

에드윈 거스태드는 1743년 말까지 "부흥을 비판하는 모든 세세한 원리들이 자리 잡게 되었다. 인공호흡을 해서라도 부흥을 다시 살려 보려고 많은 사람들이 노력했지만, 결국 대각성운동은 죽었

다. 하지만 틈만 있으면 부흥의 시체라도 난도질하려는 사람들은 여전했다"고 말했다.[48]

많은 사람들이 쇠락해 가는 부흥의 영향에 대해 나름대로의 견해를 제시했고, 에드워즈도 여기에 대한 자신의 견해를 갖고 있었다. 하지만 거스태드는 역사가의 양식으로 이때 일어난 일을 바라본다.

> 우리의 입장에서 볼 때, 비범한 통찰력 없이도 1741년에 일어난 열렬한 신앙이 오래 지속되지 못했을 것이라고 결론 내리는 것은 그리 어렵지 않다. 지독한 두려움과 고통스러운 각성, 불붙는 헌신은 특성상 인간에게서 오래 지속되지 못할 것들이다. 열병은 빨리 멈추어야 한다. 그렇지 않으면 환자는 죽을 수밖에 없다.…… 그렇기 때문에 부흥주의가 퇴조한 원인을 설명하기 위해 고심할 필요는 없다. 부흥주의는 퇴조할 수밖에 없었고, 마땅히 퇴조해야 했다. 그런 큰 혼란과 불안정 가운데서는 사회가 존속될 수 없기 때문이다.[49]

일견 거스태드의 생각이 일리는 있다. 절제되지 않은 열광주의와 감정주의가 초래하는 파괴적인 결과를 결코 간과할 수 없기 때문이다.

대각성운동에 대한 에드워즈의 변호

대각성운동이 활발하게 계속되는 동안에는 물론이고 그 이후에도 에드워즈는 일관되게 부흥이 하나님께로부터 온 것이라고 변호했다. 그 역시 "열광주의enthusiasm"나 주관주의subjectivism, 그리고 데븐포트가 확실한 성령의 역사라고 주장하는 것들을 반대했다. 하지만 이런 지엽적인 문제들이 하나님께서 행하신 일들을 무의미하게 만든다고 생각하지는 않았다.

예일대학 당국은 많은 학생들 사이에서 열광적으로 일어나고 있는 터무니없는 일들에 종지부를 찍고자, 에드워즈에게 1741년 9월 10일에 있을 졸업식 설교를 부탁했다. 그러나 그들이 그날 들어야 했던 것은 오히려 부흥의 영적 권위를 힘 있게 변호하는 설교였다.

같은 해에 에드워즈는 이 설교를 증보해서 보스턴의 목사인 윌리엄 쿠퍼William Cooper의 서문과 함께 출판했는데, 이 책의 제목은 다음과 같다.

> 최근 이 지역에 있는 많은 사람들의 마음에서 일어나고 있는 특별한 일들에 적용해 보는 하나님의 성령의 역사를 분별하는 표지들: 성령의 역사가 일어나는 환경에 대한 특별한 고찰과 더불어 *The Distinguishing Marks of a Work of the Spirit of God, Applied to that Uncommon Operation That Has Lately Appeared on the Minds of Many of the People of This Land: With a Particular Consideration of the Extraordinary Circumstances With Which This Work Is Attended*.[50]

에드워즈가 이 책을 쓴 목적은, "우리 자신과 다른 사람들에게서 드러나는 여러 가지 현상들을 바로 분별할 수 있는, 하나님의 성령의 참되고 분명하고 특징적인 증거들을 보여주는" 데 있었다.[51]

이 책에서 에드워즈는 이중적인 접근을 한다. 먼저 그는 우리가 아주 의미 없는 것으로 판단할 수 있는 사건, 체험, 종교적 현상과 같은 "부정적인 표지들Negative Signs"을 제시한다. 이런 표지들로 성령의 역사다 아니다 결론 내려서는 안 된다. 이런 일들은 성령 역사의 결과일 수도 있지만, 또한 인간의 연약함이나 감정적 불안정에서 비롯되었거나 부흥사들의 조작의 산물일 수도 있기 때문이다. 성경은 이런 일들에 대한 판단의 준거로 삼을 수 있는 명백한 기준을 제시하지 않는다.

그런 다음 에드워즈는 성령의 역사라고 할 수 있는 확실하고 명백한 증거로 넘어가서, "자기 자신이나 다른 사람에게서 드러나는 현상을 바로 분별할 수 있는 분명하고 확실한 성령 역사의 표지와 성경의 증거들"을 제시한다.[52] 여기서 에드워즈는 요한일서 4:1-6로부터 주석해 낸 원리들을 근거로 자신의 주장을 펼친다.

부흥에 대한 반응

부흥은 신학적이고 목회적인 상징성을 갖는 중요한 문제들을 부각시켰다. 이것이 바로 에드워즈가 「신앙감정론」을 쓴 궁극적인 이유다. 문제는 두 가지다. 첫째, 참된 신앙의 본질은 무엇인가? 하나님께서 기쁘게 받으실 만한 삶의 핵심은 무엇인가? 둘째, 참된 신앙과 거짓된 신앙, 성화와 외식, 참된 경건과 허울뿐인 경건을 분별할 수 있는 기준이 있는가? 만약 있다면, 어떤 사람에게 성령의 구원하시는 역사가 일어났는지 어떻게 알 수 있는가? 구원에까지 미치지 않는 성령의 통상적이고 일반적인 역사와 구원하시는 성령의 은혜의 역사를 우리가 얼마만큼 확신을 가지고 분별할 수 있는가?

촌시에 대한 대응으로 에드워즈는 첫 번째 질문에 대해 "참된 신앙은 주로 거룩한 감정으로 이루어져 있다"고 대답한다.[53] 두 번째 질문에 대해서는 참된 영성과 거짓된 영성의 차이를 분별할 수 있는 스물네 가지 "표지들"을 제시한다. 성령의 구원하시는 표지다 아니다 말할 수 없는 열두 가지 증거가 있다. 이 역사들을 통해서는 성령의 구원하시는 역사를 가진 사람인지 아닌지 알 수 없다. 이런 일들이 성령으로부터 비롯될 수도 있지만, 육체로부터도 쉽게 기인한다. 하나님께로부터 온 초자연적인 역사가 아니고도 이런 일들은 가능하기 때문에, 이런 것들로 우리 자신과 다른 사람의 영혼을 판단하는 것은 적절치 않다.

하지만 구원하는 은혜가 임했고 하나님의 자녀가 되었음을 나타내는 또 다른 열두 가지 증거가 있다. 존 스미스가 지적한 대로, 이 열두 가지 표지는 "참된 경건의 시금석일 뿐 아니라, 그 자체가 바로 신자 삶의 요체다."[54]

"에드워즈는 이 다음에 와야 할 두 가지 일을 잊지 않는다. 첫째는 신앙에서 감정을 배제하려는 사람들에 대항하여 감정의 중심성을 변호하는 것과, 둘째로 신앙이 감정적인 광신주의와 거짓된 열광주의로 전락하지 않도록 하기 위해 그것들을 검증할 수 있는 기준을 제시한다."[55] 이렇게 에드워즈의 논문은 "두 가지를 종합한다. 성령의 역사와 인간 영혼에 있는 감정을 연관시키고, 동시에 올바로 검증된 감정을 통해 어떻게 우리가 참된 경건과 거짓된 경건을 구분할 수 있는지를 보여준다."[56]

데븐포트와 그의 추종자들을 비롯해 많은 사람들이, 떨림이나 고함, 웃음이나 울음과 같은 물리적 현상과, 스스로 참된 신앙적 열정이라 여기는 다른 분명한 증거들을 체험한 자신들이야말로 성령의 은혜를 받은 사람들이라고 주장했다. 에드워즈가 설교하는 동안에도 그의 아내 사라를 포함하여 회중이 "몸의 기력을 다 잃고 고꾸라지는 일"이 있었다. 환상을 보고 환청을 듣고 마음에 강렬한 느낌을 받았다고 증거하는 사람들도 있었다. 때때로 어떤 사람들은 황홀경에 빠진 상태에서 24시간 혹은 그보다 더 오랜 시간을 보내기도 했다.

경련과 같이 몸으로 느낄 수 있게 드러난 것들이 성령의 역사를 증거하는 확실한 표지인가? 아니면 이 모든 것은 순진한 양들의 감정을 불러일으키는 데 탁월한 목사들이 교묘하게 연출해 낸 것인가? 에드워즈는 둘 다 아니라고 한다. 연약한 본성을 가진 인간이 성령과 조우하면, 그것을 견디지 못하고 이런 물리적인 현상을 보일 수 있다는 것이다. 그러나 그렇지 않을 수도 있다. 어떤 경우에든 이런 것들은 구원의 확신을 위한 근거로는 충분하지 않을뿐더러 신자 삶의 본질도 아니다.

에드워즈의「신앙감정론」을 연구해 가면서 우리는, 에드워즈가 촌시에 대항하여 참 신앙은 단순히 진리에 대한 "관념적인" 이해와 지적인 동의로만 이루어진 것이 아니고, 사랑과 희락과 기쁨과 평강과 갈망과 같은 감정이 역동하는 "마음의 지각 sense of heart"이라고 주장한다는 사실을 염두에 두어야 한다. 이런 감정은 물리적 현상을 동반할 수 있지만, 이런 물리적 현상이 앞에서 말한 신앙감정의 실재를 보증하지는 않는다고 에드워즈는 말한다. 우리는 또한 에드워즈가 촌시에 대응하여 물리적 현상은 그 자체로 영적인 체험의 실재에 대해 아무것도 말해 주지 않는다고 주장한다는 사실도 기억해야 한다. 지각이 인식하는 바에 대해 몸이 생경하게 반응할 경우, 이런 몸의 반응이 성령의 구원하시는 특별한 은혜와는 전혀 상관없이 순전히 자연적(마귀적이라고 말하는 것이 아니다)이고 물리적이고 심리적인 요인에서 비롯될 수도 있다는 사실에 놀라지 말아야 한다고 에드워즈는 말한다.

데븐포트와 다른 사람들이 부흥을 감정적인 극단과 무절제로 규정했음에도, 에드워즈는 그 속에서 하나님의 참된 역사를 보았다. 어떤 사람들이 종교적 속임수로 목욕물을 더럽힌 것은 사실이지만, 최소한 에드워즈는 그 속에서 살아 있다고 생각되는 아기를 더러운 물과 함께 버리지 않았다.

나중에 에드워즈는, 스스로 구원받았다고 주장하는 사람들의 말을 거의 그대로 믿은 자신이 다소 순진했다고 인정했다. 부흥이 지나가고 나자 이때 갖고 있던 열심과 믿음의 고백에서 급속도로 떨어져 나가는 사람들을 에드워즈는 목격했다. 또 자신과 함께 일해 오던 사람들 가운데서도 그런 사람들이 있었다. 이로 인해 에드워즈가 부흥을 전적으로 부정하지는 않았지만, 주관적인 체험과 겉으로 드러나는 물리적인 현상을 가지고 자신의 구원을 확신하는 것은 부실하고 잘못된 기초에 근거해 집을 짓는 것이라고, 어느 때보다도 더 분명히 확신하게 되었다. 마이클 해이킨Michael Haykin이 지적한 대로, "회중 가운데 많은 사람들이 참된 회심을 확인하는 방식에 대해 잘못된 생각을 갖고 있었고, 이로 인해 많은 문제들이 생겨났다. 그들은 '상상력에 미치는 느낌impressions on the imagination'과 특정한 체험에 지나친 비중을 둘 뿐, 에드워즈가 '은혜의 열매'와 '가슴에서 자각할 수 있는 한결같은 성향'이라고 말한 것을 충분히 숙고하지 않았다."[57]

그렇다면 구원에 이르는 하나님의 성령과의 참된 조우의 본질은 무엇인가? 우리가 하나님의 구속 은혜를 받은 사람이라면, 그 은혜를 받았다고 말할 수 있는 결정적인 기준은 무엇인가? 이것이 바로 조나단 에드워즈가 「신앙감정론」을 통해 자문했던 것이다.[58]

1장_ 참된 영성의 본질

오늘날 교회에 "영원한 상급을 받아 누리기에 합당한, 하나님의 은혜를 받아 누리는 사람들의 가장 뚜렷한 특징은 무엇인가"를 정의하는 것보다 더 시급하고 절실한 일은 없을 것 같다. 하나님이 보시기에 받으실 만한 인간 영혼의 특징과 참된 영성의 본질적인 특성은 무엇인가?

이 물음에 답하기 위해 베드로전서 1:8을 주목해 보자. 이 본문에서 사도는 자신의 편지를 받는 회중에게 다음과 같이 가슴 벅차게 이야기한다. "여러분은 그리스도를 본 일이 없으면서도 사랑하며, 지금 그를 볼 수 없으면서도 믿으며, 말로 다 표현할 수 없는 영광과 즐거움을 바라보면서 기뻐하고 있습니다"(새번역). 왜 하필 이 본문인가? 수많은 본문들 가운데 이 구절이 참된 영성의 정수를 보여준다고 할 만한 이유가 있는가?

이 물음에 대한 대답은 신자의 시험과 고난을 언급하고 있는 그 앞 구절들이 주고 있다(6-7절). 시험이나 고난과 같은 체험을 통해 신자는 사람의 마음에 있는 거짓과 외식에 대비되는 참되고 진실한 것의 가치를 보는 안목을 갖는다. 여러 모양의 고난과 믿음의 시험을 통해, 참된 영성만이 가진 "진정한 아름다움과 매력"이 신자에게서 더 선명하게 부각된다. "참된 미덕은 그것이 가장 억압당할 때 가장 사랑스럽게 드러난다."

시련과 고통이 참된 영성을 더욱 북돋우고 거룩하게 한다는 사실이 무엇보다 중요하다고 할 수 있다. 시련과 고통을 통해 우리는 참과 거짓을 분별할 수 있게 될 뿐 아니라, "참된 영성을 방해하고 가로막는 거짓된 것들과 뒤섞이지 않도록 정련된다. 우리 안에는 그것들로부터 분리된 참된 것만 남는다." 사도 베드로가 7절에서 들고 있는 유비를 통해, 우리는 "금이 불 속에서 제련되어 모든 불순물과 남아 있는 찌꺼를 없애고 더 단단하고 아름다운 정금으로 나오는 것처럼, 참된 믿음도 시험을 통해 더 값진 것이 되고, 그리스도께서 오시는 날에 칭찬과 존귀와 영광을 얻는다"는 사실을 알게 된다.

앞서 말한 대로, 사도는 지금 극심한 핍박과 억압과 고난 가운데 있는 그리스도인들에게 편지하고 있다. 베드로전서 1:6, 2:20-21, 3:17, 그리고 특히 4:12-18만 보아도 이 사실을 알 수 있다. 사도는 1장에서 고생과 시험의 고통이 있어도 그것을 즐거워할 수 있는 능력과 비결은, 다음 두 가지를 믿고 기억하는 데서 나온다는 사실을 분명히 한다.

먼저 베드로는 시험과 고난의 **기간**을 언급한다. 6절에서 그들이

"잠깐" 근심하지 않을 수 없다고 말한다. 고난은 영원하지 않고 잠시 지나가는 것이라는 말이다. 시험과 고통은 지나간다. 이 땅에서 아무리 어려운 고난을 당한다 해도 측량할 수 없는 영광과 영원한 하늘의 기쁨에 자리를 내주어야 하는 때가 온다(고후 4:16-18을 보라). 우리는 시험과 고난의 기간을 앎으로써 끝까지 견디고 이길 용기를 얻는다.

둘째, 베드로는 시험에는 **목적**이 있음을 이야기한다. 7절에서 베드로는 고난이 우리의 믿음을 정결하게 한다고 말한다. 하나님께서는 결코 고통을 낭비하지 않으신다. 이 땅에서의 고난과 시련은 우리를 성결케 하고, 예수 그리스도의 형상을 닮아 가도록 한다. 베드로전서 1:7은 시편 119편을 떠오르게 한다.

- 고난당하기 전에는 내가 그릇 행하였더니 이제는 주의 말씀을 지키나이다(67절).
- 고난당한 것이 내게 유익이라. 이로 말미암아 내가 주의 율례들을 배우게 되었나이다(71절).

불이 금 속에 있는 불순물을 녹여 내고 금에 붙어 있는 찌끼를 태워 없애서 단단하고 순전하게 하는 것처럼, 고난과 시험과 핍박의 불길이 믿음의 불순물과 찌끼를 태워 없앤다. 격렬한 핍박과 고난을 지나면서 우리 안에 있는 외식과 교만과 자기만족과 같은 것들이 (완전히는 아니지만) 점차 파괴되고 빠져나간다(시 66:10, 말 3:3, 사 48:10을 보라).

8절에서 베드로 사도는 고난이라는 혹독한 시련을 거친 후 그리스도인의 믿음에 무엇이 남는지를 말하고 있다. 모든 불순물이 떨어져 나간 믿음의 가장 순전하고 거룩한 모습을 묘사하고 있는 것이다. 죄가 가득한 첨가제와 방부제로 유지되는 믿음이 아닌, 하늘 이편에서 우리가 가질 수 있는 "최상"의 믿음이 바로 이것이다! 고난과 시련이 있기 전에는 볼 수 없었던 믿음의 모습이다. 주변적이고 모호하고 인위적인 외식과 같은 불순물이 다 빠져나간 믿음이다. 요컨대 8절에서 묘사하는 것은 진정한 기독교 신앙의 핵심이다.

베드로 사도가 말하고자 한 바가 무엇인지 설명해 보겠다. 사람의 손이 전혀 닿은 적 없는 단단한 대리석 덩이를 생각해 보자. 조각의 대가는 사람의 모양을 만들기 위해 망치와 끌과 정을 가지고 불필요한 부분을 다 쳐 낸다! 그 작품이 우리 눈앞에 걸작으로 드러나기까지 조각가는 대리석을 쪼고 깎고 가는 일을 계속한다. 이것이 바로 하나님께서 우리가 당하는 시험과 어려움을 통해 우리를 다루어 가시는 모습이다. 하나님께서는 우리가 당하는 고난과 시련이라는 영적 망치와 끌과 정으로 우리의 삶에서 예수님의 모습이 아닌 모든 것을 깎아 내신다! 모든 거짓된 안정감과 헛되고 일시적인 기대를 깎고 갈아 내신다. 그렇게 다듬어진 걸작이 바로 베드로전서 1:8의 모습이다.

훈련에 실패한 운동선수를 생각해 보자. 그는 이미 게으른 습관이 들었을 뿐 아니라, 음식조절도 신경 쓰지 않고 더 이상 운동도 하지 않는다. 근육은 줄어들고 몸무게도 많이 불었다. 반사신경은 이전처럼 민첩하지 않고 폐활량도 현저히 줄었다. 달리기를 하려고 하니 다리가 너무 무겁고 감각조차 무뎌진 것 같다. 그런 그가 다시 혹독한 훈련 프로그램을 시작했다. 여러 주에 걸쳐 몸의 지방을 태우고 근육을 키워야 한다. 그는 근력이 강화되어 이전의 몸 상태를 회복했고, 결국 훈련을 통해 탄탄하게 다져진 몸으로 경기에 나가게 되었다. 가혹한 육체의 연습 결과 만들어진 몸은, 시련과 고난을 지나온 우리 믿음에서 드러나는 영적 결과와 다르지 않다.

이는 무엇을 말하고자 하는 것인가? 간단하다. 베드로전서 1:8은 우리에게 순전한 기독교 신앙이 무엇인지 말해 준다. 이것이 바로 마침내 드러날 영광 이편에서 볼 수 있는 가장 분명하고 순전한 참된 영성이자 진정한 신앙이다.

참된 영성은 무엇으로 이루어지는가? 베드로가 말하는 두 가지는 **예수님을 사랑하고 그분을 기뻐하는** 것이다. 베드로 서신의 수신자들은 비록 육신의 눈으로 예수님을 본 적은 없지만 영적인 눈으로 부끄러움 없는 깊은 애정을 담아 그분을 바라본다. 비록 과거와 현재의 고난이 가혹하고 고통스럽지만, 그들 내면의 기쁨은 어떤 시험으로도 흔들리지 않을 만큼 깊다.

이 기쁨에 대해 베드로 사도는 두 가지를 말한다. 첫째는 이 기쁨이 바로 인간의 마음에서 일어나는 방편과 수단으로서 하나님의 아들을 믿는 믿음, 곧 신앙이라고 말한다. 베드로 사도는 지금 그들이 그분을 믿기 때문에, 그런 기쁨이 그들 마음을 채우고 있다고 말하는 것 같다. 둘째로, 이것은 잠시 있다가 사라질 일반적인 기쁨은 아니라고 말한다. 이 기쁨은 "말할 수 없는 영광스러운 즐거움"이다(8절). 이 기쁨은 세상의 기쁨과는 비교할 수 없는 "순결하고 탁월하고 천상적인 본질"을 가진 "초자연적이고 신성하고 말할 수 없이 탁월한 기쁨으로, 이 기쁨이 가진 탁월함과 지극한 달콤함을 제대로 묘사할 수 있는 말을 도무지 찾을 수가 없다." 이 기쁨은 아주 광대해서 사람의 말로는 형용할 수 없는 기쁨이요, 모든 것을 삼키는 압도적인 기쁨이다! 인간의 어떤 설명과 노력으로도 이 기쁨을 이해하지 못한다. 이 기쁨의 깊이를 표현할 만한 적당한 말이 인간에게는 아직 없다. 이 기쁨이 우리를 어디까지 데리고 갈지 그 높이를 형용할 말을 인간은 아직 찾지 못했다.

이 기쁨은 또한 "영광으로 충만한" 기쁨이다! "이 기쁨을 누리는 그들의 마음은 온통 영광스러운 빛으로 가득 찼고, 그들의 본성은 고상하고 온전해졌다. 마음을 오염시키고 저급하게 만드는 육신적 기쁨과 달리 이 기쁨은 가장 가치 있고 고귀한 즐거움으로 마음을 아름답고 존귀하게 만든다. 이런 천상의 즐거움을 맛본 그들의 마음은 천상의 복을 누리기까지 고양된다."

사도 베드로가 사용한 말들은, 구약성경에서 하나님의 임재 가운데 드러난 하나님의 빛나는 영광의 광채를 떠올리게 한다. 그러므로 이 기쁨은 하나님 영광의 아름다움과 빛나는 위엄으로 채워진 기쁨이다. 세상의 성공이나 돈이나 명예를 통해 오는 기쁨이 아니고 육체를 통해 얻는 즐거움도 아니다. 이 기쁨은 하나님 그분의 영광으로 세례 받은 기쁨이다.

베드로 사도의 놀라운 묘사를 통해 우리는 참된 영성 혹은 참된 신앙은 거룩한 감정으로 채워져 있다는 결론에 이른다. 다시 말해, "그들에게 신앙은 진정한 탁월함과 본래적 아름다움을 띠었고, 하나님께 찬양과 존귀와 영광을 돌리고 있었다. 베드로 사도는 그들 안에서 역사하는 사랑과 기쁨이라는 신앙감정을 부각시키고 있다. 사도가 주목한 것은 이런 감정을 통해 역사하는 그들의 믿음이었고, 그들의 믿음이 합당한 영광 가운데 참되고 순결한 것으로 드러난 것도 이런 감정을 통해서였다."

우리는 "감정affection"이라는 말을 정의해야 한다. 이 말은 무엇을 의미하는가? 우리가 흔히 말하는 "감정emotion"과는 어떻게 다른가? "격정passion"이라는 말과 같은 의미인가? 사도 베드로 역시 참된 영성은 거룩한 감정으로 이루어지는 것으로 믿었는가? 성경에서 사랑과 기쁨 외에 참된 신앙의 본질을 담은 감정으로 규정하는 것이 또 있는가? 다음 장에서는 이런 질문들을 다루겠다.

2장_ 신령한 감정

"감정affection"은 남녀 간의 연정을 일컬을 때를 제외하면 많은 사람들에게 생소한 말이다. 물론 이와 같은 의미로 우리가 지금 이 말을 사용하고자 하는 것은 아니다.

감정은 "한 영혼이 가진 의지와 성향의 더 강렬하면서도 지각 있는 활동"이라고 말할 수 있다. 이 말을 이해하기 위해 우리는 먼저 하나님께서 인간 영혼을 어떻게 조성하셨는지를 살펴보아야 한다.

하나님께서는 영혼을 만드실 때 두 가지 기능을 할 수 있도록 하셨다. "하나는 생각하고 지각할 수 있는 기능, 곧 사물을 분별하고 이해하고 판단할 수 있는 기능이다. 이것을 우리는 '지성understanding'이라고 부른다." 정신mind이라고 할 때는 바로 이런 영혼의 기능을 가리킨다.

또 다른 하나는 사물을 단순히 지각하고 깨닫는 것을 넘어서, 그것을 열망하고 그것에게 끌리는 기능이다. 영혼은 중립적이거나 무정한 관찰자가 아니라 자기가 알게 된 것을 좋아하거나 싫어하고, 기뻐하거나 꺼려 하고, 인정하거나 거부하는 존재다. 이런 기능을 가리켜 성향inclination이라고 한다. 이런 성향의 지배를 받아 행하고자 하는 것을 의지will라고 하며, 이런 모든 기능을 통틀어 우리는 마음heart이라고 한다.

정신이나 지성으로 지각한 것을 성향에 따라 기뻐하거나 싫어할 수 있고, 찬성하거나 반대할 수 있다. 물론 그 정도는 대상에 따라 모두 다르다. 어떤 개념이나 대상은 강렬한 혐오를 불러일으키고, 어떤 것은 깊고 진심어린 기쁨을 불러온다. 우리에게 영향을 거의 미치지 않는 것도 있다. 그것에 전혀 무관심하거나 무지하지 않는데도, 영혼이 크게 영향을 받지 않기도 한다.

반면에, 우리 관심을 크게 사로잡는 어떤 것은 그 개념을 생각하거나 바라볼 때, 우리의 몸까지도 강력하게 영향을 받는다. 하나님께서는 인간 존재의 물질적인 부분(몸)과 비물질적인 부분(영혼)이 구분이 안 될 정도로 온전한 연합을 이루도록 만드셨기 때문에, 영혼이 영향을 받는데도 몸이 아무 영향을 받지 않는 것은 전혀 불가능하다. 그러므로 "감정"은 지성이 지각한 어떤 실체에 대해서 강력하게 끌리거나 멀어지도록 하는, 영혼의 "강력하면서도 지각 있는 활동"이라고 할 수 있다. 그러므로 감정은 인간 마음의 근본적인 방향성orientation을 드러내 주는 따뜻하고도 강력한 성향이다.

인간으로 살아가는 동안 우리는 수많은 선택을 한다. 어떤 의견을 선택하거나 배제할 때 우리의 의지를 사용한다. 그러나 역동적이고, 지각 있고, 강렬한 의지의 활동만이 감정affections이라는 말에 합당하다.

의지를 활용할 때마다 우리는 우리 앞에 있는 어떤 개념이나 대상을 좋아하거나 싫어하는 근거를 제시한다. 우리는 어떤 대상이나 행동의 방향에 대한 (좋아하고 싫어하는) 성향을 가지고 있다. 어떤 것에 대해 우리가 가진 성향이 "아주 강렬하고 역동적이라면 그것은 사랑(혹은 열망, 기쁨, 즐거움)의 감정과 같고, 만약 어떤 것을 많이 싫어하고 꺼린다면 그것은 미움이라는 감정과 같다."

역동적이고, 강렬하고, 지각 있는 영혼의 감정은 다양한 정도와 방식으로 인간의 몸에 영향을 미친다. "인간 된 우리의 본질과 영육 간 연합의 질서를 볼 때, 영혼의 성향과 의지가 역동적이고 생기 있게 역사할 때 우리 몸은 동물적인 느낌에서든 감정적인 변화를 통해서든 영향을 받을 수밖에 없다. 다른 한편으로, 영육 간 연합의 원리와 아울러 이런 몸의 구성과 감정의 흐름은 감정의 활동을 더욱 증진시킨다."

그러나 신령한 감정의 원천이자 거처는 몸이 아닌 정신이라는 사실을 기억해야 한다. 영혼이나 비물질적 요소만이 생각하고 깨달을 수 있고, 알게 된 것에 대해 사랑하거나 미워하고 기쁨을 누리거나 슬퍼할 수 있다. 우리가 경험하는 많은 심리적인 느낌—피가 거꾸로 솟는다든지, 숨이 가빠진다든지, 머리가 쭈뼛하게 선다든지, 등골이 오싹하다든지, 심장이 두근거린다든지—은 감정의 증상일 뿐 그것이 곧 감정은 아니다. 그러므로 몸을 떠난 영혼이라 할지라도 "몸과 하나인 것과 마찬가지로 사랑과 미움, 기쁨과 슬픔, 소망과 두려움과 같은 여러 감정을 느낄 수 있다." 지금 천국에서 그리스도와 함께 있는 성도들은 천사들이나 심지어 하나님과 마찬가지로 거룩하고 강력한 신령한 감정을 누리고 있기는 하지만, 물리적 몸이나 피나 아드레날린이나 호르몬이나, 문자 그대로 눈과 귀와 코가 있는 것은 아니다.

그렇다면 "감정"과 "격정"은 어떻게 다른가? 아마도 격정은 "다소 즉흥적이고, 동물적인 본성에 더 큰 영향을 미치며, 정신을 억압하고, 스스로 조절하기 어려운 의지의 여러 성향을 가리킨다고 할 수 있다."

우리는 또한 감정을 "감정emotions" 혹은 "느낌feelings"과 구분해야 한다. 감정에도 분명 감정적이라 할 수 있는 부분이 있다. 결국 감정은 지각 있고 강렬한 의지의 열망과 바람이라고 할 수 있다. 감정affections은 감정emotions보다 더 컸으면 컸지 결코 덜한 개념은 아니다. 감정emotions은 마음이 참이라고 인식하는 것의 여부와 상관없이 심리학적으로 최고조에 이른 행복감이나 두려움이라고 할 수 있다. 반면에, 감정affections은 **항상** 마음이 알고 깨달은 것의 결과요 산물이다. 의지와 성향은 항상 정신이 지각한 어떤 것으로 치닫거나, 아니면 그것으로부터 멀어진다. 반면에 감정이나 느낌은 정신에 있는 것과는 상관없이 자체적으로 고조되거나 가라앉는다.

감정이 없이도 어떤 감정이나 느낌이 생길 수 있지만, 몸을 일깨우고 움직일 만한 감정과 강렬한 느낌을 불러일으키지 않는 감정이란 존재하지 않는다.

그러므로 참된 영성 혹은 진정한 신앙은 주로 "영혼이 가진 의지와 성향이 역동적이고 생기 있게 움직이는 마음의 열렬한 활동", 곧 감정이라고 할 수 있다.

다음 장에서는 성경을 통해 이 주장이 옳은지를 살펴보겠다.

3장_감정에 대한 성경적 이해

 하나님이 기뻐하시는 신앙 혹은 영성은 주로 "영혼이 가진 의지와 성향이 역동적이고 생기 있게 움직이는 마음의 열렬한 활동"으로 이루어진다. 하나님께서는 나약하고 굼뜨고 생기 없는 성향을 기뻐하지 않으신다. 성경은 영혼의 열정적이고 열렬한 감정을 하나님께서 기뻐하시는 것으로 자주 언급한다(롬 12:11, 신 10:12; 6:4-5; 30:6).

 역동적이고 강력한 감정이 없는 사람은 영성에 큰 유익을 얻기가 어렵다. 미지근한 것만큼 참된 신앙과 상반되는 것도 없다. 하나님과 우리의 관계를 "달음박질하고 씨름하고 상을 얻기 위해 애쓰고 우리의 생명을 위협하는 강한 원수와 싸우고 한 나라와 성을 얻기 위해 침노해 들어가는" 것으로 묘사하는 많은 성경 본문들을 생각해 보라.

이제 막 신자가 된 사람은 상대적으로 약한 감정을 갖고 있는 것이 사실이지만, "마음에 경건의 능력이 있는 사람은 자신의 모든 육신적이고 본성적인 감정을 넘어설 만한 강력과 힘으로 하나님과 신령한 일들을 위해 마음을 쓰고 자신의 성향을 발휘한다."

감정은 참된 영성의 핵심일 뿐 아니라 거의 모든 행위의 원천이다. 사람의 모든 행위나 추구는 사랑, 미움, 소망, 두려움 등에 영향을 받는다. 우리가 이 세상에 있는 모든 사랑, 소망, 두려움, 분노, 질투, 갈망, 다시 말해 영혼의 모든 감정을 없애 버린다면, 세상은 더 이상 움직이지 않고 쥐 죽은 듯이 고요해질 것이다. 탐심이나 욕심이나 야망이나 육욕이나 혹은 어떤 세상적인 경험이든지 행위를 일으키는 감정이 없다면, 사람들은 그저 아무 반응 없이, 누구와 어떤 관계도 맺지 않고 살 것이다.

수많은 사람들이 하나님의 말씀을 듣고도 왜 그렇게 무덤덤한 반응을 보이는지 잠시 생각해 보자. 이들은 말로 다 할 수 없는 하나님의 사랑과 그리스도의 고난과 그분이 행하신 위대한 일에 대해 듣고 천국의 아름다움과 지옥의 비참함에 대해서도 듣지만, 그들은 "마음이나 행실에 아무런 변화도 없고 말씀을 들은 후에도 전혀 달라지지 않는다. 자신이 들은 것에 대해 어떤 감화도 받지 못했기 때문이다. 마음에 감화를 받지 못하는 한, 앞으로도 그들은 변하지 않을 것이다. 단언하건대, 감정이 감화되지 못하는 한, 아무리 신앙적인 것들을 보고 듣고 읽는다 해도 행실이나 마음에 의미 있는 변화가 일어날 수 없다." 다시 말해, 기독교의 위대한 진리에 감화된 사람들만이 하나님을 사랑하고, 하나님을 추구하고, 기도로 하나님께 나아가고, 겸손과 회개로 낮아질 수 있다. 요컨대, 감정은 모든 실질적이고 영적인 노력과 시도를 가능하게 하는 원천이요 근원이다.

성경을 자세히 살펴보면, 참된 영성은 다양한 감정들로 이루어진다는 사실을 확인할 수 있다. 예를 들어, 소망(렘 17:7, 시 31:24; 33:18; 146:5; 147:11, 롬 8:24, 살전 5:8, 히 6:19, 벧전 1:3)과 미움(잠 8:13, 시 97:10; 101:2-3; 119:104; 139:21)뿐 아니라, 하나님의 말씀에 떠는 경건한 두려움도 있다. 하나님과 거룩을 향한 목마름과 굶주림으로 표현된 거룩한 열망을 성경에서 자주 볼 수 있다(시 37:4; 97:12; 33:1; 149:2, 마 5:12, 빌 3:1; 4:4, 살전 5:16). 슬픔과 애통함과 상한 마음 역시 심금을 울리는 깊은 감정으로서 참된 영성의 핵심으로 묘사된다(마 5:4, 시 34:18; 51:17, 사 57:15; 61:1-2; 66:2). 여기에 덧붙여 감사와 연민과 긍휼(사 57:1, 시 37:21, 잠 14:31, 골 3:12, 마 5:7; 23:23, 미 6:8, 호 6:6)과 열심(딛 2:14, 계 3:15-19)도 있다.

사랑이라는 거룩한 감정만큼 자주 언급된 것도 없을 것이다(많은 본문들이 있지만 그중에서도 다음을 보라. 마 22:37-40, 롬 13:8, 갈 5:14, 딤전 1:5, 고전 13장). "지금까지 우리가 말한 사랑이, 하나님과 사람을 향한 충심에서 우러나는 지극히 선한 성향인 것은 분명하다. 그럼에도 지금까지 살펴본 것들을 볼 때, 영혼의 이런 성향과 경향이 지각 있고 역동적으로 역사하게 될 때 비로소 감정이 된다는 사실을 우리는 잘 생각해 보아야 한다. 이것은 다름 아닌 열렬한 사랑affectionate love이며, 율법과 예언자들이 묘사하고 가르쳐 온 모든 계명의 요약이다. 그리스도께서 온 마음과 힘과 뜻과 정성을 다해 하나님을 사랑하고 이웃을 내 몸과 같이 사랑하라고 말씀하셨을 때, 그것은 다름 아닌 모든 신앙의 정수로서 열렬하고 역동적인 사랑을 말씀하신 것이 분명하다."

그러나 사랑은 수많은 감정 가운데 하나가 아니다. 사랑은 모든 감정의 시작이요, 으뜸과 원천이다. "사랑이 있기에, 우리가 사랑하는 것에 반하거나 우리가 기뻐하는 것을 가로막고 방해하는 것을 미워할 수 있게 된다. 우리가 사랑하는 대상이 처한 환경에 따라 발휘되는 사랑과 미움의 다양한 역사를 통해, 갈망과 소망과 두려움과 기쁨과 슬픔과 감사와 분노 같은 다른 모든 감정이 일어난다.

하나님을 향한 열정적이고 역동적이고 풍성한 사랑을 통해서만 죄를 향한 혐오와 증오, 하나님께 버림 받는 것에 대한 두려움을 느끼며, 하나님의 선하심에 대한 감사가 일어나고, 그분의 자비로운 임재를 기뻐하고, 그분이 멀게 느껴질 때 슬퍼할 수 있게 된다.

성경의 모범

성경에 나오는 성도들의 삶을 주목해 보면, 참된 영성이 거룩한 감정으로 이루어진다는 사실을 알 수 있다. 우리는 시편을 통해 다윗의 삶에 감정이 중요한 위치를 차지하고 있음을 본다. 그의 시에는 다음과 같이 경건하고 거룩한 감정들이 표출되어 있다. "하나님을 향한 겸손하고 열렬한 사랑, 하나님의 완전하신 영광과 놀라운 역사에 대한 찬양, 간절한 열망, 하나님을 향한 영혼의 그리움과 목마름, 하나님으로 인한 기쁨과 즐거움, 하나님의 위대한 선하심에 대한 감동적이고도 달콤한 감사, 하나님의 미쁘심과 능력으로 만족하는 영혼의 거룩한 환희와 승리, 이 땅을 지으신 솜씨와 성도들로 인한 기쁨과 사랑, 하나님의 규례와 말씀으로 인한 기쁨, 자기 자신과 다른 이들의 죄악으로 인한 탄식, 하나님을 향한 뜨거운 열심, 하나님과 그분의 교회를 대적하는 원수들에 대한 증오."

이런 감정들을 단순히 다윗의 개인적인 열정으로만 치부할 수는 없다. 시편은 하나님의 백성이 공예배에서 사용하기 위해 쓰여졌고, 모든 하나님 백성의 신앙과 영성을 표현하기에 알맞은 책으로 기록되었다.

진심어린 감정으로 가득한 사도 바울의 삶을 생각해 보자. 그의 생애를 볼 때 그는 실로 "그리스도를 아는 지식을 위해 모든 것을 배설물로 여길 정도로 자신의 주님을 향한 격렬한 사랑에 삼킨 바 되어 불꽃처럼 타올랐다. 이 거룩한 감정이 자신을 사로잡아 모든 난관과 고초에도 불구하고 주님을 섬기는 데로 몰아간다고 했다."

바울의 서신을 통해 우리는, 바울이 젖먹이 자식을 품에 안은 어미와 같이 열렬하게 하나님의 백성을 사랑하는 모습을 본다(살전 2:7-8). 그는 서신을 받는 교회들을 향해 자신의 "심장"에서 나오는 사랑(빌 1:8, 몬 12, 20)과 연민과 긍휼과 우려를 표하고 있다. 이들로 인해 바울의 영혼이 몸부림쳤고(골 2:1), 그의 마음은 넓어졌다(고후 6:11). 그는 경건한 열심뿐 아니라(고후 11:2-3), 자기 안에 있는 간절한 열망과 바람(살전 2:8, 롬 1:11, 빌 1:8), 넘치는 기쁨(롬 5:3), 소망(빌 1:20)을 자주 언급했다.

"이 위대한 사도로 하여금 자신을 내어드리도록 한 감정들에 대한 성경의 기록을 읽고도, 그 신앙의 많은 부분이 감정으로 이루어져 있다는 사실을 보지 못하는 사람이 있다면, 이런 사람은 자기 바로 앞에서 밝게 빛나는 빛을 보지 못할 정도로 어그러진 눈을 가지고 있는 것이 틀림없다."

또 다른 예로 사도 요한을 들 수 있다. "사도 요한의 모든 기록을 볼 때, 그는 거룩한 감정으로 채워진 사람이라는 것이 분명하다. 그의 서신들 하나하나에는 수신자들을 향한 말할 수 없는 자상함과 연민과 부드러움으로 가득한 열렬한 사랑이 묻어난다. 마치 사도 요한의 형질 자체가 달콤하고도 거룩한 감정으로 이루어진 것 같다."

물론 가장 탁월한 모범은 "사랑 넘치는 온유한 마음의 사람"이요 "거룩한 감정을 통해 표출된 탁월한 덕을 가진 예수님 자신이다. 그분은 하나님과 사람을 향한 열렬하고 강력하고 생명력 있는 사랑을 보여주신 분으로, 이제까지 있었던 가장 위대한 모범이다." 예수님은 큰소리로 우셨고, 마음이 찢어지는 슬픔과 비탄을 맛보셨고, 다른 이들의 죄악에 분노하셨다(눅 19:41-42, 13:34). 그분의 열심은 구약성경에서 이미 예언되었다(요 2:17). 그분은 간절한 열망(눅 22:15)과 연민과 동정(마 15:32, 눅 7:13)을 가진 분이 분명하다.

성경에 나타난 이런 증거를 확인하고도 거룩한 감정이 참된 영적 삶의 중심에 있다는 사실에 의심이 생긴다면, 천상의 믿음은 가슴 깊은 곳에서 우러나오는 감정이라는 사실을 기억하라. 어떤 경험의 참된 본질이 무엇인지를 아는 가장 효과적인 방법은 그 경험이 가장 순전하고 완전한 상태에 있을 때에 어떤 모습을 띠는지를 살펴보는 것이다. 우리가 천국에 대해 생각해 보는 이유도 바로 여기 있다. "천국에는 가장 완전하고 순결한 상태의 참된 신앙만이 있다. 성경에 묘사되는 천국의 모습은 거룩하고 위대한 사랑과 기쁨이요, 이런 감정이 열렬하고 숭고한 찬양 가운데 표출되는 곳이다."

지금 천국에 있는 성도들이 아직 물리적인 몸을 가지지 못했다는 사실은, 몸을 통한 감각과 표현과 모양이 감정의 핵심이 아니고 "감정을 담아내는 것"에 불과하다는 사실을 알 수 있다. "정신으로 먼저 지각한 사랑과 기쁨은 몸으로 표출된다. 정신의 지각은 몸의 움직임보다 선행하고 몸에 의존하지 않는다. 그러므로 영혼은 몸이 없이도 이런 감정을 지각할 수 있다. 몸 안에서든 몸 밖에서든 사랑과 기쁨을 누리는 곳은 어디나 정신의 지각이 있다. 이런 내적인 지각, 혹은 영적인 감각이나 느낌과 같은 영혼의 몸짓을 감정이라고 한다."

성경을 통해 우리는 천국의 본질과 천국에 있는 성도들이 누리는 것이 무엇인지 알 수 있다. 천국에서 성도들이 누리는 사랑과 기쁨은 너무 위대하고 강력해서, "이 달콤한 감정을 가장 힘 있고 가장 생생하게 맛본 그들의 마음은 한껏 고양되고, 감동되고, 생명으로 충만하여 불꽃처럼 타오른다. 이런 사랑과 기쁨이 감정이 아니라면, '감정'이라는 말은 더 이상 부질없는 말이 될 것이다. 천국에 있는 성도들이 성부의 얼굴과 자신의 구속자의 영광을 대면하고 그분의 놀라운 역사를 찬찬히 묵상하는 가운데, 특별히 자신을 위해 목숨을 내어주신 것을 생각하면서도 마음에 전혀 감동을 느끼지 못하고 아무런 영향도 받지 않을 것이라고 말할 수 있는 사람이 누구인가?"

그러므로 우리는 성경의 폭넓은 증거와 성도들과 예수님의 삶, 그리고 천국에 있는 성도들의 경험으로부터, 진정한 영성과 경건한 신앙은 성결케 된 감정을 통해 누리는 기쁨으로 이루어진다고 결론 내릴 수 있다.

4장_ 기도와 찬양과 설교에서의 감정

기도와 공예배에 대한 하나님의 말씀을 통해서도 거룩한 감정이 참된 영성의 핵심이라는 사실을 확인할 수 있다.

우리는 기도를 통해 하나님께서 모르고 계신 것을 알려 드리거나, 하나님의 생각을 바꾸거나, 하나님을 졸라서 마음에도 없는 긍휼을 베푸시도록 하기 위해 기도하지 않는다. 오히려 "우리가 드린 기도를 통해 우리의 마음이 감화되고, 우리가 간구한 복을 받을 수 있도록 준비되기 위해 기도를 드린다." 사실, 예배를 통해 표현되는 모든 외적인 내용은 "다른 무엇보다도 우리 자신과 예배에 함께한 이들의 마음을 감화시키는 의미가 크다고 할 수 있다."

예를 들어, 예배중에 "신앙감정을 표출하고 고양시키는 회중 찬송을 생각해 보자. 우리가 산문이 아닌 곡조 있는 가사로 찬양을 드리는 이유가 무엇인가? 이런 곡조를 통해 우리의 감정이 감화되는 것이 우리의 특성이고 본성이기 때문이다."

　실제로 회중의 감정을 억제하거나 억누르기까지 하면서 예배를 인도하는 사람들이 있다. 사람들은 종종 마음에 있는 열심과 사랑과 갈망과 기쁨이 겉으로 드러나는 것을 두려워한다. 찬양을 할 때조차도 진리를 표현하고 단어들을 단순히 나열하는 것으로 만족한다. 하지만 찬양을 통해서 하나님께서 의도하신 바가 그런 것이라면, 왜 산문으로 된 성경의 진리를 그대로 따라 읽게 하지 않으시고 곡조 있는 노래를 하게 하셨을까? 단순히 음악의 심미적인 가치 때문인가? 그렇게 해야 우리를 더 즐겁게 할 수 있기 때문인가? 아니다. 그럴 경우 오늘날 교회들이 하나님보다 사람에게 더 초점을 맞추는 것처럼, 예배가 사람을 위한 것이 되고 말 것이다. 우리가 노래하는 이유는 하나님께서 우리의 지성을 만드셨을 뿐 아니라, 우리의 마음과 영혼과 몸이 음악을 통해 하나님을 향한 거룩한 감정을 드높이고, 더 온전하고 역동적으로 거룩한 감정을 표현할 수 있도록 지어졌기 때문이다.

　하나님께서 말씀 설교를 통해 우리 영혼을 다루실 때도 마찬가지다. 성경에 대한 연구서나 주석들이 우리에게 "하나님의 말씀에 대한 교리적이고 합리적인 깨달음을 주지만, 사람의 마음과 감정에 미치는 영향에 비추어 보면 결코 설교와 견줄 것이 아니다." 죄인들에게 단순히 지식을 "제공해 주기" 위해서만이 아니라, 그들을 "감화"하기 위해 하나님께서는 특별히 설교라는 역동적인 방편을 통해 성경 말씀을 적용하도록 정하셨다.

　그러므로 우리가 공예배를 조직하고 하나님을 찬양하고 성도들을 각성케 할 방법을 생각할 때, "그것은 반드시 성도들의 신앙감정을 북돋울 만한 것이어야 한다. 이런 목적에 부합한 책과 설교와 교회치리와, 기도와 찬양 가운데 드리는 예배라야 합당하다. 이와 같은 방편은 참여하는 이들의 마음을 깊이 감화시킨다."

공예배를 드릴 때 마음의 감정을 일깨우고 북돋우고 강화하기 위해 사용하는 방편들을 사람들이 반대하면, 이런 것들이 하나님께서 정하신 예배의 목적을 이루기 위한 방편이라는 사실을 그들에게 알려야 한다. 그들이 "감정주의emotionalism" 혹은 심지어 "조작manipulation"이라고까지 하며 경계하는 것—하나님을 향한 사랑과 갈망을 드높이고 깊어지게 하고, 하나님으로 인한 기쁨을 더 크게 하는 것—이야말로 예배의 목적 그 자체다. 하나님께서는 그분의 백성이 하나님으로 인해 가장 만족하는(다시 말해, 하나님으로 인한 가장 큰 기쁨에 사로잡히는) 바로 그때에 가장 큰 영광을 받으시기 때문이다.[59]

어떤 사람은 자신이 반대하는 것은 기쁨이나 사랑이나 갈망이 아니라, 울부짖음이나 환호나 몸동작과 같이 종종 눈에 띄게 드러나는 감정이라고 말하기도 한다. 하지만 앞서 말했듯이, 하나님께서 우리를 지으실 때 영과 육이 연합되게 하셨고, 영혼이 말씀의 조명을 받아 깨닫게 되었을 때 필연적으로 몸이 영향을 받도록 하셨다. 이에 대해서는 앞으로 더 다루기로 하겠다.

"거룩한 감정 없이는 참된 신앙도 있을 수 없다. 마음에 거룩한 감정을 불러일으킬 수 없는 지식이나 깨달음, 삶으로 드러나지 않는 마음의 원리나 습관, 삶의 실천에서 비롯되지 않은 외적인 열매는 무엇이든 진정한 것이 아니다"라고 할 정도로 진정한 영성은 감정으로 이루어진다.

세상에는 많은 "신앙 형태"가 있다. 신앙을 증진하고 지속해 가기 위해 세워진 많은 조직과 기관들이 있으며, 여기에 따른 많은 의식과 규례와 동작과 믿음과 도덕적 행위와 선행이 하나님의 영광을 위해 행해진다. 그러나 그 속에 거룩한 감정이 없다면, 자신의 신앙을 드러내는 행위와 노력은 공허할 뿐이다. 인간의 지성이나 교리적 엄밀함을 신앙의 최고의 표현이라고 생각하는 사람들은, 마음을 감동시키지 못하고 하나님에 대한 사랑과 기쁨과 경외함과 같은 감정을 불러일으키지 못하는 개념이나 태도나 이론이나 교리도 아무 가치가 없다는 사실을 기억해야만 한다. 도덕적 순종을 신앙의 핵심이라고 주장하는 사람들은 성경에 기록된 거룩한 감정에서 비롯된 것일 때에만 그 주장이 타당하다는 사실을 간과하고 있다.

또한 이것은 성경이 마음의 완악함을 죄와 도덕적 반역의 핵심으로 표현하는 것을 보면 알 수 있다(막 3:5, 롬 2:5, 겔 3:7, 시 95:7-10, 대하 36:13, 사 63:17). "완악한 마음은 변화 받지 못한 마음, 곧 덕스러운 감정에 무감각한 마음, 완고하고 미련하고 감화되기 어려운 돌과 같이 무정한 마음을 의미하는 것이 분명하다. 완악한 마음을 돌과 같은 마음이라고 부르는 이유는, 이런 마음은 감정이 살아 있어 섬세하게 반응하고 감동하는 살과 같은 마음과 상반되기 때문이다."

"부드러운" 마음은 "마땅히 감화 받아야 할 만한 것에 쉽게 감동 받는 마음"이라고 성경은 분명히 말한다. 예를 들어, 하나님께서 요시아에게 명령을 내리신 것은 그가 부드러운 마음을 가졌기 때문이라고 성경은 말한다(왕하 22:19). 이는 그가 "신앙적이고 거룩한 감정에 쉽게 감화 받는" 마음을 가졌다는 의미다.

이런 주장에 대해 반대하는 사람들이 많은데, 그들의 주장도 일리가 있다. 이들은 부흥과 각성을 통해 촉발된 열심과 감정이 많은 사람들을 그릇된 길로 이끌었다고 지적한다. 감정적으로 많은 영향을 받았을지 몰라도, 이로 인해 열매는 고사하고 "토한 것을 다시 먹는 개와 같이 이전의 죄로 다시 돌아가기까지 한" 사람들이 있다고 지적한다. 그러나 이런 이유로 신앙감정이 진정한 영성과 아무 상관이 없다고 말하는 것은 또 다른 극단으로 내닫는 것이다. 감정을 진정한 영성의 실체와 아무 상관이 없는 것으로 치부하는 것은, 감정의 근원이나 출처는 아랑곳하지 않고 무조건 황홀한 감동에만 몰두하는 것과 같은 오류를 범하는 것이다. 사탄은 이 두 가지 오류를 은근히 즐긴다. 사탄은 우리가 진리와 상관없이 감정적으로만 고조되기를 바랄 뿐 아니라 생명 없는 형식주의에 젖어 들기를 바란다.

우리가 잊지 말아야 할 사실은, 진정한 영성이나 진정한 신앙이 감정적인 부분에만 해당하는 것은 아니라 할지라도 "신앙감정이 없는 신앙은 참된 신앙이라 할 수 없을 정도로 진정한 신앙에서 감정은 아주 중요한 부분을 차지한다는 것이다. **신앙감정이 없는 사람은 영적으로 죽은 사람이요, 그 마음에 하나님의 성령의 구원하시고 살리시는 실체적인 역사가 없는 사람이다.** 감정뿐인 신앙이 참된 신앙일 수 없듯이, 신앙감정이 없는 신앙은 진정한 신앙이 아니다. 빛이 없이 뜨거움만 있는 마음은 결코 하나님께로부터 온 것이 아니다. 진리를 바로 깨닫기 위해서는 뜨겁고 열정적인 마음과 더불어 반드시 빛이 있어야 한다. 열이 없는 빛과 같이, 냉랭하고 무정한 마음에 이성적인 추론과 개념만으로 이루어진 지식 역시 하나님께로부터 온 것이 아니다. 이런 지식은 하나님을 아는 신령한 지식이 될 수 없다. **믿음의 위대한 일들을 올바로 깨닫게 되면 반드시 그 마음에 이런 지식으로 인한 감화가 있다.** 사람들이 하나님의 말씀에서 무한히 위대하고 중요하고 영광스럽고 놀라운 일들을 자주 듣고 읽으면서도 전혀 감화를 받지 못하는 이유는, 의심할 여지없이 그들의 눈이 멀어 있기 때문이다. 그렇지 않고서야 인간의 성정상 놀라운 인상과 감화를 받을 수밖에 없는 이런 엄청난 일들에 냉담할 수 없다."

감정이 풍부한 사람이 곧 영적인 사람이라고 볼 수는 없지만, 감정이 없는 사람은 곧 참된 신앙이 없는 사람이다. "바른 방법은 모든 감정을 다 부정하거나 다 긍정하는 것이 아니다. 알곡과 가라지를 가르고 금과 찌끼를 나누고 고귀한 것과 악한 것을 나누듯이, 감정을 분간하여 바른 것은 긍정하고 바르지 않은 것은 부정하는 것이다."

우리의 논제가 옳고 진정한 영성이 거룩한 감정을 체험하고 기뻐하고 표출하는 데 있다면, 성경의 위대한 진리에 지금과 같이 반응하는 우리의 모습은 정말 유감스러울 따름이다.

하나님과 상관없는 일들, 예수 그리스도의 얼굴빛에 드러난 것과도 전혀 상관없는 세속적인 일들에 세상 사람들이 얼마나 깊이 영향을 받고 열정적으로 헌신하는지를 생각해 보면 더욱 그렇다.

사람들의 감정이 일반적으로 신앙이 아닌 다른 것들에 얼마나 빠르고 깊이 젖어 드는지 보라! 사람들은 자신의 세속적인 관심, 육체의 즐거움, 명예, 평판, 육신적인 관계와 같은 일들에 흥미와 애착을 갖고 열정적으로 참여한다! 사람들은 이런 일들에 쉽게 마음을 열고, 예민하게 반응하고, 깊이 영향을 받고, 전전긍긍하고, 관여하기를 좋아한다. 세상적인 것들에 손실이 생기면 크게 슬퍼하며 낙담하고, 세상적인 성취와 성공을 이루면 한껏 고양되고 좋아한다. 하지만 다가올 세상의 일들에 대해서는 대부분 얼마나 둔감하고 무정한가! 얼마나 따분해 하는가! 사람들은 얼마나 이런 일들을 부담스러워 하고 불편해 하는가! 그들의 사랑은 싸늘하게 식어 있고, 갈망은 축 늘어져 있고, 열정은 사라지고 있으며, 감사는 흔적만 남아 있다.

"예수 그리스도 안에 있는 하나님 사랑의 무한한 높이와 깊이와 길이와 넓이와, 무한히 사랑하시는 독생자를 인간의 죄를 대신해 속죄 제물 삼으신 것과, 예수께서 원수 되었던 자들을 그들에게 합당한 영원한 불못에서 건져 내어 말할 수 없는 영광과 영원한 기쁨으로 들이기 위해, 순결하고 거룩하고 온유하신 하나님의 어린양으로 땀을 피같이 흘리시고, 견딜 수 없는 괴로움에 큰소리로 울부짖으시며, 물과 피를 쏟은 십자가 고통을 당하신 비할 데 없는 사랑에 대해 들으면서도 어떻게 여전히 냉랭하고 굳은 마음으로 무감각하고 무관심하게 앉아 있을 수 있단 말인가? 이런 사실에 우리의 감정이 동하지 않는다면, 도대체 우리의 감정은 무슨 소용이 있는가? 이런 사실보다 우리의 감정을 사로잡기에 합당한 일이 또 어디 있단 말인가? 이런 일 외에 우리의 감정이 더 역동적이고 활발하게 작용할 일이 무엇인가? 이 일 외에 우리의 시선을 사로잡을 더 중요하고 위대한 일이 또 있는가? 이보다 더 놀랍고 감탄할 일이 무엇인가? 이 일 외에 우리의 관심을 사로잡을 만한 일이 있는가? 지혜로운 우리 창조주께서 감정을 사람의 마음에 심으시면서 이 놀라운 일들에 그냥 잠잠히 있도록 하셨겠는가? 이와 같은 일들이 진리라고 믿는 그리스도인치고 그렇게 생각할 사람이 누가 있겠는가?"

인간의 감정이 발휘되어야 할 일이 있다면, 그것은 곧 우리의 힘과 즐거움과 기쁨에 걸맞은 일들과 대상을 통해서 발휘되어야 할 것이다. "천지간에 예수 그리스도의 복음을 통해 우리에게 계시된 것만큼 그리스도인의 탄복과 사랑과 간절함과 열망과 소망과 기쁨과 열심의 대상이 될 만한 것을 우리가 찾을 수 있을까? 이런 것들이야말로 우리가 감동 받고 누리기에 가장 합당한 것으로 선포되었을 뿐만 아니라, 가장 감동적인 방식으로 그렇게 되었다. 그 자체로 탄복과 사랑의 대상이신 찬송 받으실 여호와 하나님의 영광과 아름다움이, 복음 안에서 무한히 사랑스러우시고 온유하시고 긍휼이 풍성하시고 성육신하셔서 죽음을 향해 가시는 분의 빛나는 얼굴을 통해 우리가 인식할 수 있는 한, 가장 감동적인 방식으로 드러났다. 겸손과 인내와 온유와 순종과 복종과 사랑과 연민과 같은 하나님 어린양의 덕이 우리의 감정을 사로잡을 만한 가장 탁월한 방식으로 우리 앞에 펼쳐진다. 그분 생애의 가장 극심한 시험을 통해 이런 덕들이 하나하나 영롱하게 빛났던 것처럼, 가장 처절하고 고통스러운 그분의 상황, 특히 최후의 고난과 그분이 감당했던 말할 수도 비교할 수도 없는 고통, 그리고 우리를 향한 그분의 온유한 사랑과 긍휼을 통해 가장 분명하게 드러났다."

"우리의 죄를 모두 담당하시고 우리를 대신해 고난당하신 구주께서 우리의 죄악 때문에 당하신 엄청난 일들을 보면, 우리의 지긋지긋한 죄성이 그대로 드러나고, 죄를 심판하시는 하나님의 진노와 정의, 죄에 대한 하나님의 증오가 가장 극적으로 드러난다. 죄를 심판하시는 하나님의 엄중함과 단호함을 통해 우리는 그분의 정의를 본다. 무한히 사랑스러우시고 인간에게 무한히 자애로우셨던, 우리의 죄를 담당하신 아들에게 내린 하나님의 끔찍하고도 가공할 만한 심판을 통해 우리는 죄에 대한 하나님의 진노가 어떤 것인지를 분명히 보게 된다. 영광스러운 섭리와 구속의 역사를 통해 일하시고 복음을 통해 이 모든 것을 우리에게 계시하시는 하나님의 모습을 보면, 우리가 이 일들로 마음 깊은 곳에까지 영향을 받고, 또한 우리의 감정이 가장 강력하고 민감하게 반응하도록, 하나님께서 모든 일을 의도하신 것을 알 수 있다. 그러므로 복음과 하나님의 역사를 보고도 지금처럼 반응하는 우리는 티끌과 같이 낮아지고 겸손해져야 하는 것이 마땅하지 않은가!"

5장_ 진정한 신앙감정의 표지가
될 수 없는 것들 I

이 책을 여기까지 읽어 온 사람들 가운데 이렇게 말하고 싶은 사람이 있을지도 모르겠다. "내가 자주 영적인 진리에 감동 받고 가슴이 벅차오르는 것을 보면 내게 신앙감정이 있는 것이 분명하다." 그러나 강력하고 진심어린 감정이라고 해서 그것 자체로 구원하시는 하나님의 성령의 역사가 있는 사람이라는 증거가 될 수 없다. 하나님께서 주신 참된 감정과 그렇지 않은 것을 분별하기를 게을리해서는 안 된다.

이 장에서는, 그 자체로는 아무 증거가 될 수 없음에도 사람들이 신령한 삶에 대한 권위 있는 증거로 자주 제시하는 것이 어떤 것인지 살펴보려고 한다. 다른 말로 하면, 하나님의 은혜를 받은 사람인지 아닌지를 가리는 증거로 삼을 수 없는 체험이 있다는 말이다. 이어질 내용에서 언급된 것으로 자신의 구원 증거를 삼는 사람들은 말

그대로 하나님의 자녀일 수도 있지만 아닐 수도 있다.

1. 마음에서 어떤 감정이 강력하게 일어나고 높이 고조된다는 사실로부터 알 수 있는 것은 아무것도 없다.

　물론 감정과 진정한 영성이 아무 상관도 없다고 말하는 사람들이 있다. 이들은 감정을 단지 기만적이고 광신적인 것 정도로 여긴다. 그러나 우리가 지금까지 살펴본 것이 사실이라면, 진정한 영성은 마음과 생각에 강력한 감정을 불러일으킨다. "사람의 마음에서 참된 신앙이 고조되면 거룩하고 신령한 감정 역시 함께 일어난다." 고조된 감정 자체가 그 사람이 하는 신앙고백의 실재를 증거하는 것은 아니지만, 감정이 없는 신앙고백은 그것이 가진 허구성을 분명히 증거한다.

　예를 들어, 성경 곳곳에서 하나님에 대한 사랑, 죄에 대한 증오, 구원의 은혜에 대한 감사를 누리는 성도들을 칭찬하고, 그리스도인은 하나님을 향한 강한 열망을 가진 사람으로 묘사하고 있다. 이런 것들이 바로 신령한 감정이 아닌가? 만약 그렇다면, 과연 이런 감정들이 지나치게 발휘되었다고 주장할 사람이 누가 있겠는가? 자기에게 이런 감정이 충분히 있기 때문에 하나님을 향한 열정을 더할 필요가 없다고 말할 수 있는 사람이 누구인가? 죄인을 향한 하나님의 놀라운 사랑에 자신은 충분히 감화를 받았다고 누가 감히 말할 수 있겠는가? "지나치게 감정에 치우치는 것은 부적절하고 광신적이고 참 신앙에 해롭기 때문"에 신앙감정이 더 이상 자라지 않게 해달라고 기도할 수 있는 사람이 누구인가?

성경은 온 마음과 뜻과 힘과 정성을 다해 하나님을 사랑하는 것과 같은 최고의 신령한 감정을 누리라고 자주 명령한다(마 22:34-40). 우리는 하나님 앞에서 기뻐하며 즐거워해야 한다(마 5:12, 시 68:3). 제대로 말하면, "기뻐하며 뛰놀아야" 한다(눅 6:23, 시 21:1; 63:3-7; 71:23). 시편기자는 하나님을 향한 큰 사랑(시 119:97)과 죄에 대한 증오(시 139:21-22)를 노래한다. 죄로 인한 슬픔과 하나님을 향한 열망을 노래하기도 한다(시 119:53, 136).

앞에서 우리는 어떻게, 얼마나 자주 사도 바울이 다른 성도들을 향한 관심, 마음의 번민, 열정적이고 풍성한 사랑, 간절한 열망, 넘치는 기쁨, 열정적인 기대와 소망, 흘러넘치는 눈물, 영혼의 고뇌, 슬픔, 경건한 질투와 열심을 표현했는지 살펴보았다.

우리가 이 땅에서 누리는 것과는 비교할 수 없는 깊이로 영적인 삶을 체험하는 천국의 성도들도 마찬가지다. "그들이 지금 누리는 모든 사랑과 기쁨과 감사는 그 강도와 크기에서 천상의 순전한 불꽃처럼 피어나고 있다. 그들의 찬양은 '많은 물소리와 큰 뇌성과도 같이' 울려 퍼진다. 천상의 성도들이 누리는 감정이 이 땅의 성도들이 누리는 신령한 감정보다 훨씬 더 고상하고 풍성한 이유는 단 하나다. 천상에 있는 성도들은 그곳에서 모든 것을 진리에 훨씬 가깝게 보고 누리고 있을 뿐 아니라, 그들에게 일어나는 감정 역시 그들이 보는 것의 본질과도 부합하기 때문이다. 그러므로 이 땅을 살아가는 성도들의 신앙감정이 그 본질과 종류에서 천상에 있는 성도들의 감정과 같다면, 그 감정이 더 커지고 천상 성도들의 감정에 더 부합할수록 좋다. 그때 비로소 그들의 감정이 진리에 더 부합하게 되기 때문이다."

열정적이고 풍성한 감정을 표현하는 것만으로 사람들을 광신적이라고 판단하거나 속고 있다고 정죄하는 이들은 큰 오류를 범하는 것이다.

반면에, 신앙감정이 풍성한 것이 곧 그 사람이 구원받고 은혜 가운데 있는 사람이라는 틀림없는 증거도 아니다. 신구약성경 모두에서 우리는 변질된 감정의 사례를 자주 볼 수 있다. 홍해를 건넌 이스라엘 백성은 하나님을 열정적으로 찬양하지만, 이내 그들은 하나님의 전능한 역사를 망각하고 하나님을 저버렸다. 시내 산에 이르러 좋아하는 것도 잠시, 이들은 곧 금송아지를 만들어 섬겼다. 나사로의 부활에 크게 고무된 백성들이 예수님을 향해 기쁨으로 소리치며 승리의 입성이라고 자축하지만, 그들이 외치던 "호산나!"는 이내 "십자가에 못 박아라!" 하는 함성으로 돌변했다.

요점은 이렇다. 진정한 영성은 항상 강력하고 열정적인 감정으로 표출되지만, 이런 감정만으로는 거듭났다는 증거가 될 수 없다.

2. 마음의 감정이 몸으로 표현되는 것만으로는 아무것도 알 수 없다.

모든 감정은 어떤 식으로든 몸에 영향을 준다. 앞서 언급한 대로, "사람의 영혼과 육신은 아주 긴밀하게 결합되어 있어, 역동적인 정신의 작용이 어떤 식으로든 몸에 영향을 줄 수밖에 없다. 몸은 정신에 복종하고 정신이 가는 대로 따라간다. 특히 본능의 경우는 더욱 그렇다. 강렬한 생각이 몸에 영향을 미치지 않는 경우는 거의 없다. 그렇다. 사람의 영혼이 한 가지라도 생각을 하거나 어떤 식으로든 활동을 하면, 거기에 걸맞은 행동이나 변화가 몸을 통해 드러나게 되어 있다." 따라서 감정이 크면 클수록 몸에 미치는 영향도 크다고 말할 수 있다.

그러나 몸으로 표출된 감정이 항상 구원을 확증하는 영적인 증거가 된다고 단정할 수 없다. 몸에 나타난 물리적인 현상도 종종 일시적이고 세상적이고, 심지어 육체적인 관심에서 유발된 것일 수 있기 때문이다. 우리의 마음은 종종 몸에 영향을 미치는 죄악된 일에 크게 휘둘린다.

성경은 갑자기 쓰러지거나 몸이 심하게 떨리거나 혹은 또 다른 여러 방식으로 몸이 영향 받는 것이 하나님의 영광에 크게 감동되는 것과 상관이 없다고 말하지 않는다. 우리는 앞에서 "말할 수 없는 영광스러운 즐거움으로 기뻐"한다고 하는 베드로의 묘사를 보았다(벧전 1:8). "사람의 본성과 감정의 본질이 무엇인지 탐구하는 사람이라면, 베드로가 말한 '말할 수 없는 영광스러운 기쁨'은 티끌과 재같이 연약한 사람이 감당하기에는 너무나 위대하고 강력하다는 사실을 의심할 수 있겠는가? 놀랍게 드러난 하나님의 참된 영광에 몸과 마음이 모두 압도되어 버린 경우들이 성경에 얼마나 분명하게 드러나는가? 하나님의 영광이 하늘에서 드러나는 것과 같이 인간의 생각이나 마음에 드러날 때, 그런 방식으로 하나님을 보고도 살 수 있는 인간은 절대 없다고 성경은 자주 가르친다. 그것을 견디기에는 인간의 몸이라는 형질이 너무나 연약하기 때문이다."

예를 들어 보자. 시편 84:2은 이렇게 말한다. "내 영혼이 여호와의 궁정을 사모하여 쇠약함이여. 내 마음과 육체가 살아 계시는 하나님께 부르짖나이다." 시편 63:1에서 시편기자는 자신의 영혼이 "간절히 주를 찾되 물이 없어 마르고 황폐한 땅에서 내 영혼이 주를 갈망하며 내 육체가 주를 앙모"한다고 외친다. 하박국은 자신의 몸이 하나님의 위엄 앞에 압도되었다고 말한다. 그의 창자가 흔들리고 입술이 떨리고 뼈가 속에서부터 썩어 들어갔다(합 3:16, 시 119:120). 다니엘 10:8-9에서 우리는 예언자가 몸에 기력을 잃고 땅에 엎드려져 죽은 자와 같이 된 것을 본다. 사도 요한도 이와 같은 경험을 한다(계 1:17).

떨림(시 119:120, 스 9:4, 사 66:2, 합 3:16), 탄식(롬 8:26), 병듦(아 2:5; 5:8), 기쁨에 찬 노래(시 84:2), 헐떡임(시 38:10; 42:1; 119:131), 실신(시 84:2; 119:81)과 같이 몸으로 드러난 현상을 통해 신령한 감정이 가진 능력을 묘사하는 경우를 우리는 성경에서 자주 본다. 하나님께서는 이런 말을 강렬한 감정을 드러내는 합당한 표현으로 여기신다. 신령한 감정이 몸의 반응과 별개의 것이고 물리적으로 드러나는 것이 아니며 이런 식으로 몸이 반응하는 것은 사탄의 속임이라고 한다면, 하나님께서 이런 물리적 현상을 통해 "천상의 거룩하고 존귀한 감정을 드러내신 것"을 이해하지 못할 것이다.

3. 장황하게 말할 영적 체험이 있다는 사실이 그 사람에 대해 무엇을 말해 주는 것은 아니다.

어떤 사람이, 특히 평소에는 내성적이고 말수가 없던 사람이 하나님에 관한 것들을 쉼 없이 이야기하는 것을 보고, 이것이야말로 그가 회심했다는 결정적인 증거라고 결론짓는 사람들이 있다. 또

이와는 정반대의 결론을 내리는 사람들도 있다. 바리새인과 외식하는 사람들도 신앙과 관계된 것들을 크게 떠들고, 가진 지식을 자랑해서 자신들이 영적인 사람들이라고 주장하지 않았던가?

하지만 이런 현상으로는 결정적인 판단을 내릴 수 없다. 성경 어디에도 신앙적인 말들을 유창하게 하는 것이 진정한 영성의 시금석이라고 말하는 부분은 없다. 사람이 감정적으로 깊은 영향을 받으면 그것에 대해 자주 이야기할 수밖에 없다. 그러나 그런 반응만으로 그것이 하나님께로부터 온 것인지 육신적인 것인지 판단할 수 없다. 세례자 요한이 회개의 세례를 베풀고 예수께서 이적을 베푸신 주후 1세기 당시 사람들의 관심은 온통 종교적인 것들에 쏠려 있었고, 모두 그것들에 관해서만 이야기했다. 그러나 그렇다고 해서 당시의 그런 현상들이 거룩한 감정을 가진 마음에서 비롯된 것이라고는 말할 수 없다.

신앙적인 문제에 대해 길고 유창하게 이야기하는 사람들을 보고 성령의 역사로 새로워진 사람이라고 확신 있게 말하기 위해서는 그 이상의 것이 필요하다.

4. 감정을 불러일으킨 방식만을 가지고는 그 감정이 하나님께로부터 온 것인지 육신적인 것인지 말할 수 없다.

성경에서 정한 방편들을 부지런히 사용함으로써 생긴 감정만이 참된 마음의 감정이라고 생각하는 사람들이 많다. 다시 말해, 이런 사람들은 자신이 어떻게 특별한 감정을 갖게 되었는지 성경적으로 이야기하지 못하는 사람들이 제시하는 증거는 무엇이든 의혹의 눈

초리로 바라본다. 성경에서 제시된 은혜의 방편과 이성을 어떻게 사용했는지에 대해 합리적으로 설명하지 못하는 사람들의 감정은 잘못된 것이라고 판단한다.

물론 이런 태도는 진리에 대한 아주 중요한 점을 담고 있다. 하나님의 말씀에서 제시하는 방편들을 고의적으로 무시하고 소홀히 하면서도 하나님의 성령의 역사를 기대하는 것은 비성경적인 태도이기 때문이다. 다른 한편으로, 성령께서 사람의 마음에 직접 역사하실 수 있는 가능성을 전혀 배제할 수 없다. 성령께서 이렇게 역사하시는 경우에는 그 사람에게 성령의 역사가 초자연적이고 주권적인 것으로 느껴질 수밖에 없기 때문이다. 이와 같이, 성령께서 어떤 방편을 통해 자신의 영혼에 은혜를 주셨는지 알지 못하는 사람들의 경우에는 그 역사의 결과로 자신에게 나타나는 감정이 참인지 거짓인지 입증할 길이 없다. 사람들이 어떤 것도 자신들의 공로로 돌리지 못하게 하고, 오직 하나님께서 하셨다는 사실을 분명히 하기 위해 하나님께서는 때때로 그렇게 역사하기도 하신다.

에베소서 1:18-19이 좋은 예다. 여기서 사도 바울은 하나님께서 어떻게 신자들의 마음을 밝히셔서 그들로 하여금 그들 안에서 역사하는 전능한 능력을 알도록 하시는지를 설명한다. 바울은 신자들이 자신들의 체험을 통해서 알게 되는 그림을 그리고 있는 것이 분명하다. 다시 말하면 그들은 "자신들의 마음의 생각에서 비롯된 자연적인 역사와 분명히 구분할 수 있을 정도로 그것을 느끼고 분별하고 의식한다"는 것이다.

자기가 믿는 바를 체험하는 것이 진정한 성령의 역사라고 생각하는 사람들이 있지만, 그것이 사실인지에 대해서는 아무것도 입증된 바가 없음을 우리는 인정해야 한다. 사람들은 자주 이렇게 말한다. "이런 감정은 내가 인위적으로 만들어 낸 것이 아니다. 이런 감정을 짜내기 위해 애쓰지도 않았다. 그러므로 이런 마음은 하나님께로부터 온 것이 틀림없다." "자기에게서 비롯된 것은 아닐지라도 눈에 보이지 않는 다른 영이 작용한 것일 수도 있는데, 그럴 경우 그런 감정이 하나님의 성령으로부터 비롯되었다고 말할 수는 없다. 하나님의 성령 외에도 사람의 생각에 영향을 주는 다른 영들이 있기 때문이다."

그런 감정이 하나님의 성령의 역사로부터 마음에 일어난 것이라 할지라도, 본질상 구속이나 구원에 이르게 하는 것이 아니고 하나님의 "일반 은총common grace"에 그치는 것일 수도 있다. 성령께서는 구원하시고자 하는 목적 없이도 죄를 확신하시게 하고 또 정신에 영향을 주실 수 있다.

마지막으로, 어떤 사람은 생리적으로나 감정적으로 쉽게 영향을 받는 경향이 있기 때문에, 그런 감정이 성령이나 마귀로부터 오지 않았더라도 주관적인 체험과 상상과 감정에 쉽게 빠져들기도 한다. 요지는 간단하다. 특정한 방편이나 감각을 사용했든 외부로부터 오는 무의식적이고 자동적인 영향을 받았든 간에, 어떻게 신앙감정을 갖게 되었는지 아는 것만으로는 그것의 영적 진정성이나 기원에 대해 아무것도 말할 수 없다. 그것만으로는 아직 그런 판단을 내릴 수 없다.

5. 갑자기 떠오른 성경 구절에 마음이 감동되었다 해도 그것이 무엇을 말해 주는 것은 아니다.

하나님께서는 성경 구절을 통해 큰 감동을 주실 수 있는 분이다. 그러나 하나님의 영감으로 기록된 본문을 통해 그런 체험을 했다는 사실이 곧 그 체험이 하나님께로부터 온 것이라고 단정할 근거는 되지 못한다. 얼마나 갑자기 성경 구절이 떠오르든 그 구절로 얼마나 큰 감동을 받고 마음이 얼마나 고조되었든 간에, 그것만으로는 하나님께서 마음에 역사하신 것이라고 확언하기 어렵다. 이 점에 대해 성경은 명시적으로 말하지 않는다.

이런 경험을 한 사람들은, 성경은 순전하고 참되고 완전하기 때문에 성경과 관련해서 일어나는 감정은 하나님께로부터 온 것이 틀림없다고 주장하면서 이런 생각에 반대한다. 그러나 "성경과 관련해서 어떤 감정이 일어날 수 있지만, 그것이 성경을 바르게 사용한 결과로 나타난 참된 열매가 아니라 성경을 오용한 데서 비롯된 감정일 수도 있다"는 사실을 우리는 기억해야 한다. "마귀는 절대 성경 본문으로 사람을 속여 잘못 적용하도록 할 수 없다는 증거라도 있는가?" 사탄은 광야에서 예수님을 속여 죄를 짓게 하기 위해 성경 본문을 이용했다. 예수님께 그렇게 했다면, 우리에게 그렇게 하지 못할 이유가 어디 있는가?

다시 말하지만, 근거도 없이 성급한 결론을 내리지 말아야 한다. 그렇다고 성령께서 구체적인 성경 본문을 생각나게 하실 수 없다거나 그렇게 하지 않으신다는 말은 아니다. 우리 마음에 어떤 성경 구절이 떠올랐다고 해서 꼭 성령께서 떠오르게 하셨다고 말해서는 안 된다. 마음에 생생하게 다가온 성경 본문에 사람의 감정이 크게 고양되고 고무될 수는 있다. 그러나 그것만으로는 성령의 역사인지 마귀의 속임수인지 아니면 자연적인 인간 영혼의 작용인지 알 수 없다.

6. 특정한 신앙감정이 사랑으로 나타난다고 해서 성령께서 신앙감정을 주셨다고 말할 수 없다.

물론 사랑은 그리스도인의 대표적인 덕목이다. 사랑이 없는 곳에는 성령도 계시지 않는다는 사실을 부정할 사람은 아무도 없을 것이다. 그러나 사랑이 있는 곳에 반드시 성령도 계신다고 단정해서는 안 된다. 모든 그리스도인의 덕에는 육체와 마귀가 흉내 내는 모조품이 있다. 사랑도 예외는 아니다. 성경에서도 구원하는 은혜 없이도 사랑의 감정을 느끼는 경우를 종종 언급한다(마 24:12-13).

에베소서 6:24에서 사도 바울은 "우리 주 예수 그리스도를 변함없이 사랑하는 모든 자에게 은혜가 있을지어다"라고 은혜를 구하는 기도를 하고 있다. 마치 당시에 만연한 그리스도에 대한 거짓 사랑을 염두에 두고 하는 말 같다. 진실하지 않은 "사랑"을 경험해 보지 않은 사람이라면 이렇게 기도할 이유가 있을까? "그리스도에 대한 사랑의 모양만을 가진 사람들이 많다"는 것을 바울은 알았던 것이다.

7. 자연적으로 따라오는 것처럼 보이는 다양한 신앙감정을 체험하는 사람들이 있다. 그러나 역시 이것만으로는 신령한 것이라고 단정할

수 없다.

　이미 살펴본 대로, 죄에 대한 슬픔이든 하나님에 대한 경외와 감사와 기쁨이든 아니면 마음의 간절한 열망이든 간에, 모든 신령한 감정에는 그에 따른 모조품이 있다. 사람은 누구나 이 거짓된 감정들을 동시에 경험할 수도 있고, 하나씩 연이어 경험할 수도 있다. 예수께서 죽은 나사로를 살리신 것을 본 많은 사람들도 그분이 이루신 일 때문에 그 자리에서는 예수님에 대한 존경과 사랑을 나타냈지만, 결국 모두 다 떠나가 버렸다. 당시 이들은 예수님에 대한 존경과 감사를 마음 깊이 느꼈고, 큰소리로 기뻐하며 그분을 칭송했다. 그러나 그들의 마음에 구원하는 은혜와 같은 것은 전혀 없었다.

6장_ 진정한 신앙감정의 표지가 될 수 없는 것들 II

우리는 지금 사람들이 때로 자기 영적 상태의 진정성을 입증하는 증거로 삼는 것들 가운데 절대 그 증거가 될 수 없는 체험이나 "표지"들이 무엇인지 살펴보고 있다.

8. 신앙감정을 체험하는 순서나 과정이 그 감정의 본질이나 기원을 말해 주지는 않는다.

죄의 확신에서부터 구원의 확신에 이르는 특별한 순서나 과정을 성경이 가르치고 있는가? 다시 말해, 하나님께서 한 영혼에 구원의 역사를 진행해 가실 때, 제일 먼저 양심에 깊은 가책과 찔림을 주시고, 하나님을 저버린 부끄러움을 그 다음에 주시고, 마지막으로 용서 받은 기쁨과 위로를 맛보게 하시는가?

물론 성경에는 이런 "순서"와 "과정"을 거치는 성도들의 예가 많이 나온다. 한 사람의 마음에 역사하실 때는 물론 이스라엘 백성을 다루실 때도 "사람들을 죄악된 상태와 영원한 멸망에서 건져 내시기 전에, 하나님께서는 먼저 그들이 저지른 악의 실체를 깊이 느끼게 하셔서, 구원받는 이들이 자신의 구원을 깊이 깨닫고 하나님께서 자신을 위해 하신 일이 무엇인지 알게 하신다"는 말은 일리가 있다.

반면에, 지옥에 대한 두려움을 겪은 후에 맛보는 기쁨이 모두 진실된 기쁨이라고 결론짓는 것은 옳지 못하다. 영원한 정죄에 두려워 떠는 것과, 무한히 거룩하신 하나님께 지은 죄 때문에 양심의 찔림을 경험하는 것은 별개의 문제다. 많은 사람들이 "소름 끼치는 지옥과, 자신을 집어 삼키려는 끔찍한 구렁과 불못과 우는 사자처럼 삼킬 자를 찾아 어슬렁거리는 마귀의 실상에 경악하기는 하지만, 양심에 비추임을 받지 못해 자기 일생의 죄악과 마음의 타락을 거의 깨닫지 못한다. 하나님의 성령뿐만 아니라 마귀도 충분히 사람들을 두렵게 할 수 있다."

사탄이 성령의 구원과 은혜의 역사를 통해 주어지는 감정을 흉내 낼 수 있다면, 구원의 은혜를 받기 전에 체험하는 감정 또한 만들어 낼 수 있다.

기질과 성격의 차이로, 어떤 사람은 다른 사람들보다 지옥과 심판에 대해 더 민감하게 반응한다. 다시 말해, 상상력이 뛰어난 사람은 임박한 진노와 지옥의 끔찍함을 훨씬 더 생생하게 느끼고 쉽게 흥분한다. 그러므로 단지 이런 두려움을 체험하는 것으로는 그 사람이 하나님의 성령의 구원하시는 역사를 체험했다는 증거가 될 수 없다.

성령의 역사로 지옥과 심판에 대한 두려움을 맛보았다 해도, 항상 용서 받은 기쁨이 따라오는 것은 아니다. 사람들은 성령의 역사를 소멸시킬 수 있고, 때로 사람들은 예수님의 구원하시는 역사가 아닌 다른 것에 기반을 둔 인위적이고 자의적인 소망과 기쁨을 만들어 내기도 한다.

성령의 역사는 다양하고 신비로우며 오직 그분의 기쁘신 뜻대로만 이루어진다. 우리가 주목하고 관심 가져야 할 것은 하나님께서 영혼에 행하신 일의 본질이지 방법이 아니다. 그러므로 다양한 신앙적 경험의 단계나 순서나 인과관계만으로 일어난 일의 기원과 본질에 대해 논하는 것은 큰 의미가 없다. 아니, 거의 무의미하다고 할 수 있다. 이를 위해서는 성경이 진정한 감정의 참된 표지로 명확히 밝히고 있는 것이 무엇인지 주목해야 한다.

9. 예배와 신앙적인 의무에 열심을 내는 것이 은혜로운 감정의 분명한 표지는 아니다.

성령의 구원하시는 은혜를 받은 사람은 누구나 성경을 읽고 기도하고 하나님을 찬양하기를 기뻐한다는 사실은 부정할 수 없다. 그렇다! 하나님을 향한 경건의 기본적인 의무를 소홀히 하는 사람이 있다면, 그 사람은 자신이 하나님의 구원하시는 은혜를 받은 사람이라고 주장할 근거가 없다고까지 말할 수 있다.

잘 알려진 성경의 예들을 살펴보자. 안나의 생애는 금식과 부단한 기도의 삶이라고 말할 수 있다(눅 2:37). 초대교회 성도들은 날마다 함께 모여 떡을 떼며 서로 교제하고 하나님을 찬양했다(행

2:46-47). 다니엘과 다윗은 하루에 세 번씩 기도했다(시 55:17). 예배를 기뻐하고 하나님을 즐거워하는 것만큼 진정한 영적 감정의 특징도 없다(시 26:8; 27:4; 84:1-2; 89:15; 135:3; 147:1).

그러나 "외적인 종교 활동에 열정적으로 참여하고 거기에 많은 시간을 쏟는 것이 은혜 받은 증거는 아니다. 은혜 없이도 많은 사람들이 그렇게 한다." 예수님 당시의 바리새인들뿐 아니라 많은 이스라엘 사람들(사 1:2-15)이 그러했다.

열렬한 기도와 찬양과 교제를 습관적으로 소홀히 하는 것은 그 사람의 신앙고백이 가짜임을 가리키는 것이 될 수 있지만, 이런 활동 자체가 그 사람의 신앙고백이 본질적으로 은혜에서 비롯된 구원의 증거임을 입증해 주지는 못한다.

10. 심지어 하나님을 소리 내어 찬양하는 것도 은혜로운 감정이라고 할 만한 분명하고 확실한 표지는 아니다.

이것은 바로 앞에서 언급한 표지 가운데 찬양에 대한 부연설명이라고 할 수 있다. 찬양은 많은 사람들이 성령의 역사에 대한 부인할 수 없는 증거라고 여긴다. 물론 참으로 구원받은 사람들이 자신을 구원하신 하나님과 주님을 찬양하기를 좋아하는 것 역시 부정할 수 없는 사실이다. 그러나 소리 높여 찬양하는 것이 그리스도가 진실로 그들의 주님이라는 분명한 증거는 될 수 없다. 성경에도 하나님을 "찬양"하고 그분께 "영광"을 돌렸음에도 하나님의 구원하시는 역사와 상관이 없었던 사람들이 많다.

이적을 베푸시는 예수님을 높이 칭송했던 많은 사람들이 시간이 지나자 예수님과 그분의 구원의 길에 대해 전혀 무지한 것으로 드러났다(마 2:12, 마 9:8, 15:31, 눅 4:15; 5:26; 7:16, 행 4:21).

11. 구원에 대한 강한 확신이 믿음의 진정성을 말해 주는 것은 아니다.

구원에 대한 확신 같은 것은 없다고 말하는 사람들이 있다. 이들의 주장에 따르면, 어떤 사람이 구원의 확신을 체험했다고 말하는 것은 자신이 아직 구원의 은혜를 맛보지 못했음을 드러내는 것과 마찬가지다.

그러나 대부분의 사람들은 참된 신자들이 가진 구원의 확신에 대해 성경 여러 곳에서 언급하고 있다고 인정한다(욥 19:25). 다윗 역시 시편 여러 곳에서 하나님과 자신이 누리는 최고의 친밀한 관계를 주저 없이 노래한다. 다락방 강화에서 예수님은 여러 차례 제자들에게 그들이 가진 기업의 확실함과 하나님과의 화평을 확신시키기 위해 애쓰셨다(요 15:11; 16:33). 이런 선언은 사도 바울의 편지에서도 발견된다(갈 2:20, 빌 1:21, 딤후 1:12; 4:8, 히 6:17-18).

그러나 우리가 거듭 강조할 수밖에 없는 사실은 단순히 구원의 확신이 있고 마음과 생각이 편안하다는 것만으로 그 사람이 하나님께 용납되었다는 증거가 될 수 없다는 점이다. 하나님과의 관계가 확실하다고 굳게 믿고 있는 사람은 "스스로를 성도로, 그것도 가장 탁월한 성도로 여기고, 담대히 하나님께로 나아가 눈을 들어 하늘을 보면서 자신이 다른 사람들과는 전혀 다르게 신앙생활을 잘 하고 있다고 감사를 드렸던" 바리새인과 같을 수도 있다.

거듭나지 못한 사람은 자기기만과 자기긍정과 자기확신에 차서 하나님과의 관계가 안전하다고 확신한다. 거짓 신자들이 주제넘은 가정에 가까운 확신으로 겁 없이 일관하는 반면에, 참된 신자는 겸손하고 신중하게 구원의 확신을 끌어안는다. 외식하는 자와 달리, 진정한 신자는 자신의 죄성을 깊이 깨닫고, 그 죄성이 자신을 호도하여 거짓된 안정감에 머물게 할 수 있는 가능성에 아주 민감하게 깨어 있다. 또한 사탄은 외식하는 자가 거짓 확신에 안주하도록 내버려 두는 반면에(아마 거짓된 확신에 더 깊이 젖어 들게 될 것이다), 거듭난 신자가 소망의 능력 가운데 거룩하고 정결한 삶에 더욱 헌신하지 못하도록 끊임없이 공격한다. 외식하는 자는 "스스로 깨끗하고 괜찮은 사람이라고 생각"하는 반면에, 참된 신자는 자신의 실패와 타락을 항상 경계한다.

외적인 종교적 의무에 매진하는 데서 오는 자기긍정에서부터 하나님께서 자기 마음에 말씀하셨다는 자기확신, 또는 우발적으로 떠오른 성경 구절을 통해 느끼는 주관적 감흥에서 비롯된 자기 의에 이르기까지, 거짓된 확신을 갖게 되는 원인은 다양하다. 성경에서 말하고 있지 않은 "계시"와 "감동"은 구원의 확신에 대한 성경적 근거가 될 수 없다. 성경이 말하는 방식으로는 말씀을 한 번도 "들어보지" 못한 사람이 자신의 영생을 확신하는 근거로 이런 것들을 의지하고 있는 것이다.

참으로 거듭난 사람은 "영혼을 거룩하게 지키고 은혜를 누리며 살아감으로써 구원의 확신을 보존해 간다. 하지만 그리스도인의 삶이 은혜에서 멀어지고 생기 없는 형태로 유지되면 확신도 잃어버리게 된다. 반면에 외식하는 자가 누리는 확신은 그들이 짓는 죄악에도 불구하고 전혀 줄어들지 않는다. 이들은(적어도 이들 가운데 일부는) 그렇게 유지되는 소망을 힘입어 더 담대히 죄를 행하고, 악한 길에 더 깊숙이 빠져든다. 이것이야말로 그들이 속고 있다는 분명한 증거다."

그리스도 안에서 계시된 하나님을 아는 지식과 경건한 순종과 은혜로운 삶이 없음에도 구원의 확신에 빠져 있는 사람들이 있다. 그들은 자신의 그런 모습이 바로 성경이 말하는 "믿음으로 행하고 보이는 것으로 행하지 않는 삶"에서 나온 것이라고 주장한다. 그러나 성경은 "그리스도를 영적으로 아는 것에서 비롯되지 않은, 그리스도와 하나님의 역사에 대한 어떤 믿음도" 언급하고 있지 않다.

예수 그리스도의 모습에서 하나님 영광의 빛을 본 적도 없고, 자신의 삶에서 구원의 증거를 전혀 찾아볼 수 없음에도, 자신이 구원받았음을 믿는 것이 "믿음으로 사는 삶"이라고 생각하는 사람들이 있다. 구원에 대한 증거가 전혀 없음에도—아니 오히려 그 반대의 증거만 있는데도—하나님과 자신의 관계에는 아무 문제가 없다고 "신뢰하고 믿기만 하면" 된다고 말한다. 아무런 증거가 없을뿐더러, 오히려 구원에 반하는 증거만 있는데도 자신의 구원을 믿는 사람들이 대단한 믿음을 가진 사람으로 칭송을 받는다.

물론 때가 어둡고 혼란스럽고 하나님의 영광과 임재가 느껴지지 않는 때라도 우리의 믿음을 지키고 하나님을 신뢰해야 하는 것은 사실이다. 우리가 기도할 때 하나님이 멀게만 느껴지고 응답하지 않으시는 것 같고, 하나님의 섭리는 최선을 다하는 우리를 비웃는 것처럼 보일 때도 있다. "그러나 이런 모습은 영적인 시각도 없이 육신적이고 생명 없는 삶을 살아가면서 무작정 하나님을 신뢰하는 것과는 얼마나 다른가!"

자기 영혼의 상태를 의심하는 것이 항상 나쁜 것만은 아니다. 자신이 확실히 구원받았음을 믿지 못하고 의심하는 것은, 믿음 없는 것이라기보다는 하나님께서 베푸시는 긍휼의 선물이다. "하나님께서는 그분의 백성을 향한 섭리를 통해서 그들의 사랑이 식어지고, 약해질 때면 두려움이 일어나도록 하신다. 그러면 그들은 스스로 죄를 멀리하고, 자기 영혼의 유익을 위해 더욱 힘쓰고, 더욱 깨어 신앙에 매진할 필요를 느끼게 된다. 반대로 사랑이 왕성하게 발휘될 때에는 두려움이 잦아들어 사라지도록 하나님께서 정하셨다."

요컨대 "사람들은 보이는 것이 아닌 믿음으로 사는 삶, 암담한 상황 속에서도 하나님을 신뢰하는 삶, 체험을 의지하지 않고 그리스도만을 의지하는 삶과 같은 개념을 가지고 생명 없는 삶을 사는 사람들에게조차 소망을 확신하도록 권면하고, 무서운 불신앙의 죄를 짓지 않으려면 자신의 구원을 의심해서는 안 된다고 경고하면서 하나님의 지혜와 은혜로운 섭리의 역사를 정면으로 거스른다. 이런 태도는 착각에 빠진 외식자들로 하여금 아무런 소망도 보이지 않는 암울한 때조차도 안심하며 살 수 있도록 하고, 하나님을 영화롭게 한다는 명분 아래 얼마나 악한 것이 자신의 마음과 삶을 지배하고 주도해 가는지 전혀 의심하지 않아도 될 뿐 아니라, 있지도 않은 소망을 바라면서 뻔뻔하게 하나님을 신뢰할 수 있도록 했다."

12. 참된 그리스도인들을 감동시키고 매료시키는 행동과 삶이라 할지

라도, 그것 자체가 그 사람이 가진 신앙감정이 의로운 것이라는 증거는 아니다.

참된 신자라고 해서 다른 사람의 구원 여부까지 바르게 분별할 수 있는 것은 아니다. 자신의 영혼에 있는 구원하는 은혜의 실체를 알 수 있을지 몰라도, 다른 사람의 마음에 있는 것은 볼 수도 느낄 수도 없다. 기껏해야 다른 사람의 행동을 살펴볼 수 있을 뿐이다. 성경은 오히려 "외적인 판단은 신뢰할 수 없을 뿐 아니라, 그것으로 인해 속기 쉽다"고 말한다. 하나님께서 사무엘에게 하신 말씀에서 그 사실이 분명히 드러난다. "그 용모와 신장을 보지 말라. 내가 이미 그를 버렸노라. 나의 보는 것은 사람과 같지 아니하니 사람은 외모를 보거니와 나 여호와는 중심을 보느니라"(삼상 16:7, 사 11:3).

자기 안에 있는 생명이 외적으로 분명히 드러나는 사람이 있을 때, 우리는 중심으로 그를 교제 가운데로 받아들이고 그리스도의 형제와 자매로 사랑하고 기뻐해야 한다. 하지만 그럴 때조차도 그들의 진정한 영적 상태에 대해서는 우리가 속을 수 있다. 이 논의에서 계속 언급한 것처럼, 외적으로 다양한 덕과 신앙감정을 나타내는 사람이라 할지라도 그 속에 구원하는 은혜의 불꽃이 없을 수 있다. 하나님을 향한 사랑을 표현하고 하나님의 성품에 감동하고 죄를 슬퍼하는 사람이라 할지라도, 여전히 그 안에 참된 영적 생명이 없을 수 있다. 경건한 겸손으로 보일 만큼 자신을 낮추고, 존경과 순종과 감사와 기쁨과 종교적 갈망과 다른 사람들의 선을 위한 열심을 내면서도, 정작 죄를 사하시는 하나님의 긍휼에 대해서는 전혀 모를 수 있다.

이런 사람들이, 구원하는 은혜를 받아 누리는 사람들이 느끼는 것과 같은 감정을 그들과 똑같은 방식과 순서로 경험할지라도, 여전히 영적으로 죽은 사람으로 남아 있을 수 있다. 하나님의 선하심을 느끼고 맛본 사람처럼 땅에 엎드려 울고 벌벌 떨면서도 여전히 잃어버린 자일 수 있다. 영적인 일들에 대해서, 그리고 어떻게 성경 본문과 구원의 약속이 동시에 자기 마음에 들어오게 되었는지에 대해서 유창하고 열정적으로 이야기할 수도 있다. 하나님을 큰소리로 찬양하고 하나님께 영광을 돌리고, 자기와 같이 가치 없는 죄인에게 은혜를 베푸신 하나님을 찬양하자고 다른 사람들을 초청할 수도 있다. 이런 감정에 이끌리어 기도와 성경공부와 찬양과 신학적인 토론에 참여하는 등 가능한 모든 신앙적 열심을 낼 수도 있다.

그러나 이런 체험과 신앙고백에도 불구하고 "분명한 것은 이 모든 것이 사탄의 속임수와 악하고 기만적인 마음이 가세한 하나님의 성령의 일반적인 영향(구속이나 구원의 역사가 아닌)에 불과할 수 있다는 사실이다." 위에서 언급한 모든 것에 더하여 좋은 성품도 가지고 있고, 성경 교리도 분명히 이해하고, 다른 성도들과 더불어 기독교 신앙의 영광과 미묘함에 대해서도 이야기할 수 있을지라도, 여전히 구원하는 은혜에 대해서는 외인일 수 있다. "외식하는 자와 참된 성도 사이에 겉으로 드러나는 모습과 말하는 방식 등이 얼마나 유사한지 모른다! 양과 염소를 제대로 구분하는 것은 중심을 감찰하시는 전능하신 하나님의 영광스러운 특권이다."

참된 신자들이, 하나님의 구원하시는 역사를 체험했다고 증거하는 사람들의 구원을 재빠르게 인정하는 이유는 충분히 이해할 만하다. 누가 성경에 나온 말을 사용해 거듭난 사람의 체험과 똑같아 보이는 자신의 경험을 열정적이고 논리적으로 설명하되 그것도 큰 기쁨과 즐거움과 확신 가운데 설명하면, 그리스도인은 즐거운 마음으로 경청한다. 무엇보다도 "참된 성도는 거룩한 것을 즐거워한다. 그가 보기에 거룩이 가장 아름다운 것이고, 비참하게 멸망해 가는 영혼을 거룩하고 행복하게 만들고 새롭게 하시는 하나님의 역사가 그에게는 가장 영광스럽게 보이기 때문이다. 그래서 누군가에게 이런 일이 일어났다는 소리를 듣고, 또 그 사람에게서 그런 거룩한 모습을 보면, 신자는 가장 크게 감동을 받고 영향을 받는다. 그렇게 자신을 기쁘게 하는 사람 안에 기쁨의 실체가 있고 없고는 전혀 다른 문제다."

그러나 우리는 다른 사람의 영혼에 대하여 섣부른 판단을 내리려는 유혹을 물리쳐야 한다. 특히 부흥과 성령의 특별한 부으심이 있는 때에 그리스도를 믿는 신앙을 고백하는 사람들은 종종 봄날에 피었다 사라지는 꽃들과 같다. "많은 꽃들이 나무에 흐드러지게 피어 많은 열매로 드러날 것만 같다. 그러나 그중 대부분이 조만간에 말라 버리거나 나무 밑으로 떨어져 썩어 버려서 맥없이 사라진다. 얼마 동안은 다른 꽃들과 마찬가지로 아름답고 화려하다. 그뿐 아니라 향기롭기까지 하여 그 향기를 멀리까지 보내기 때문에, 우리로서는 어떤 꽃이 그 안에 나중에 열매로 드러날 비밀한 덕을 가지고 있는지 알지 못한다. 어떤 꽃이 다른 꽃들은 말라비틀어지는 여름에 뜨거운 태양을 견딜 뿐 아니라 오히려 그로 인해 더 온전해지고 탐스러운 열매를 맺게 될지 분간하기란 도저히 불가능하다." 그러므로 "아름다운 색깔이나 향기로가 아니라, 나중에 맺는 열매로 판단해야 한다"는 말은 결코 지나친 말이 아니다.

    예수님의 가르침 가운데 다른 사람의 신앙고백의 진정성을 판단하는 원리만큼 분명한 것도 없을 것이다. 그 열매를 보아 나무를 안다. 하지만 구원의 열매가 조작될 수 있다면 참된 열매와 거짓된 열매를 구분하는 원리가 무슨 소용이 있겠는가? 열매처럼 보이는 것이 단순히 있느냐가 아니라 그 열매가 끝까지 지속되느냐를 보면 된다. 그 열매가 얼마나 풍성하고 달콤한지는 차치하더라도, 한 번 열리고 마는 열매가 아니라 오랜 시간 시험을 견디고 무르익은 열매라면 하나님께로부터 온 것으로 신뢰할 수 있을 것이다.

7장_ 진정한 신앙감정의 표지: 도입

우리는 지금 "영원한 상급을 받아 누리기에 합당한, 하나님의 은혜를 받아 누리는 사람들의 가장 뚜렷한 특징은 무엇인가"를 살펴보고 있다는 사실을 기억하자. 다시 말하면, '인간의 영혼에서 하나님이 보시기에 받으실 만한 특징이 무엇이고 진정한 영성의 본질은 무엇인가' 하는 것이다.

우리는 많은 지면을 할애해서 단순히 마음 안에 강력하고 진심 어린 감정이 있다고 해서 하나님의 성령의 구원하시는 역사를 받은 사람이라는 증거가 될 수 없다는 사실을 설명했다. 구원에 따르는 감정과 그렇지 않은 감정을 구분할 때는 실수하지 않도록 주의해야 한다.

이제까지 우리는 사람들이 흔히 신령한 삶에 대한 진정한 증거로 말하는 열두 가지가 무엇인지 집중적으로 살펴보았다. 이것을 통해 우리는 이런 현상과 체험이 증거하는 것은 사실상 아무것도 없다는 사실을 밝혀 보고자 했다. 하나님의 은혜를 받은 사람인지 아닌지에 대한 증거가 될 수 없는 체험이 있다. 이런 체험이 있는 사람들은 하나님의 자녀일 수도 있고 아닐 수도 있다. 이런 체험은 성령의 역사일 수도 있고 아닐 수도 있다.

이제 우리는 참된 구원의 감정을 판단하는 시금석과 표지가 무엇인지 설명할 수 있게 되었다. 하지만 우리는 다음 세 가지를 염두에 두어야 한다.

첫째, 이런 문제들을 항상 정확하게 분석하고 판단할 수 있는 표준이나 체계가 없다는 사실이다. 누가 참된 신자이고 누가 거짓 신자인지 정확하게 판단할 수 있다고 주장하는 것은, 우리가 이제까지 애써서 드러낸 오류에 우리 스스로가 빠져드는 꼴이다. 물론 하나님께서는 이런 노력에 도움이 될 만한 표지들을 성경을 통해 주신 것이 사실이다. 그러나 "하나님께서는 우리의 동료 신자들(믿음이 있다고 고백하는 사람들) 가운데 누가 하나님의 자녀인지 판단하고, 양과 염소를 명확히 구분할 수 있는 규칙이나 형식을 우리에게 주신 바가 없다. 오히려 그런 일은 하나님의 고유 권한으로 남겨 두는 것이 하나님의 뜻이다."

둘째, 타락한 사람이 여전히 자신이 하나님과 바른 관계에 있다고 확신할 만한 표지가 성경에 있을 것이라는 기대는 아예 하지 말아야 한다. 그런 사람들이 "하나님과의 관계를 낙관하는 것은 하나님의 뜻도 아니고, 바람직하지도 않다. 그들이 그렇게 생각하지 않는 것이 자신에게 유익하다. 오히려, 먼저 자신이 처한 상태가 어떠한지 분명히 알게 하기 위해 그들에게 어떤 호의도 베풀지 않으시는 하나님을 찬양해야 할 것이다."

문제는 하나님의 말씀에 제시된 표지와 기준이 아니라, 표지를 받고 나타내는 우리 자신이다. 우리에게는 바른 판단을 내리는 데 필요한 객관성과 지식과 명석함이 결여되어 있다.

"타락한 본성을 죽이고 은혜를 누리고 그 안에서 자라가는 것 외에 다른 방식으로 구원의 확신을 갖는 것은 하나님이 의도하신 바가 아니다. 비록 자기성찰이 우리가 결코 소홀히 해서는 안 될 중요한 의무이기는 하지만, 성도들이 자신의 선한 상태를 확인하고 만족하는 주된 방편은 아니다. 확신은 자기성찰보다는 행위를 근거로 누려져야 한다."

사도 바울은 고린도전서 9:26을 통해 이 사실을 확인해 준다. "바울 자신이 상을 얻을 확신을 누리는 것은, 단순히 그것을 숙고해서만이 아니라 부지런히 달음박질했기 때문이다. 바울은 자신을 성찰하는 데 집중하지 않고 민첩하게 경주함으로 승리의 확신에 성큼 다가섰다"(벧후 1:5-11을 보라).

셋째, 참된 감정과 거짓된 감정을 구분하는 표지만으로 "거짓된 이해와 감정에 속고 있고, 이미 잘못된 확신에 뿌리를 박고서 엄청난 체험과 특권을 가졌다고 자부하는 사람들을 설득할 수 있을 것이라고 기대하지 말아야 한다. 이런 위선자들은 스스로 지혜롭다고 자처하고, 자기 의로 눈멀고 마음이 굳어 있어서 도저히 꺾을 수 없는 자기확신을 가지고 스스로를 대단한 신앙인으로 여긴다. 사실 이런 것들이 바로 그들이 위선자라는 부정할 수 없는 증거다."

참된 감정과 거짓된 감정을 분별할 수 있는 열두 가지 표지가 있다. 지금부터 이어지는 장들에서는 그 표지들에 대해 살펴볼 것이다.

8장_ 진정한 신앙감정의 첫 번째 표지

진정으로 신령하고 은혜로운 신앙감정은 마음에 끼친 신령하고 초자연적이고 신적인 영향과 작용에서 비롯된다.

첫 번째 표지로 들어가기 전에, 우리는 성경에서 반복적으로 언급하는 중요한 구분에서부터 시작해야 한다. 하나님의 성령께서 거듭나게 하셔서 성전 삼으시고 친히 그 안에 거하시는 사람들을 가리켜 성경은 "신령하다spiritual"고 한다. 이들은 구원하시고 구속하시는 성령의 역사를 받아 누린다. 이들 안에서 행하시는 성령의 초자연적인 역사로 인해 이들은 새로운 하나님의 본성에 참여한다. "하나님의 성령께서 성도 안에 거하시면서 생명의 샘과 씨로서 그들 마음에 역사하시고, 그분의 감미롭고 신적인 본성을 나누어 주심으로 성도의 영혼은 하나님의 아름다움과 그리스도의 기쁨에 참여한다. 이렇게 성령에 참여하고 교통함으로 성부와 성자 예수 그리스도와도 참된 사귐을 갖는다."

이에 반해 성경에서 말하는 자연인natural men은 성령의 영향과 행위의 대상이 되기는 하지만, 성령의 역사로 그들이 구속되거나 구원받지는 않는다. 성령께서 이들에게 은사와 복을 주시기도 하지만 중생의 기적을 베푸시지는 않는다. 바꾸어 말하면, "하나님의 성령께서 자연인에게 여러 방식으로 영향을 주시기는 해도, 이런 영향이 그들 안에 내주하는 원리로 주어지는 것이 아니기 때문에 어떤 특징이나 성품으로 드러나지 않는다. 연합에서 비롯된 것이 아니기 때문에 그들의 소유도 아니다."

진정한 신자들이 체험하는 은혜로운 구원의 역사는 "인간 본성을 완전히 넘어선 것이고, 사람들이 본성적으로 자기 안에서 발견하는 자연적 원리의 역사와는 전혀 다른 것"이라고 결론 내릴 수 있다. 다른 말로 하면, 이런 은혜로운 감정은 초자연적인supernatural 영향에서 비롯된다. 참된 신자들은 "구원받기 전에 느끼고 자각하던 것과는 그 본질과 종류가 전혀 다른 새로운 내적인 감각과 지각"으로 살아간다고 말할 수 있다.

하나님의 구원하시는 역사를 받은 사람들은 인간 본성과 이성과 의지로는 도저히 산출할 수 없는 전혀 새로운 차원의 지각을 갖게 된다. 이것은 "정신에서 새롭게 일어나는 신령한 감각이고, 마치 미각이 다른 감각과 전혀 다른 것처럼, 이전에 정신으로 느끼던 것들과는 본질적으로 전혀 다른 새로운 종류의 지각과 신령한 감각이다." 이 새로운 감각은 마치 실제로 꿀을 맛보는 것과 꿀맛에 대해 생각하고 설명하는 것이 다른 것처럼, 이전의 자연적인 것과는 완전히 다르다.

이렇게 생긴 "새로운 감각"과 성향은 마음에 새롭게 덧붙여진 기능이라기보다는 새로운 본성의 원리다. 구체적으로, "이 새로운 신령한 감각은 지성의 새로운 기능이 아니라 기존에 있던 지성의 기능이 새롭게 작용하기 위해 영혼의 본성에 새로운 기초가 놓인 것이라고 할 수 있다. 그러므로 새로운 감각을 수반하는 새로운 마음의 거룩한 성향은 의지의 새로운 기능이 아니라, 기존에 있는 의지의 동일한 기능이 새롭게 작용하도록 영혼의 본성에 놓인 토대라고 할 수 있다."

구원받지 못한 자연인이 일반적으로 물리적 감각을 사용하면 알 수 있는 것인데, 지금까지 알지 못하고 있던 사실들을 하나님께서 알게 하셨다고 해서 그것이 새로운 신령한 원리를 받은 표지가 될 수는 없다. 하나님께서는 "자연인이 본성적으로 할 수 있는 일을 더 열심히 하도록 도우신 것뿐이다." 그러나 성도들의 경우, "하나님께서는 새롭고 신적이고 초자연적인 원리를 주입하시고 그 속에서 작용하게 하는 방식으로 역사하신다. 이 원리는 자연인이 가진 모든 원리하고는 차원이 다르다. 훨씬 고상하고 탁월한 원리이고, 전혀 새롭고 신령한 원리다."

오감을 통하지 않고 상상이나 생각으로 환상이나 영적인 실체를 보거나 느꼈다고 하는 사람들의 경우, 그런 체험이 어디로부터 왔는지 입증할 길이 전혀 없다. 예를 들어, 상상이나 "마음의 눈"으로 엄청난 빛을 체험했다고 하면서 그것을 하나님 영광의 계시로 받아들이는 사람들이 있다. 십자가에 달려 있는 그리스도의 형상을 마음으로 보았다거나 두 팔을 벌리고 자기를 받아 주시는 그리스도를 보았다거나 보좌에 앉으신 그리스도에 대한 "생생한 환상"을 보았다고 주장하는 사람들도 있다. 물리적인 귀를 통해서가 아니라 마음으로 특정한 성경 구절이나 신령한 소리를 들었다고 주장하기도 한다. "눈을 감고 있어 아무것도 볼 수 없는데도 이런 것들이 보였기 때문에 그것은 틀림없이 하나님께로부터 온 것이다"라고 이들은 믿는다. 이런 체험은 오감을 통하지 않은, 생생하고 분명한 내적인 체험이기 때문에 하나님께로부터 온 것이 틀림없다는 것이다.

그러나 그중 어떤 체험도 하나님께로부터 온 것이라고 말할 수 있는 것은 없다. 누구라도, 심지어 거듭나지 않은 사람조차도 상상 속에서 이런 체험이나 인상을 가질 수 있다. 자연적 본성으로도 이런 것들을 충분히 체험할 수 있다. 이런 체험을 위해서 중생이나 성령이나 신적인 것에 대한 새로운 감각 같은 것은 필요 없다. "중생한 사람과 마찬가지로, 자연인도 속으로 모양이나 색깔이나 소리에 대한 생생한 느낌이나 인상을 가지고 있을 수 있으므로 이런 것을 느끼는 데 굳이 초자연적인 것을 가질 필요가 없다." 성령께서 역사하시지 않아도 이런 상상이나 인상은 누구나 가질 수 있다. 그러므로 이런 것들이 은혜로 받아 누리는 구원하는 진정한 신앙감정에 대한 틀림없는 증거는 될 수 없다. 은혜로 말미암은 참된 신앙감정은 인간의 본성만으로는 절대 누릴 수 없고, 오직 성령의 주권적이고 초자연적인 역사로만 누릴 수 있다. 인간 본성의 연약함으로 인해 이런 인상이 떠오르는 경우도 종종 있다.

그러나 "참되고 신령한 지각sensation의 경우 마음에 떠오르는 방식도 특별할 뿐 아니라, 지각 자체도 지금까지 살펴본 대로 사람의 기질에 따라 천차만별이다." 생각이나 상상으로도 이런 것을 체험할 수 있다고 여기는 사람이 여전히 있을 것이다. 그러나 그렇다 해도 성령으로부터 온 체험은 그렇지 않은 체험과 본질상 다르고, 인간의 마음에 새겨지는 과정도 전혀 다르다.

물론 하나님께서는 사람의 마음에 이런 인상이나 환상이 떠오르게 하실 수 있다. 실제로 발람에게 그렇게 하셨다(민 24:16-17). 그러나 발람의 경우는 성령의 일반 은총의 역사였을 뿐이다. 이처럼 일반 은총으로부터 비롯된 감정이 꼭 은혜로 말미암아 구원을 이루는 것일 수는 없다.

더구나, 사탄은 사람들을 미혹하여 죄에 빠지게 하려고 사람의 마음에 생각이나 말 또는 형상이 떠오르게 할 수 있다. 구약성경에서 꿈과 환상을 통해 생생한 형상이나 모습을 보았다고 주장했던 거짓 예언자들은 하나같이 사탄으로부터 그런 것들을 받았다(신 13:1, 왕상 22:22, 사 28:7, 겔 13:7, 슥 13:4). "사탄이나 다른 피조물이 외부로부터 사람의 마음에 영향을 줄 수 있다면, 외부로부터 받은 어떤 인상도 그것만으로는 하나님의 능력에 대한 증거가 될 수 없다." 단순히 이런 유의 체험에 토대를 둔 감정은 구원에 이르는 신령한 것이 아니다. 참되고 구원 얻는 감정은 항상 논란의 여지 없이 분명하고 오직 신적이고 초자연적인 원인에서만 비롯된다.

성경 본문을 통해 드러난 탁월함이 누군가의 감정을 불러일으키되, 앞서 언급한 대로 마음에 즉각적으로 떠오르는 방식으로 불러일으켜진 것이 아니라면, 성령께서는 사람의 마음에 떠오른 성경 구절을 사용하실 수도 있다. 이어지는 감정의 토대가 되는 성경 본문들에 담긴 진리에 대한 영적인 이해나 달콤한 자각도 없이, 단지 우발적이고 직접적으로 본문이 떠올랐다면, 이런 것에서 비롯된 감정은 결코 신령한 것이 아니다. "앞서 밝힌 대로, 말씀이 갑자기 마음에 떠오르는 것이 곧 그 말씀이 하나님께로부터 온 것이라는 증거는 아니다. 하나님께서 말씀을 생각나게 하신 것이 맞고, 그들이 이 사실을 분명히 안다고 해도, 그런 것은 아무런 신령한 의미가 없는 것일 수 있다." 그러므로 "하나님께서 직접적으로 성경 본문을 마음에 떠오르게 하신다는 개념에서 비롯된 이런 감정들은 영적인 토대가 있는 것이라기보다는 오히려 허망하고 속이는 것이다."

하나님께서 독생자를 따르는 자들에게 하나님 나라를 주기를 기뻐하신다는 누가복음 12:32을 마음으로 들었다는 사람이 있다고 하자. 이런 사람에게 이 말씀은 탁월하고 놀랍고 달콤하게 다가갈 것이다. "그러나 이런 사람에게 이 약속이 굉장하게 다가가는 이유는, 그들에게 이 약속이 즉각적으로 이루어질 것이라 생각하기 때문이다. 이 약속을 통해 자신이 받게 될 것에 대한 상상과 자기애self-love 때문에 이들은 이 말씀을 영광스럽게 느낀다. 이런 일들에 대한 자의적인 관심과 감동보다 선행할 뿐 아니라 모든 감정과 소망의 토대가 되는 하늘나라의 거룩하고 영광스러운 본질과, 하늘나라를 주시는 분의 신령한 영광과, 하늘나라를 죄인에게 나누어 주기를 기뻐하시는 하나님의 탁월한 은혜를 조금이라도 맛보거나 느껴서가 아니다. 하늘나라가 자기에게 주어졌다고 먼저 자의적으로 상상했기 때문에 이 말씀에 감동을 받고, 이 말씀을 탁월하다고 여기는 것이다. 그러므로 이 모든 과정의 토대는 성경 말씀이 갑작스럽고 기이한 방법으로 마음에 떠오른 것이라고 할 수 있다. 이것은 그들이 터무니

없이 속고 있다는 분명한 증거다."

상당히 많은 사람들이 성경 진리의 아름다움이 아닌, 성경 말씀의 진리가 자기 마음속에서 갑작스럽고 즉각적으로 깨달아졌다는 느낌 자체에서 위로와 확신을 얻는다. 이런 사람들이 신뢰하는 것은 계시된 진리의 **본질**이 아니라, 계시에 대한 **체험** 그 자체다. 결국 이들의 기쁨과 생명에 대한 확신은 "성경 계시의 내용이나 성경의 가르침에서 나온 것이 아니라, 성경 말씀이 그들에게 찾아온 방식에서 나온 것이다. 이것이 바로 그들이 속고 있다는 분명한 증거다."

그러면 성령께서는 우리의 생각과 마음에 성경의 약속을 적용하실 수 없거나 혹은 적용하시지 않는다는 말인가? 물론 그렇지 않다. 하지만 우리는 먼저 성령께서 말씀을 우리 마음에 적용하시는 것이 무엇인지에 주목해야 한다. "성령께서는 영적인 조명과 성결케 하시는 능력으로 하나님의 말씀을 마음에 적용하신다. 성령께서 복음의 초청과 제안을 마음에 적용하시면, 영혼은 복음의 초청을 통해 주어진 거룩하고 신적인 복과, 복음을 주신 이의 달콤하고 놀라운 은혜, 그리고 또한 그렇게 은혜로운 제안을 하실 뿐 아니라 그것을 능히 이루시는 그분의 거룩한 탁월함과 미쁘심과 충족성 sufficiency을 인식하고 누리는 영적인 지각을 갖게 된다."

이처럼, "성도들에게 위로를 주는 성경의 약속들을 영적으로 적용할 때, 그들의 마음이 밝아져서 약속된 복의 거룩한 탁월함과 달콤함을 맛보게 될 뿐 아니라, 약속을 주신 이의 거룩한 탁월함과 미쁘심과 충족성 또한 알게 되고, 이로 인해 매료된 그들의 마음은 약속된 것과 아울러 약속을 주신 이를 부둥켜안게 된다."

"이런 신적인 지각과 마음의 조명을 받아 믿는 것이 아니라, 부지중에 갑자기 생각난 구절들을 마치 하나님께서 직접 말씀하신 것인 양 사람들에게 말하고 오직 이것만을 근거로 그 말씀의 약속들이 자신들에게 주어진 것으로 믿는 것과 같은 적용은, 어둠의 영에게 속한 것이지 결코 빛의 영에게 속한 것은 아니다."

하나님께서 "은밀한 일들"을 자기 마음에 직접 말씀해 주셨기 때문에 자신은 하나님의 구원하시는 은혜를 받은 사람이라고 주장하는 사람들이 많다. 이들이 말하는 "은밀한 일들"이란 이성이나 논증 혹은 오감을 통하지 않고 얻은 정보가 특별한 방식으로 암시된 것을 의미한다. 하지만 이런 식의 자각이 본질적으로 신적인 탁월함을 갖고 있는 것도 아니고, 사람들이 가진 오감의 기능이나 이성을 통해서도 얼마든지 자연적으로 배우고 알 수 있는 것이기 때문에, 이것이 하나님의 구원하시는 임재의 분명한 증거라고 할 수는 없다. 참으로 구원받은 사람들의 마음에 이런 생각을 주신 분이 성령이라면, "그 생각의 결과와 그런 결과를 산출하는 방식은 모두" "구원받지 못한 사람의 마음에서 나오는 것을 훨씬 넘어서는 것"일 수밖에 없기 때문이다.

하나님께서 "은밀한 일들"을 사람의 마음에 직접 떠오르게 하지 못할 것도 없다. 하지만 그렇기 때문에 그런 은밀한 일들을 받은 사람들은 모두 구원받았다는 의미는 아니다. 참으로, "하나님께서 하시고자 한다면, 구원받지 못한 사람들의 마음에 당장이라도 이런 일들을 특별하고도 즉각적인 방식으로 떠오르게 하실 수도 있다."

많은 사람들이 자기가 체험했다고 하는 이른바 "성령의 증거"가

반드시 하나님의 초자연적이고 은혜로운 행위의 표지일 수는 없다. 마음에서 갑자기 자신이 하나님의 자녀인 것을 확신하게 되었다고 해서, 그 확신이 반드시 참인 것은 아니다. 성령께서 "우리의 영과 더불어" 우리가 하나님의 자녀임을 친히 증거하실 때는(롬 8:16), 성령께서 우리 눈을 열어 성경 말씀에 이미 계시된 것을 보게 하시고, 분명한 증거들 위에서 우리가 하나님의 자녀라고 결론 내릴 수 있게 하신다. 어떤 즉각적인 음성을 마음으로 듣는 것을 통해 구원받았다는 확신을 갖게 하지 않으신다.

내가 여기서 반대하는 것은 이른바 마음에 확신이 주어진 방식만을 가지고 구원의 확신의 근거로 삼으려는 생각이다. 직접적인 방식으로 마음에 주어진 확신이 그 사람의 변화된 마음에 대한 증거를 나타내지 못한다면, 그것을 그 사람의 구원 근거로 삼을 수 없다.

성령의 인치심이나 증거는 성경의 계명에 따라 살아가도록 영혼을 변화시키는 실제적인 역사다. 다시 말해, "성령의 인치심과 같은 것으로 이야기한 성령의 증거와 성령의 첫 열매는 생명력 있고 은혜롭고 거룩하게 하시는 성령의 영향과 교통을 말하는 것이지, 성령의 즉각적인 암시나 계시를 말하는 것은 아니다."

성령께서 우리의 자녀 됨을 우리 영혼과 더불어 증거하신다는 사실은, 양자의 영으로 우리 안에 계시면서 성부의 뜻에 순종하도록 우리를 이끄시는 성령의 인도하심을 따라가는 우리의 모습을 통해 확인할 수 있다. "그러므로 사도가 말하는 성령의 증거는 직접적인 내면의 속삭임이나 착상이나 계시와는 전혀 상관이 없다. 오히려 이것은 성도의 마음에 자녀의 성향과 성품을 심으시는 하나님의 성령의 은혜롭고 거룩한 역사를 말하는 것으로, 두려움이나 종의 영을 내쫓는 하나님을 향한 어린아이와 같이 달콤한 사랑으로 나타난다."

9장_ 진정한 신앙감정의 두 번째 표지

> 은혜로운 감정이 일어나는 가장 중요한 객관적 토대는 신적인 일들 자체에 있는 무한히 탁월하고 사랑스러운 본질이지 자신의 이해관계에 있지 않다.

진정한 신앙감정에 대한 두 번째 확실한 표지의 요점은 "참된 성도들이 하나님과 그분의 것들을 사랑하는 주된 이유가 하나님과 예수 그리스도의 영광과 탁월함, 하나님의 말씀, 하나님의 역사, 하나님의 뜻이 갖는 신적인 탁월함과 영광 때문이지, 그런 것들을 통해 자신이 얻게 될 이익이나 혜택과 같은 이해관계 때문이 아니라는 데 있다."

사람들이 하나님의 탁월함을 기뻐하는 것은 자기애 때문이라는 것이 일반적인 생각이다. 다른 말로 하면, 하나님을 사랑해야만 행복하고 즐거울 수 있다고 믿기 때문에 하나님의 영광을 사랑한다는 것이다. 그렇다면 그렇게 믿는 이유는 무엇인가? 하나님의 영광에 무엇이 있기에, 하나님의 영광을 보는 것이 행복을 위한 최고의 길이라 여기게 되는가? 하나님의 본성 자체에 있는 아름다움과 장엄함을 깨닫게 하는 어떤 변화가 사람의 마음과 정신에서 일어난 것이 틀림없다. 이 아름다움과 장엄함은 사람을 하나님께로 끌리게 하고, 하나님의 영광을 보는 것이 자신의 행복을 위한 중요한 요소라는 것을 깨닫기도 전에 그의 마음이 하나님과 연합하도록 한다.

하나님은 스스로 사랑스러운 분이시다. 하나님은 스스로 무한히 장엄하시며 탁월하시고 모든 이가 주목하고 즐거워할 만한 분이시다. 참된 신자가 그분을 사랑하는 것은 하나님 그분의 광채와 영광과 아름다움 때문이다.

그렇다고 하나님께서 인간에게 베푸시는 사랑과 은혜로 인해 그분을 사랑하게 되는 경우가 없다는 말은 아니다. 지옥의 실재를 발견하고 그리스도 안에 있는 하나님의 은혜로 지옥으로부터 자신이 구원받았음을 알게 된 사람들이 하나님을 사랑하고 기뻐하게 되는 경우도 종종 있다. 하나님께서 그리스도 안에서 자신을 용서하고 받아주셨다는 사실을 안 후에 비로소 이들은 그분이 스스로 사랑스럽고 탁월한 분이신 것을 인정한다.

그러나 진정한 신자가 경험하는 사랑은 이와 다르다. "그들은 하나님께서 자신을 사랑하시는 것을 먼저 알고 나서 그분이 사랑스럽다는 것을 알게 되는 것이 아니라, 하나님께서는 사랑스러운 분이시고 그리스도가 탁월하고 영광스러운 분이신 것을 알고 그들의 마음이 먼저 이런 사실들에 매료됨으로 하나님을 향한 그들의 사랑이 촉발된다. 결과적으로 그들은 자신을 향한 하나님의 사랑과 위대한 은혜를 체험한다." 이처럼 참된 신자들이 느끼는 하나님을 향한 사랑은 그들이 하나님 그분에게서 본 것에서 비롯된다. 하나님께 있는 본유적인 아름다움을 인식하게 될 때, 자기애가 생기고 영광스러운 하나님께로부터 자신이 받아 누릴 행복에 대한 생각이 자연스럽게 따라오는 것이다.

그리스도인이 느끼는 하나님의 은혜와 긍휼에 대한 감사는, 하나님과 그분 안에 있는 것에 대한 사랑을 기반으로 한다. "하나님의 영광을 보고 그것에 압도되고 매료되어 하나님에 대한 말할 수 없는 사랑을 느끼게 된 성도는, 마음이 부드러워지고 자기가 받은 은혜에 쉽게 감동한다." 그리스도를 통한 하나님 구원의 은혜와 영광스러운 구속의 역사는 우리가 개인적으로 은택을 입는 것과 상관없이 그 자체로 완전히 아름답고 경이롭다.

그런데 사도 요한은 하나님께서 우리를 먼저 사랑하셨기 때문에 우리가 하나님을 사랑한다고 말하지 않았는가?(요일 4:19) 그렇다. 하지만 이 말씀을 통해 그가 말하고자 한 것은, 우리가 하나님을 사랑하기 전에 먼저 하나님께서 우리를 사랑하셨고, 그러므로 하나님을 향한 우리의 사랑은 우리를 향한 하나님의 사랑의 열매라는 사실이다. 더욱이 하나님을 사랑하지 않는 백성을 향한 하나님의 사랑이야말로 그 자체로 하나님께서 탁월하고 영광스럽고 우리의 찬양을 받기에 합당하신 분이라는 사실을 말해 준다. 은혜로 인해 자신이 이 영광스러운 사랑을 누리고 있다는 것을 깨닫게 될 때, 마음에 하나님을 향한 사랑의 화답이 일어난다.

하나님을 향한 신자의 사랑에 대한 것은 신자가 누리는 희락과 영적인 기쁨과 복에 대해서도 마찬가지로 적용해 볼 수 있다. "하나님을 향한 신자의 사랑의 가장 우선적인 토대는 하나님께로부터 오는 좋은 것들이 아니라, 이런 것들에 깃든 하나님의 거룩한 아름다움을 즐거워하는 데 있다." 사실 외식하는 자의 기쁨과 하나님 자녀의 기쁨을 가르는 척도가 바로 이것이다. 전자는 "자기 자신을 기뻐한다. 그가 누리는 기쁨의 토대는 바로 자기 자신이다. 후자는 하나님을 기뻐한다. 외식하는 자를 가장 기쁘게 하는 것은 자기 자신이 누리는 특권과 자신이 누리고 있다고 믿고, 또 앞으로도 누릴 것으로 기대하는 행복이다. 진정한 성도는 하나님께로부터 온 것들에 깃든 하나님의 영광과 사랑스러움에 어쩔 줄 몰라 한다. 이것이 그들이 누리는 모든 기쁨의 원천이요 정수다. 이것이 바로 그들이 누리는 기쁨 중의 기쁨이다. 하나님께로부터 오는 것들에 깃든 아름답고도 유쾌한 본질에 기뻐하는 이들은 장래에 자신이 이런 것들을 온전히 소유할 것이라는 생각에 어쩔 줄을 모른다. 그러나 외식하는 자의 감정은 이와 정반대로 일어난다. 그들은 하나님께로부터 온 것들에 들뜨고 기뻐한다. 하나님이 사랑스럽게 느껴지는 이유도 하나님께서 그런 것들을 자신에게 주셨기 때문이다."

이처럼, "진정한 성도가 하나님으로 인해 누리는 기쁨의 가장 우선적인 토대는 하나님의 완전함이다. 예수 그리스도 때문에 누리는 즐거움의 가장 중요한 근거 역시 그리스도의 아름다움이다. 그리스도는 모든 이들 가운데 가장 으뜸 되는 분으로, 무한히 사랑스러운 분으로 드러난다. 그리스도께서 이루신 구원의 방식은 그에게 가장 큰 즐거움이다. 하나님의 완전함을 아주 달콤하고 사랑스럽게 보여주기 때문이다. 하나님을 높이고 인간을 겸비하게 하고 거룩을 칭송하고 증진하고 죄에게 수치를 돌리고 죄를 억제하고 값없이 베푸는 하나님의 주권적인 사랑을 나타내는 복음의 거룩한 교리들이, 신자의 눈에는 지극히 영광스럽고 그의 입에는 꿀처럼 달 뿐 아니라, 이런 것들로 인해 자신이 누리게 될 어떤 은택보다 우선한다. 물론 성도도 하나님 안에서 자신이 누리는 것들 때문에 기쁘고, 그리스도가 자신의 기업이라는 사실에 즐거워한다. 그러나 이런 것들이 성도가 누리는 기쁨의 궁극적인 원천은 아니다. 그들은 먼저 그 자체로 영광스럽고 탁월한 하나님을 기뻐한다. 그 다음에 이 영광스러운 하나님께서 자신의 기업이라는 사실에 기뻐한다. 또 성도는 먼저 그리스도의 탁월함과 그분 은혜의 빼어남, 그리고 그분이 이루신 구원의 아름다운 방식에 탄복한다. 그 다음에 이 탁월한 구원자와 이 빼어난 은혜가 자신들의 소유라는 사실에 기뻐 어쩔 줄 몰라 한다."

그러므로 우리는 하나님 체험하는 것을 기뻐하기보다 그분 자체를 기뻐해야 한다. 물론 우리가 하나님의 은혜를 받고 그분의 아름다움을 볼 수 있게 되었다는 것은 그 자체로 경이로운 일임에 틀림없다. 그럼에도 이것은 하나님께 있는 본유적인 탁월함을 인식하는 데서 비롯되는 부차적인 것이고 결과적인 일이다. 여러분에게 가장 즉각적이고 큰 기쁨을 주는 것은 무엇인가? 그리스도의 계시에 대한 여러분의 체험인가 아니면 계시된 그리스도인가?

"하나님과 그리스도의 달콤한 영광을 발견하고 기뻐하는 참된 하나님의 자녀는, 자신이 목도하는 바에 완전히 매료되고 사로잡혀서 자기가 그런 체험을 하고 있다는 사실에 뿌듯해 하거나, 그런 체험을 통해 자신이 얻게 될 것을 계산할 겨를도 없다. 오히려 자신이 묵상하는 황홀한 분에게서 눈을 떼어 자신의 체험에 집중하면서, 자기가 얼마나 대단한 체험에 도달했는지, 다른 사람들에게 말해 줄 수 있는 얼마나 좋은 자랑거리를 얻었는지에 대해 뿌듯해 하는 것을 큰 손실이요 허탄한 것으로 여긴다. 또한 그가 하나님의 영광을 보면서 느끼는 기쁨과 달콤함은, 자신의 안전한 상태나 자질이나 체험이나 환경에 대한 만족에서 온 것이 아니라 자신이 대면하고 있는 분의 신적이고 지고한 아름다움으로부터 온 것으로, 그의 마음을 흡족하게 하고 강하게 사로잡는다."[60]

10장_ 진정한 신앙감정의 세 번째 표지

진정으로 거룩한 감정은 신적인 일들에 있는 도덕적 탁월성의 아름다움에서 비롯된다. 다른 말로 하면, 신적인 일들의 도덕적 탁월성에 있는 달콤함과 아름다움으로 인해 신적인 일들을 사랑하는 것이 모든 거룩한 감정의 시작이요 원천이다.

신적인 일들의 탁월성을 정의하기 위해 우리가 사용하는 '도덕적 moral'이라는 말은 객관적 행위 규범에 충실한 것을 말하지 않는다. 하나님의 도덕적 완전성moral perfections이라는 말은 "하나님께서 도덕적 행위자로서 발휘하시는 속성, 곧 하나님의 마음과 뜻이 그분의 의로움과 진리와 미쁘심과 선하심과 마찬가지로, 선하고 의롭고 무한히 합당하고 아름다운 것을 의미한다. 이것은 한마디로 그분의 거룩holiness이다." 하나님의 본성적 속성과 완전함은 "하나님께 있는 도덕적 선이나 거룩이 아니라 하나님의 능력, 모든 것을 아시는 하나님의 지식, 영원부터 영원까지 계시는 그분의 영원함, 두려움과 경외에 찬 위엄과 같이 우리가 하나님을 인식하는 방식에 따라 그분의 위대함을 드러내는 속성을 가리킨다."

앞서 말한 바와 같이, 하나님의 도덕적 탁월성은 한마디로 그분의 거룩이라고 할 수 있다. 성경에서 거룩이라는 말은 "도덕적 행위자로서의 하나님의 순전함과 아름다움을 가리키는 말로 그분의 모든 도덕적 완전성, 의로움, 미쁘심, 선하심을 포괄한다."

진정한 신앙감정의 두 번째 표지를 이야기하면서, 신적인 것들 자체에 있는 무한한 탁월성이 모든 거룩한 감정의 우선적인 토대라고 했다. 이제 우리는 "모든 거룩한 감정의 가장 중요하고 객관적인 근원인, 신적인 것들에 있는 본질적 탁월성을 도덕적 탁월성moral excellency 혹은 거룩이라고 말할 수 있다."

그러므로 진정한 성도는 스스로 무한히 아름다운 존재이신 하나님께 있는 거룩의 아름다움 혹은 도덕적 완전성 때문에 하나님을 사랑한다. 분명히 우리는 하나님의 모든 속성으로 인해 하나님을 사랑한다. 하나님의 모든 속성은 각각 그 자체로 전부 아름답고 사랑스럽다. 하나님의 모든 완전함을 하나하나 묵상하는 것은 너무 즐거워서 다 표현할 수 없을 정도다. "중생한 자가 하나님의 거룩하심 때문에 하나님을 사랑하는 것은 그가 가진 사랑의 가장 본질적이고 근원적인 것이다.…… 하나님의 도덕적 속성의 아름다움으로 인해 촉발된 하나님을 향한 사랑은 필연적으로 하나님을 향한 기쁨을 불러일으킨다."

어떤 존재가 거룩하지 않고 강하기만 하면 그 존재는 전혀 사랑스러울 수 없다. 식견과 지식만 있을 뿐 거룩하지 않은 존재는 찬양 받을 만한 본유적인 가치가 전혀 없다. 하나님의 지혜가 영광스러운 이유는 그것이 거룩하기 때문이다. 하나님의 불변하심이 영광스러운 이유는 그것이 "악의적인 완고함"이 아니라 거룩한 불변성

immutability이기 때문이다. 이처럼 하나님을 향한 참된 사랑은 "하나님께 있는 다른 어떤 본성보다 그분의 거룩을 기뻐하는 데서 시작되어야 하는데, 거룩 없이는 어떤 본성도 아름다울 수 없기 때문이다."

모든 신적인 일도 마찬가지다. 하나님의 백성이 아름다운 이유는 그들이 은혜로 말미암아 거룩한 성도가 되었기 때문이다. 천사들이 아름다운 이유는 그들이 마귀처럼 악하지 않고 거룩하기 때문이다. 기독교 신앙이 다른 모든 종교보다 앞선 이유도 바로 기독교 신앙의 거룩함 때문이다. 성경의 탁월함 역시 성경 본문의 거룩함 때문이다.

"주 예수의 사랑스러움과 아름다움도 바로 그분의 거룩에서 비롯된다. 그분의 거룩으로 인해 그분은 만인 중에 가장 탁월하고 가장 사랑스러운 분이시다." 참으로 "온유와 겸손과 인내와 경건과 하나님과 사람을 향한 사랑과 악하고 천한 자들을 위해 낮아지심과 불쌍한 자들을 향해 품으신 연민과 같이, 그분의 인성을 통해 드러난 모든 영적인 아름다움은 그분의 거룩으로 요약된다. 그분이 가진 인성의 아름다움은 그분께 있는 신성의 아름다움의 형상이요 반영이고, 이 신성의 아름다움 역시 그분의 거룩으로 이루어진다." 복음이 영광스러운 이유는 그것이 거룩하기 때문이다. "천국의 영광 역시 거룩에 있다. 천국은 거룩한 도성이고 거룩한 예루살렘이며 하나님의 거룩과 영광의 처소다"(사 63:15 참조).

참된 감정의 첫 번째 표지를 논의하면서, 우리는 하나님께서 중생한 사람에게 육신의 오감을 통해서는 얻을 수 없는 새로운 초자연적 지각을 주시는 것을 살펴보았다. 이제 우리는 이것이 "영적이고 신적인 일들에만 있고, 자연인이 보고 인식하는 것과는 전혀 다른, 오직 영적인 지각을 통해서만 인식할 수 있는 거룩의 아름다움이라고 말할 수 있다. 이런 아름다움은 영적인 미각을 통해서만 직접 인식할 수 있으며, 그것은 아주 달콤하다."

시편 119편에서는 하나님의 율법을 "하나님 본성의 거룩함의 위대한 발산emanation과 표현"이라고 묘사한다. 시편기자는 하나님의 율법을 "양식과 즐거움으로, 금 아니 정금보다 더 가치 있고, 송이꿀보다 더 달콤한, 은혜로운 본성이 누리는 사랑과 갈망과 만족과 기쁨의 위대한 대상으로 계속해서 묘사하고 있는데, 이것은 바로 거룩을 가리킨다."

천국에서 천사와 성도들이 드리는 예배와 경배의 중심에는 하나님의 거룩이 자리하고 있다(사 6:3, 계 4:8; 15:4). 이처럼, 이 땅에 있는 성도들 역시 다른 무엇보다 하나님의 거룩을 인해 하나님을 찬양하고 예배한다(시 98:1; 99:2-3, 5, 8-9; 97:11-12).

바로 여기서 진정한 성도와 구원받지 못한 자연인이 갈라진다. 회심하지 못한 사람은 "거룩한 일들의 선함과 탁월함에 대한 지각이 없고, 그것들이 거룩하다는 것조차 깨닫지 못한다. 그들에게는 이런 종류의 선함에 대한 지각이 없다." 그러나 "하나님의 전능하신 능력으로 거듭난 사람에게는 이것들이 계시된다. 이들은 가장 고상하고 신적이고 초자연적이고 지각을 갖게 되어, 그것을 인식할 뿐 아니라 그것에 매료되고, 다른 모든 것보다 그것을 기뻐한다. 참된 성도의 마음에는 하늘 아래 이것만큼 달콤하고 사랑스러운 것도 없다. 이것만이 이 세상에서 그들의 영혼과 마음을 사로잡고, 행복하게 하고, 위로와 안식을 얻게 하고, 또한 오는 세상에서 온전한 만족과 복을 누리게 한다."

우리는 하나님의 백성을 향한 사랑과 천국을 바라는 마음뿐 아니라, 하나님과 예수님과 그분의 말씀에 대한 우리의 사랑과 우리 영혼의 상태를 이런 것들로 점검해 보아야 한다. 이런 것들을 통해 "우리가 얻게 될 이득을 기대해서가 아니라, 이런 아름다움이 너무나 좋아서 이 모든 것을 사랑하는지 물어보아야 할 것이다." 구원과 상관없이도 하나님의 본성적 완전에 크게 감동될 수 있는 것이 사람이다. 하나님의 능력과 위대함에 감탄하면서도 "여전히 하나님의 도덕적 완전성의 아름다움에는 소경이고, 신적인 것들의 달콤함에 대한 영적 미각이 없을 수 있다." 사탄과 그의 귀신들도 하나님을 이런 방식으로는 알고 있다. 그러나 이들은 하나님의 도덕적 완전성이나 거룩에 깃든 신적인 아름다움과 같은 것에 대해서는 조금도 기뻐할 줄 모르고, 전혀 무감각하다.

하나님께서 마지막 날에 모든 것을 심판하실 때, 지옥에 떨어진 자들은 하나님의 거룩의 아름다움을 제외한 하나님의 모든 것을 보게 될 것이다. 그분의 능력과 지혜와 지식과 힘과 위대함과 위엄과 영원함과 불변함과 정의와 의로움을 보고 알게 될 것이지만, 이 모든 것 안에 있는 아름다움을 발견하거나 느끼거나 보거나 누리지는 못할 것이다.

그러나 중생한 자들은 그 안에 있는 아름다움과 영광을 보고, 하나님의 모든 완전함이 가진 달콤함을 누린다. 이런 달콤함은 참으로 "사람의 마음을 녹여 겸손하게 하고 세상으로부터 돌이켜 하나님께로 이끌리게 하고 그들을 실제로 변화시킨다. 경외함을 불러일으키는 하나님의 위대함을 얼핏 보기만 해도 인간은 모든 기력을 잃고 압도되고 만다. 그러나 하나님의 도덕적 아름다움이 가려지면 인간의 마음에 적개심이 그대로 남아, 하나님을 도저히 사랑할 수 없고 의지도 전혀 변화하지 않아 완고한 채로 있게 된다. 반면에 마음에 비친 하나님의 도덕적이고 신령한 영광을 한 번 흘끗 보기만 해도, 마치 그 안에 무엇도 이길 수 없는 전능한 능력이 있는 것처럼 모든 것이 변하게 된다."

그러므로 누군가 하나님의 영광과 아름다움과 달콤함을 맛보거나 느끼거나 누리지 못하면서 신적인 능력과 위대함에 대한 큰 계시를 받았다고 말한다면, 그것은 무시해도 될 만한 것이다.

11장_ 진정한 신앙감정의 네 번째 표지

> 은혜로운 감정은 지성이 비추임을 받아 신적인 일들을 영적으로 바르게 깨닫고 이해할 때 나온다.

거룩하고 참된 신앙감정은 항상 지성이 영적인 가르침을 받고 깨달음을 얻을 때 일어난다. 사람의 지성은 다름 아닌 지식이나 가르침에 영향을 받는다. 사람은 새로운 모양이나 밝게 빛나는 빛 혹은 아름다운 대상을 지각할 수 있고, 자신의 경험에 깊이 감동하고 영향을 받는다. 그러나 하나님에 대한 지식이나 하나님의 본성과 역사의 완전함에 대한 새로운 깨달음이 없는 "생각"이나 지각을 통해 일어나는 감정은 아무런 유익이 없다.

모든 참되고 은혜로운 감정은 하나님과 그리스도에 대한 가르침으로 밝게 비추임을 받은 지성에서 나온다. 이런 조명은 예수님의 영적인 탁월함이나 그분이 은혜 가운데 우리를 위해 이루신 구원의 영광에 대해 새롭게 깨닫는 것일 수도 있다. "우리의 지성을 일깨우는 깨달음은 모양과 색깔, 외적인 밝음이나 영광, 소리나 음성과 같은 것들에 대한 강렬한 느낌과 본질적으로 다르다."

앞서 언급한 것처럼, 성경 말씀이 갑자기 마음에 떠올랐다는 이유만으로 자신의 감정이 하나님께로부터 온 것이라고 주장하는 사람들이 있다. 그러나 그들이 본문의 **내용**을 깨달은 것이 아니라면, 다시 말해, 그것이 말씀에 담긴 진리에서 비롯된 깨달음이 아니라면, 이로 인해 어떤 감정이 일어나든지 그것은 무의미하다. 엠마오 도상에서 예수님과 이야기를 나누던 제자들은 성경 말씀을 새롭게 깨달았을 때, 자신들의 마음은 뜨거워졌다는 사실을 분명히 한다(눅 24:32).

성경 본문을 잘못 이해하거나 혹은 정작 그 본문을 쓴 저자의 의도나 문맥과는 전혀 상관없는 깨달음에서 비롯된 것은 참된 감정이 아니다. 또한 몸에서 느낀 물리적 감각에 기초해서 일어난 감정 역시 진정한 것이 아니다. 몸의 감각에서 비롯된 흥분이나 좋은 느낌을 통해서도 종종 어떤 식으로든 감정이 일어나기도 한다.

영적인 깨달음이나 지각에서 비롯된 진정한 감정은 참된 하나님 백성만의 고유한 특성이다. 고린도전서 2:14, 요한일서 3:6, 요한삼서 11, 요한복음 6:40, 마태복음 11:27, 요한복음 12:45, 골로새서 1:9을 보라. 이런 영적인 깨달음은 "자연인의 영혼에게는 없는 새로운 영적인 지각을 통해 이루어진다." 앞서 말한 것처럼, 이런 지각으로 신적인 일들 자체에 있는 본질적 탁월함과 무한한 아름다움을 인식한다.

신적인 일들의 본성적 탁월함과 아름다움을 아는 것이 바로 참된 감정의 핵심이다. 이처럼 영적인 깨달음은 "신적인 일들의 무한한 아름다움, 거룩함이 가진 달콤함이나 도덕적 완전성을 마음으로 지각하는 것이고, 또 이런 지각으로 모든 신앙적인 일을 알고 분별하는 것이다."

이것은 단순히 사변적·이론적 지식이 아니라 마음으로 지각하는 것이다. 다시 말해, "마음에 있는 사변적인 기능만으로 사물을 관찰하는 단순한 관념적인 깨달음과, 추론하고 관찰하는 것은 물론 지각하고 누리기까지 하는 마음의 지각은 분명히 다르다. 사랑스러움과 역겨움, 달콤함과 혐오스러움을 느끼도록 하는 지식은 단순히 삼각형이 무엇이고 정사각형이 어떤 것인지를 알게 하는 지식과는 다르다. 후자는 단지 사변적인 지식일 뿐이고, 전자는 단순히 지적인 인식만 관련된 지식이 아닌 체험적 지식sensible knowledge인 것이다. 체험적 지식의 고유한 주체는 대상을 관찰하고 볼 뿐만 아니라, 성향을 가지고 기뻐하거나 싫어할 수 있는 마음이다. 여기에 바로 지식의 본질이 있다. 달콤한 꿀맛을 본 사람은 꿀을 단순히 보고 만지기만 해서 아는 사람보다 꿀에 대해 훨씬 더 많은 것을 알고 있다."

이와 마찬가지로, 구원에 이르는 영적인 깨달음은 신적인 일들에 있는 도덕적 아름다움을 이런 식으로 맛보고 느끼는 것이다. 이런 지각이 열린 영혼은 그리스도 안에 있는 구속의 역사와 모든 하나님의 완전함이 얼마나 영광스러운지 보게 된다. 하나님의 도덕적 완전성이 얼마나 아름다운지 계시되면, 그리스도께서 중보자로서 얼마나 충분한 분이신지 더욱 온전히 깨닫는다. 성도들은 자신이 보는 그리스도의 도덕적 아름다움으로 인해 그분 보혈의 고귀함과 구원하는 능력을 더 누리게 된다. 참으로 그리스도의 인격에 있는 도덕적 아름다움을 본 영혼은 그를 통해 구원하는 방식과 하나님 말씀의 영광을 알게 될 뿐 아니라, 죄가 얼마나 악한지도 깨닫게 된다. "왜냐하면 거룩이 얼마나 아름다운지를 본 사람은, 그렇게 아름다운 거룩을 대적하는 죄가 얼마나 혐오스러운지도 알게 되기 때문이다."

거룩의 아름다움과 참된 도덕적 선을 보는 사람은, 만물을 충만케 하는, 이 세상에서 가장 위대하고 중요한 것을 보는 것이다. 이것이 없는 세상은 공허하고, 없는 것이나 마찬가지다. 아니, 없느니만 못하다. 거룩의 아름다움과 참된 도덕적 선이 없다면, 이 세상은 아무것도 볼 만한 가치가 없다. 오직 이것만이 진정하게 탁월하고 아름답기 때문이다.

구원받지 못한 사람도 성령의 도우심을 입으면, 하나님의 일들을 이해하게 된다. 하나님께서 도우시면 거듭나지 못한 사람도 복음의 진리와 하나님께서 죄인을 위해 그리스도 예수 안에서 하신 일들이 얼마나 선한 것인지 알게 된다. 그러나 그들의 이해는 여기까지다. 반면에, 구원받은 사람은 복음의 원리를 깨달을 뿐 아니라 그것을 **즐거워한다**. 그리스도께서 죄인을 위해 하신 일들이 진리라는 것을 알 뿐 아니라, 그것을 맛보고 **기뻐한다**. 그들은 복음에 있는 신적인 일들의 거룩한 아름다움을 보고, 하나님께서 그리스도 안에서 이루신 일들이 얼마나 달콤한지 안다.

그러나 거듭난 자에게 은혜로 주어지는 새로운 지각과 영적인 깨달음이 새로운 교리적 지식을 말하는 것은 아니라는 사실을 우리는 반드시 짚고 넘어가야 한다. 하나님께서는 성경을 통해 이전에 듣도 보도 못한 새로운 신학적 진리와 언명을 계시하시는 것이 아니다. 지성이 이미 깨달은 명제적 사실에 있는 달콤함과 아름다움을 새롭게 맛보고 누리도록 성령께서 영혼을 일깨우시는 것이다.

성령께서 하시는 이런 일은 "성경의 어떤 부분에 대해서 새로운 교리적 설명"을 덧붙이시는 것도 아니고, "성경의 신비적인 의미를 마음에 열어 보여주시는 것도 아니다." 사실, "성경의 모든 알레고리와 수수께끼와 비유와 모형을 해석할 줄 아는 사람이라 할지라도, 성령의 비추임을 전혀 받지 못했을 수도 있다. 성경 본문에서 말하고 있는 신적인 일들의 거룩한 아름다움을 느낄 수 있는 영적인 지각이 전혀 없고, 이런 신비한 본문이나 성경의 또 다른 본문에 담긴 영광에 대해서는 전혀 문외한일 수도 있기 때문이다."

중생한 사람에게 주어지는 영적인 깨달음이나 새로운 지각은 자신의 삶을 향한 하나님의 뜻을 개별적으로 아는 것을 말하지 않는다. 이런 종류의 지식은 하나님의 본성과 역사에 대해서 전혀 성경에 있지도 않는 새로운 교리적 명제를 배우는 것이나 마찬가지다. 예를 들어, 위험이 도사리고 있는 땅으로 복음을 전하러 가야 할지 말아야 할지를 고민하는 사람이 있다고 생각해 보자. 하나님께서 자신의 진로에 대해 가지고 계신 분명한 뜻이 무엇인지 계시해 주시기를 기도하는 가운데 갑자기 하나님께서 야곱에게 말씀하시는 창세기 46장 말씀이 마음에 다가왔다. "애굽으로 내려가기를 두려워 말라. 내가 거기서 너로 큰 민족을 이루게 하리라. 내가 너와 함께 애굽으로 내려가겠고 정녕 너를 인도하여 다시 올라올 것이며" (3, 4절). 특별히 야곱에게 하신 말씀인데도, 이 사람은 자신이 선교 여행을 가야 하고, 하나님께서 자신을 안전하게 집에 돌아오게 하실 것을 의미하는 말씀으로 받아들였다. 성경에서 이런 식으로 새로운 의미를 끄집어내어 적용하는 것은 "새로운 성경을 쓰는 것이고 성경 말씀에 무엇을 더하는 것이다." 이런 행위에는 하나님의 저주가 약속되어 있다.

사람들이 흔히 말하는 성령의 "인도하심"이란 주로 어떤 사람에게 그가 행해야 할 의무가 무엇인지를 가르쳐 주고, 그 가르침을 따라 행하도록 이끄는 것을 말한다. 그러나 이 "가르침"은 "참된 도덕적 아름다움을 가진 것에 있는 영적이고 독특한 맛에 이끌리는 것"을 말한다. 다른 말로 하면, 사람은 어떤 일이 본성적으로 가지고 있는 도덕적 아름다움이나 도덕적 결함을 맛보고 지각하고 분별할 수 있도록 비추임을 받음으로 그 행위가 옳은지 그른지 자각하게 된다.

이런 사실은 또한 우리가 "영적인 깨달음"이라고 부른 것과, 사람들이 흔히 말하는 그리스도와 천국을 "보았다"든지, 사랑한다는 하나님의 말씀을 마음으로 직접 들었다든지, 장래에 이루어질 일에 대해 감동을 받았다든지, 비밀한 일들에 대한 계시를 직접 받았다든지, 성경 본문의 원래 의미를 벗어나게 적용하는 성경 본문이 떠올랐다든지, 성경의 신비적인 의미가 풀리는 것을 경험했다는 등의 많은 체험들이 어떻게 다른지를 잘 보여준다.

12장_ 진정한 신앙감정의 다섯 번째 표지

참되고 은혜로운 감정은 심판과 신적인 일들의 실재성과 확실성에 대한 합리적이고도 영적인 확신을 수반한다.

성령으로 거듭난 모든 사람은 복음의 영광이 진리라는 사실을 분명하고도 철저하게 확신한다. 이런 확신은 모든 논쟁을 잠재우고, 모든 의심을 물리친다. 복음의 진리가 실재한다는 사실을 분명히 확신하기 때문에, "이 진리를 위해 자신의 모든 것을 내걸기를 전혀 두려워하지 않는다."

신자들의 영혼에 있는 이런 확신은 효력이 있어서, 그들의 마음에 영향을 주고 감정을 지배한다. 예수 그리스도 안에서 드러난 하나님 계시의 실재성을 분명히 인식하고 있는 한 신자들의 마음과 삶은 변화된다. 신자들에게 미치는 영향이 강력하고 분명하기 때문에, 도덕적 행동에 변화가 없는 사람은 복음의 구원하는 지식이 없다고 결론을 내릴 수 있을 정도다. 하나님 백성의 마음에 있는 실재적인 확신과 진리의 설복에 대해서 마태복음 16:15-17, 요한복음

6:68-69, 17:6-8, 사도행전 8:37, 고린도후서 4:11-18:2, 디모데후서 1:12, 히브리서 3:6, 11:1, 요한일서 4:13-16, 5:4-5 등 성경 여러 곳에서 증거하고 있다.

성경 구절이 갑자기 마음에 떠오르는 것을 가지고 자신의 죄가 용서 받았고, 하나님의 구원하는 사랑을 받고 있다고 생각하는 사람들이 있다. 그러나 우리가 이미 살펴보았고 앞으로 더 깊이 살펴보겠지만, "삶으로 드러나는 결과를 통하지 않고 어떤 사람의 상태가 선하다고 직접적으로 선언하는 성경 구절은 어디에도 없다.""결과"란 하나님의 마음과 뜻에 순종하고 있음을 나타내는 증거이자 변화된 삶의 열매를 의미한다.

복음의 진리가 구원하는 것이라면, 그에 대한 확신이나 설복은 당연히 있어야 한다. 다시 말해, 이런 확신은 반드시 "구체적인 증거, 곧 확신에 대한 타당하고 합당한 근거와 토대 위에 있어야 한다." 단순히 부모로부터 복음을 들었거나 교육과정에서 복음에 대한 것을 읽었기 때문에 복음을 믿는 것만으로는 충분하지 않다. 복음의 진리에 대한 확신은 본질적으로 영적이다. 가룟 유다는 예수님을 메시아로 "믿었지만", 그는 분명히 거듭나지 못한 사람이었다. 요한복음 2:23-25에 예수님이 이적 베푸시는 것을 보고 그분의 이름을 믿은 군중은, 사도행전 8:13, 23의 시몬 마구스가 그랬던 것처럼 여전히 불신앙 가운데 있었다.

구속받은 사람이 갖는 믿음과 확신은 거듭나지 못한 사람이 체험하는 것과는 전혀 다르다(요 17:8, 딛 1:1, 요 16:27, 요일 4:15; 5:1, 19). 앞서 말한 바와 같이, 복음의 진리에 대한 **영적인 확신**은

"마음에 진리에 대한 영적인 이해와 시각이 있어야만 생겨날 수 있다." 참된 믿음은 항상 **영적인 시각**으로 그리스도를 바라볼 때 생긴다(눅 10:21-22, 요 6:40; 17:6-8, 마 16:16-17). 이런 "시각"은 복음 "진리의 아름다움과 무한하고 거룩한 신적인 탁월성을 맛보고 느끼는" 새로운 감각이다.

복음의 영광과 비할 데 없는 아름다움에 대한 감각과 시각은 두 가지 방식으로 우리의 마음에 확신을 준다.

먼저, 복음의 영광 자체가 복음의 신성에 대한 증거가 될 만큼 직접적이고 초자연적인 방식으로 하나님께서 사람의 지성에 복음의 영광을 알려 주신다. 그 영광의 실재를 믿는 이유가 다름 아닌 바로 이런 하나님의 초자연적이고 직접적인 행위 때문이라는 것을 사람은 **직관적으로** 안다. 그들은 그저 복음의 영광을 보고 그것이 하나님께로부터 온 것인 줄을 안다. 이 말은 "어떤 논증이나 추론도 전혀 없이" 이런 확신에 이르게 된다기보다는 "장황하게 계속되는 긴 논란이 없다는 의미다. 사람이 복음의 확신에 이르는 직접적인 증거와 논증은 하나뿐이다. 사람의 지성은 복음에 있는 하나님의 영광이라는 증거를 통해서만 복음의 진리에 이른다."

다른 인간적인 진리와 달리, 복음은 그 속에 있는 초월적이고 영광스럽고 말할 수 없이 탁월한 본성적 특성으로 사람의 마음을 확신시키고 만족케 한다. "하나님 존재의 도덕적이고 영적인 영광의 현현 자체가 분명한 증거이고, 사람의 마음을 확신하게 한다"(벧후 1:16-18를 보라).

복음 안에 말로 다 형언할 수 없이 독특한 탁월성이 있다면, "하나님의 성령께서 주시는 특별한 영향과 조명을 통해서만" 이런 탁월성을 인식할 수 있는 것이 당연하다. 밀턴이나 셰익스피어와 같은 천재적인 작가들의 위대한 작품을 이해하려고 해도 특별한 기술과 통찰이 필요한데, 하물며 하나님께서 쓰신 책에 있는 진리를 깨닫기 위해서는 얼마나 더 큰 능력이 필요하겠는가! 인간의 타락과 그로 말미암은 마음과 지성의 우둔함을 생각해 볼 때, "하나님께서 복음의 영광을 밝혀 주시지 않고, 하나님의 아름다움을 분별하고 누릴 수 있는 거룩한 미각을 회복시키시지 않는 한", 사람이 복음의 영광스러운 것들을 보지 못하는 것은 당연한 일이다.

　이 신적이고 초자연적인 비추임을 통해 우리 지성이 복음의 진리를 깨닫게 되면, 모든 성경의 다른 진리 또한 알게 된다. 예를 들어, 복음의 영광을 확신한 사람은 죄가 얼마나 악한지도 안다. "거룩이 가진 탁월한 아름다움을 바라본 바로 그 눈이 필연적으로 죄의 극악한 가증함을 보게 되고, 도덕적 선함의 달콤함에 흡족해 하는 바로 그 미각이 도덕적 악의 악독함을 감지하게 되기 때문이다. 바로 이런 방식으로 사람은 자신의 죄악과 가증함을 알게 되는데, 이제 그가 이런 본성을 가진 대상을 인식하는 지각을 가지게 됨으로, 하나님의 말씀이 선언하고 있으나 이전까지는 보지 못했던 인간의 가증한 죄악됨이 진리라는 것을 알게 되었기 때문이다." 참으로 하나님의 참된 아름다움에 대한 지각을 받고 복음의 경륜에 속한 모든 부분에 깃든 아름다움을 인식하게 된 신자는, 이제 전체 성경 계시도 알게 된다.

　복음의 본성적 영광에 대한 직접적인 인식 없이도 사람은 복음이 진리 "일 수도" 있다고 말할 수 있고, 복음이 "합리적"이라고 인정할 수도 있다. 그러나 "담대하게 모든 것을 팔고, 두려움 없는 확신으로 모든 것을 잃어버릴 위험과, 악독하고 지루하게 계속되는 고통을 감수하고, 세상을 그 발아래 두고, 그리스도를 위해 모든 것을 배설물로 여길 수 있는 사람은 오직 명백하고 분명한 확신을 누리는 사람뿐이다." 얼마나 많은 학식과 그럴 듯한 증거를 가졌는지와 상관없이, 여전히 많은 사람들이 복음의 진리에 대해 의심과 막연함과 불안감을 떨치지 못하고 있다.

교육을 많이 받지 못한 사람들에게 복음의 진리를 확신시키기는 어려운가? 기독교 신앙의 진리를 분명히 확신시키기 위해 이들이 교육을 더 받을 때까지 기다려야 한다면, 이들에게 복음을 전파하는 것은 요원한 일이 될 것이다.

분명한 사실은, 고대의 전통과 역사와 다른 증거들을 들이대지 않고도 하나님께서는 복음 진리를 확신하게 하실 수 있다는 것이다. 교회사에서 구원하는 견고한 믿음에 이른 사람들은 대부분 복잡한 역사적·논리적 논증 없이도 그런 믿음을 가졌다. 그리스도를 위해 목숨을 바친 순교자들 역시 대부분 공교육을 받지 못한 사람들이었다. "지성의 눈이 비추임을 받아 복음에 나타난 신성을 본 이들은 복음이 진리이고 하나님께로부터 온 것이라고 분명히 확신한다. 복음을 통해 빛나는, 비할 데 없고 말로 다 표현할 수 없이 탁월한 하나님의 영광은 아주 분명하고 특별하고 확실해서 그 속에서 하나님과 그분의 거룩을 보았다고 말할 수 있을 정도다."

복음 진리에 대한 외적인 증거의 역할을 아예 배제하거나 무시해서는 안 된다. 외적인 증거를 토대로 이루어진 논증을 통해 불신자들이 복음에 대해 숙고하기도 하고, 참된 성도 역시 이를 통해 자신이 가진 믿음을 더 확고하고 분명히 하기도 한다. 그럼에도 "신적인 일들의 영광과 영적인 아름다움을 보아야 영적인 확신이 생기는 것"만은 분명하다.

앞서 말한 바와 같이, 하나님의 영광이 사람의 지성에 기독교 신앙이 진리임을 확증하는 방법은 두 가지다. 지금까지 우리는 하나님의 영광이 어떻게 직접적으로 사람의 지성을 확증하는지 살펴보았다. 이제 우리는 하나님의 영광이 사람의 지성을 확증하는 두 가지 간접적인 방법을 살펴보겠다.

첫째, 사람의 영혼을 밝혀 주는 신적이고 초자연적인 빛이 진리에 대해 어그러진 마음의 편견을 제거해서 "지성이 복음의 힘찬 논증에 편견 없이 노출되도록 한다." 타락한 지성은 복음을 적대시하고 본성적으로 그리스도의 일을 멸시한다. 그러나 하나님께서 사람에게 복음의 영광을 나타내시면, 이 영광이 "그 속에 있는 적개심을 무너뜨리고 편견을 제거할 뿐 아니라 이성을 새롭게 하여 해방된 열린 이성이 되게 한다."

예를 들어, 제자들에게 큰 영향을 끼친 예수님의 이적이 서기관과 바리새인들에게는 전혀 다른 반응을 불러일으킨 이유가 무엇인가? 제자들의 경우는 "그들의 이성이 새로워지고 서기관과 바리새인들을 사로잡은 편견으로부터 자유로워져서, 그리스도와 그분의 가르침 안에 있는 탁월함을 보았던 것이다."

둘째, 이 신적인 빛이 "이성에 자리한 걸림돌을 제거했을 뿐 아니라, 적극적으로 이성의 활동을 촉진시켰고 추론의 능력마저 살아나게 했다." 복음의 진리를 숙고하는 "그들의 지성을 사로잡을 뿐 아니라 지성의 활동을 도왔다." 다른 때 같으면 모호하고 희미하게 다가갔을 복음에 제시된 여러 개념들이 "이 신적인 빛으로 말미암아 더 큰 능력으로 다가갔고 그들의 지성은 바른 판단을 내릴 수 있었다."

그러나 우리가 잊지 말아야 할 점은 "하나님의 성령의 일반적인 비추임"을 통해서도 복음의 진리에 대한 확신을 어느 정도 얻을 수 있다는 사실이다. 전통적으로 신학자들은 이것을 하나님의 "일반 은총"이라고 불렀다. 성령께서는 사람의 마음을 거듭나게 하시지 않고서도, 그들이 전반적인 성경의 진정성과 하나님의 본성적 완전성과 그들 죄의 실재에 대해 어느 정도 확신을 갖도록 일깨우실 수 있다. "이런 확신을 갖고도 거룩하고 도덕적으로 탁월한 기독교 신앙이 가진 사랑스러움과 아름다움에 대해서는 여전히 무지하고, 따라서 기독교 신앙에 속한 이런 일들이 진리라는 영적인 확신은 전혀 없다. 그러나 이런 확신을 때때로 구원받은 사람의 확신으로 잘못 알고 있는 경우, 이런 확신으로부터 비롯된 감정이 구원 얻은 자의 감정인 양 오해되기도 한다."

"직접 보고 들은 것과 같은, 환상 가운데 받은 강한 인상이나 충동이나 암시 등을 통해 보이지 않는 일들의 진리를 강하게 확신하는 경우도 종종 있다." 하지만 결국 이런 체험은 사람을 하나님의 말씀에서 멀어지게 하고 광신주의로 이끈다. 사탄은 분명히 이런 식으로 사람을 이끌어 거짓된 구원의 확신을 가지고 살게 할 수 있다.

13장_ 진정한 신앙감정의 여섯 번째 표지

은혜로운 감정은 복음적 겸손을 수반한다.

참되고 경건한 겸손은 그리스도인이 "자기가 전적으로 부족하고 혐오스럽고 멸시 받을 만한 사람임을 절감하고 그에 합당한 마음을 갖는 것"이다.

거듭나지 못한 사람도 하나님의 위대함과 그 위대한 하나님을 영화롭게 하지 못한 것을 알게 되면 스스로 미약하고 비천하다고 느낄 수 있고, 자연적 겸손에 이를 수도 있다. 그러나 "이들은 자신들이 죄 때문에 얼마나 혐오스러운 존재인지 알지 못한다. 가증한 죄의 본질을 알 수 없기 때문이다. 이런 자각은 하나님의 거룩과 도덕적 완전성의 아름다움을 발견함으로 갖게 된 복음적 겸손을 통해서만 가능하다." 참된 겸손이 있다면, "그에 걸맞게 스스로를 낮추고 하나님만을 높이는 마음도 갖게 된다."

구원의 은혜를 받은 영혼의 본질적 특성 중 겸손만 한 것이 없다. 겸손을 모르는 사람은 대부분 구원의 은혜가 없는 사람이라고 보아도 무방하다(시 34:18; 51:17; 138:6, 잠 3:34, 사 57:15; 66:1-2, 미 6:8, 마 5:3; 18:3-4).

겸손은 자기부인self-denial의 두 가지 핵심 요소 가운데 하나다. 첫 번째 요소를 통해 사람은 자기의 죄악되고 세속적인 성향을 억누르고 거부할 뿐 아니라 하나님의 은혜 가운데 불의한 일을 하지 않기 위해 힘쓴다. 두 번째 요소를 통해서는 자긍하고 자축하고 자고하려는 마음의 성향을 거부하고 부정한다.

위선자들은 자기가 대단히 겸손한 사람인 양 스스로를 낮추어 말하고, 자신의 업적에 대해 겸양을 떠는 데 능통하다. 이런 사람들은 자신들의 겸양을 사방에 과시하고 그런 자신의 모습 때문에 사람들이 자기를 대단하게 생각해 주기를 바란다. 이들은 자신의 실패와 겸손을 알리는 데는 발 빠르면서도 정작 누군가 개인적으로 자신의 겸손이 거짓되고 작위적인 것이라고 말하려 들면 거세게 항의한다.

그러나 "스스로 자신을 많이 비웠다고 생각하고 진토에까지 낮아졌다고 믿는 사람은, 사실 자신이 가졌다고 하는 겸손의 영광으로 가득 차 있고, 겸손해진 자신에 대한 높은 평가로 하늘에까지 높아져 있다. 그의 겸손은 허황되고 가식적이고 요란스럽고 자기확신에 찬 주제넘은 것이다. 자신의 겸손에 대해 뿌듯해 하고 자긍하는 것이 바로 영적 교만의 특징이다."

겸손을 가장한 영적인 교만은 아주 교활하고 은밀한 것이 사실이지만, 그것을 발견할 수 있는 방법이 두 가지 있다.

첫째, 영적으로 교만한 사람은 다른 사람과 비교해서 자기가 영적으로 성취한 것을 더 대단하게 여긴다. 이런 사람은 "하나님이여, 제가 다른 사람들과 같지 않은 것을 감사합니다" 하고 기도했던 바리새인과 같다(눅 18:11 참조). 그는 지도자의 역할을 자처하는 데 아주 빠르다. 자신이 가르치고 지도하고 이끌고 관리하는 특별한 자질을 가졌다고 생각한다. 다른 사람들이 그런 자신의 자질을 알아주기를 기대하고, 믿음의 문제에서 자기 권위에 복종해 주기를 바란다.

반면에, 진정으로 겸손한 사람은 "자기가 신앙적으로 성취한 것이 있더라도 그것을 상대적으로 아주 미미한 것으로 여기고, 자신을 성도들 가운데 아주 미천한 자, 가장 작은 자로 생각한다." 이런 사람은 다른 사람들이 자기보다 가르치고 지도하는 데 더 적합하다고 생각한다. 말하고 가르치기보다는 듣고 배우는 자리에 가 있으려고 한다. 이들이 말하는 모습에서는 젠체하거나 자신에 찬 모습은 전혀 찾아볼 수 없는데, 이는 그들이 "겸손으로 인해 오히려 떨면서 말하기 때문이다."

영적인 교만이 가득한 사람은 자신의 신앙 체험만이 아주 특별하고 희한한 것인 양 이야기한다. 물론 하나님의 긍휼에 대한 우리의 체험이 놀랍지 않다거나 영광스러운 것이 아니라는 말은 아니다. 하지만 자신의 체험이 다른 사람들의 체험에 비해 더 대단하고, 성도들의 일상적인 체험보다 더 특별하다고 여기며 주목 받고 높임 받기를 기대하는 사람이 있다면 이미 그 마음에 영적 교만이 역사하고 있는 것이다. 참된 겸손이 없는 사람은 자신이 늘어놓는 말을 자랑이나 교만이라고 생각하지 않는다. 물론 그런 체험이 하나님의 은혜와 긍휼에서 비롯된 것은 사실이다. 하나님께서 그들을 위해 하신 일이기 때문이다. 하지만 이런 태도는 누가복음 18장에 나오는 바리새인의 태도와 정확히 일치한다. 이 바리새인은 자기보다 못하게 여기는 다른 사람들과 자신을 구별되게 해주신 하나님께 영광을 돌린다! "하나님, 감사합니다!" "자신이 다른 사람들보다 더 거룩하다고 생각하고, 그렇게 여기는 것에 대해 전혀 거리낌이 없다. 이 모든 것으로 인해 입으로 하나님께 영광을 돌리는 것 자체가 그들의 마음이 교만과 허영으로 가득 차 있다는 증거다. 이들이 진정으로 겸손한 마음을 갖고 있다면, 자신의 신앙적인 성취나 업적이 대단하게 보이지도 않을뿐더러 자신의 아름다움에 도취되지도 않을 것이다."

하나님의 은혜가 놀랍게 부어지는 것을 체험한 탁월한 그리스도인은 어린아이와 같이 자기를 낮춘다(마 18:4). 이들은 자신이 누리는 높은 영적인 성취와 하나님을 아는 지식에 만족하기보다는 오히려 자신에게 얼마나 사랑이 부족하고 감사가 없는지를 깨닫고 놀란다.

"성도들로 하여금 필연적으로 자기에게 있는 은혜는 작게 보이게 하고 결점은 크게 보이도록 하는 것이 신령한 빛과 은혜의 참된 본질이다." 참으로 겸손한 영혼은 자기에게서 드러난 조그마한 결함에도 망연자실해지고, 자신의 순종과 선함으로 이룬 큰 진보에 대해서는 거의 잊고 지낸다.

"마땅히 다다라야 할 수준의 은혜와 거룩에 비추어 볼 때, 지금 자신의 모습은 미미하기 그지없다." 참으로 겸손한 영혼은 자신이 얻은 것이 하나님의 은혜로 된 것이라 할지라도, 그것에 주목하기보다는 자기 영혼이 도달하고자 하는 결승점과 표준과 기준을 항상 바라본다. 그는 그런 기준들을 귀하게 여기고, 자신이 행하고 이룬 것들은 항상 심판대에 올린다. 이런 사람은 자신의 거룩과 성숙함을 아주 미미한 것으로 여기는데, 다른 사람이 이룬 것과 비교하지 않고 그가 다다라야 할 무한한 의무에 자신을 비추어 보기 때문이다.

하나님의 은혜를 받아 누림으로써 눈이 열린 우리는 자신이 거룩해야 하는 이유에 주목한다. 더 큰 은혜를 누리는 사람은 하나님의 무한한 탁월함과 영광, 그리스도의 무한한 위엄, 죄인을 향한 그리스도의 사랑의 한없는 길이와 넓이와 깊이와 높이를 더 많이 자각한다. 하나님의 무한한 탁월함에 대한 이런 시각은 은혜가 자라는 만큼 넓어지고 자라가서, 하나님을 사랑하고 영화롭게 해야 할 자신의 의무가 얼마나 큰지를 발견하고 점점 더 놀라는 데까지 이르게 된다. "이런 의무를 더욱 알아 갈수록 자기에게 있는 은혜가 더 작게 보이고, 자기에게 있는 사랑이 낯설고 신기하기까지 하다. 그렇기 때문에 그는 다른 이들을 훨씬 더 낫게 여길 수 있는 것이다." 그는 자신이 하나님을 많이 사랑하고 있다는 사실에 주목하지 않고, 하나님의 참된 자녀라고 하면서 하나님을 더 많이 사랑하지 못하는 자신의 모습에 경악한다. 이 겸손한 영혼은 자신의 내면을 속속들이 보면서도 다른 그리스도인에 대해서는 외양만 보기 때문에 자기만 그런 것으로 생각한다.

하나님을 향한 사랑은 하나님을 아는 만큼 자라가는 것이 자명한 사실이라면, 이 사람도 하나님을 아는 지식이 계속해서 자라갈

텐데, 어떻게 시간이 갈수록 하나님에 대한 자기의 사랑을 더 작은 것으로 여길 수 있는지 반문하는 사람들도 있을 것이다.

신자가 하나님께 속한 어떤 것을 발견하면, 그는 즉시 하나님 안에서 그가 이전까지 보지 못했던 훨씬 더 새로운 것을 알게 된다. 다시 말하면, "어떤 놀라운 것을 눈으로 보았을 때, 이를 통해 그 광경 훨씬 너머에 있는 눈으로는 직접 볼 수 없는 어떤 것에 대한 강한 확신이 찾아온다. 이 확신을 가진 영혼은 동시에 자신이 얼마나 그것에 대해 무지한지 놀라게 된다. 자신의 사랑이 턱없이 부족할 뿐 아니라, 자신이 아는 것은 지극히 작다는 사실을 깨닫게 되는 것이다."

우리가 유한한 것들을 점점 더 알아 갈수록, 우리는 어떤 면에서 마치 그것을 지배하고 뜻대로 할 수 있는 것처럼 느낀다. 모든 점에서 우리가 그것을 알고 있기 때문에 마치 우리가 그것을 다스리는 것으로 생각한다. 그러나 우리가 인식하는 대상이 하나님처럼 무한하면, 우리가 그 대상을 알아 갈수록 지금 자신이 알고 있는 것을 의식하게 되는 것이 아니라, 우리가 모르는 부분이 비교할 수 없을 정도로 많다는 사실을 더 깨닫게 된다. 예를 들어, 100으로 표시할 수 있는 인식의 대상에 대해 차츰 알아 간다고 해보자. 75에서 85⋯⋯ 95⋯⋯ 99, 그리고 마침내 우리는 이 대상을 100까지 알게 된다. 그러나 무한한 대상을 알아 가는 것은 이와는 전혀 다르다. 앞에서 언급한 유한한 대상을 알아 가는 것과는 달리 무한한 대상에 대해서 50을 알게 되었다 해도 우리의 지식이 더해 간다고 말할 수가 없다. 우리가 알아 가는 무한한 대상은 수치화될 수 없고, 얼마나 알게 되었는지 짐작조차 할 수 없다. 다 아는 것이 도무지 불가능한 존재이기 때문이다.

하나님께서 얼마나 무한하신 분인지 이해하면 할수록, 우리에게 있는 무지가 사라지면 우리 영혼이 무엇을 깨닫게 되는지 더 잘 알게 된다. 이런 사실을 아는 영혼은 "자기가 얼마나 영적으로 무지하고 사랑이 없는지를 한탄하고 하나님을 향한 더 많은 지식과 더 많은 사랑을 갈망하고 추구한다."

그리스도의 복음과 하나님의 말씀과 역사를 통해 계시된 하나님의 무한한 영광을 생각해 볼 때, 아무리 우리가 이 세상에서 하나님을 많이 알고 사랑한다고 해도, 우리가 마땅히 하나님을 알고 사랑해야 할 의무에는 조금도 미치지 못한다. 또한 우리가 하나님을 알 수 있도록 우리에게 허락된 능력에 비추어 보아도, 우리가 하나님에 대해 아는 것은 지극히 미미하고 보잘것없을 뿐이다.

그러므로 "많은 은혜를 받아 누리는 사람일수록 자신이 하나님을 얼마만큼 사랑해야 하는지에 대해서도 다른 사람보다 더 많이 깨닫기 때문에, 자신의 사랑에 얼마나 부족한지도 더 잘 안다." 이런 이해를 통해 그는 자기 안에 남아 있는 타락의 깊이와 정도가 어떤지 더 잘 보게 된다. "우리가 마땅히 다다라야 할 의무를 기준으로 우리의 모습을 평가해야만, 우리 안에 남아 있는 죄와 타락이 얼마나 엄청난 것인지 제대로 알 수 있다."

이런 사실로부터 하나님을 아는 지식에 자라갈수록 우리 죄의 실상을 절감하고, 우리가 알고 있는 것과 우리가 마땅히 알아야 할 것, 우리가 사랑하고 있는 정도와 우리가 마땅히 사랑해야 하는 정도 사이의 괴리가 얼마나 큰지도 알 수 있다는 원리가 도출된다.

이런 사실을 통해 또한 가장 사소한 죄에 있는 가장 미미한 정도의 추악함이라 할지라도 가장 거대한 거룩에 있는 가장 고상한 아름다움보다 더 크다는 사실을 보게 된다. "무한한 하나님께 짓는 가장 작은 죄라 할지라도 거기에는 무한한 증오와 흉측한 것이 들어 있는 반면, 피조물에게 있는 가장 고상한 거룩이라 할지라도 그 속에 무한한 아름다움 같은 것은 없다. 그러므로 피조물에게 있는 거룩의 아름다움이라고 하는 것도 가장 작은 죄의 가증함에 비하면 아무것도 아니다."

우리는 하나님께 무한한 의무를 지고 있기 때문에, 이런 의무를 이행할 때 생기는 손톱만큼의 실패(의무를 이행하면서 범할 수 있는 아주 작은 죄나 실패)라 할지라도 이것은 무한히 가증할 뿐이다. "어떤 존재를 사랑하고 영화롭게 할 우리의 의무는 전적으로 그 존재의 사랑스러움과 영광스러움에, 곧 우리의 사랑과 영광을 받기 합당한 정도에 비례하기 때문이다." 다시 말해, "우리는 덜 사랑스러운 존재보다는 더 사랑스러운 존재를 더욱 사랑할 의무가 있기 때문에, 무한히 사랑스럽고 우리의 사랑을 받기에 무한히 합당한 존재가 있다면, 그 존재를 무한히 사랑해야 하는 우리의 의무 역시 무한히 크다. 그러므로 무한한 사랑에 미치지 못하는 것은 무엇이나 무한히 사악하고 가증하고 무가치하다."

위의 반론과 다르게, 우리가 하나님을 아는 지식과 사랑과 은혜에 자라갈수록 우리는 그분을 더 사랑하고 예배하기보다, 계속해서 더 부패하고 하나님께 더욱 합당한 영광을 돌려드리지 못하게 된다.

자신이 체험한 신앙감정을 근거로 어떤 식으로든 자신의 죄가 모두 사라졌고 자신은 이제 악한 것과는 상관이 없다고 여기는 사람이 있다면, 이것은 이른바 그가 체험했다고 주장하는 "계시"가 거짓이라는 분명한 증거다. 하나님을 알게 된 영혼이 자신의 죄를 더 억누를 수 있게 되는 것은 사실이나, 동시에 우리의 겸손과 사랑과 감사가 얼마나 부족한지도 알게 되어 우리의 타락과 부패의 정도를 그만큼 더 절감한다.

하나님의 은혜를 더 많이 누리는 사람은 자신이 받은 은혜를 알지 못한다는 말이 아니다. 그러나 정작 은혜를 받은 사람은 자신이 다른 사람들보다 영적으로 더 자라고 있다고 "생각할 엄두도 못 내고, 또 그 사람에게는 이런 사실이 명확히 다가오지도 않는다." 오히려 "자신이 성장하고 있다는 확신을 얻기 위해서 힘써야" 할 뿐 아니라, 설령 확신을 얻으려고 할지라도 "자신이 다른 사람들보다 더 많은 은혜를 누리고 있다는 사실을 실감하기는 어렵다." 그러므로 다른 사람들과 비교해서 자신이 더 탁월하고, 더 많은 복을 받고, 더 위대하고 희한한 것을 체험한 성도라고 확신하고 있는 사람이 있다면, 그는 잘못된 길로 가고 있는 것이 분명하다. 사실은 "교만하고 자긍하는 마음으로 가득 차 있는 것"이다. 그리고 습관적으로 이렇게 교만하고 자긍하는 사람이 있다면, 이런 사람은 아예 처음부터 참된 신자가 아니었다고 볼 수 있다.

무엇보다도, 자신에 대해 이런 마음을 갖도록 하는 체험 자체가 무의미하고 기만적인 것이다. "이른바 자신이 발견한 것 때문에 마음이 한껏 부풀어 오르고, 자기가 대부분의 다른 그리스도인들보다 더 많이 알고 더 많이 본다는 확신을 갖게 되었다면, 그런 발견은 본질적으로 참된 영적인 빛과는 상관없는 것이다. 더 많이 알면 알수록 자신의 무지를 더욱 절감하게 되는 것이 모든 참된 영적 지식의 속성이다."

둘째, 영적 교만의 또 다른 표지는 자신의 겸손을 대단하게 생각하는 것이다. 거짓된 신앙감정은 그 사람으로 하여금 자신이 가진 겸손을 대단한 것인 양 착각하게 만든다. 그 감정이 높이 올려지고 강렬한 것일수록 더욱 그렇다.

참된 영적인 감정은 오히려 이와 정반대의 영향을 끼친다. 실제로 지금 자신의 겸손은 지극히 작고 보잘것없어 보이는 반면, 자기에게 있는 교만은 지나치게 크고 가증스럽게 보인다. 사람은 보통 자신이 가진 사회적 지위나 권위에 비추어서 자신이 얼마나 겸손한지를 평가하기 때문에 이렇게 하는 것이 마땅하다. 예를 들어, 어떤 유력한 왕이 구푸려 자기와 동등한 위치에 있는 또 다른 유력한 왕의 발을 씻기면, 그는 자신도 똑같은 왕임에도 그렇게 했기 때문에 그것을 겸손의 행위로 여길 것이다. 그러나 불쌍한 노예가 위대한 왕의 발을 씻기면, 누구도 그것을 신경 쓰거나 겸손의 행위로 보지 않는다.

"먼지 구덩이에 있는 무가치하고 비열하고 혐오스러운 벌레들이 하나님 앞에서 자신을 무가치한 것으로 인정하고 자신을 낮춘 것을 가지고 무슨 대단한 겸손한 일을 한 것인 양 뿌듯해 하는 이유는 자명한데, 이는 그들이 너무 자긍하고 교만하기 때문이다."

반면에, 이런 사람이 자신을 정확히 알고 삶에서 자신의 처지를 분명히 안다면, 그는 아마도 자기에게 있는 교만 때문에 소스라치게 놀라고, 왜 자기는 하나님 앞에서조차 겸손해질 줄 모르는지 의아해 할 것이다. 누군가 스스로 "내가 지금 드리는 사랑과 헌신과 섬김은 내가 정말 겸손하다는 증거다"라고 생각하는 사람이 있다면, 그는 지금 엄청난 교만에 사로잡혀 있는 것이 틀림없다. 왜냐하면 하나님 앞에서조차 분수를 모르고 자신의 위치를 부당하게 높이고 있기 때문이다. 그는 자신을 마땅히 두어야 할 자리보다 높은 자리에 두고 그 위치에서 자신의 행동을 바라보기 때문에, 자신이 마땅히 해야 할 일을 한 것을 가지고도 정말 겸손한 일을 한 것처럼 생각한다.

그러나 참으로 겸손한 영혼은 정반대로 생각한다. 겸손한 사람은 자신의 비천함과 죄악됨을 익히 알기 때문에, "가장 낮은 자리에 있는 때조차도 자기가 겸손해졌다고 생각지 못할 뿐 아니라, 마땅히 겸손해져야 할 만큼 겸손해지지 못하고 오히려 자기가 있어야 할 자리보다 더 높은 자리에 있다고 생각한다. 그는 더욱더 낮아지기를 열망한다. 그렇게 낮아진 때에도 여전히 자기가 낮아져야 할 만큼 낮아지지 못했다고 생각한다. 자신이 느끼는 이런 큰 괴리를 그는 교만이라 부른다. 이처럼 그에게는 자신의 교만이 너무 크게 다가갈 뿐, 자신 안에 겸손한 구석이라고는 보이지 않는다. 예전보다 더 낮아졌어도, 그는 이것을 겸손이라 부르지 못한다. 낮아진 정도가 너무나 미미해서 더 낮아지지 못한 것이 혐오스러울 뿐이다. 이전보다 낮아진 것이 사실이라 할지라도, 여전히 자기에게 합당하다고 생각하는 자리보다 높게 여겨진다.

바꾸어 말하면, 진실로 겸손한 사람은 어떤 경우에도 자신이 과연 이런 시시한 일을 해야 하는지에 대해 회의하는 일이 없다. 심지어 그렇게 생각할 만한 일을 하는 때조차도 항상 자신에게 과분한 일로 여긴다.

진실로 겸손한 사람은 자신의 겸손을 대단한 것으로 여기지 못한다. 자신에게 겸손해야 할 분명한 이유가 있기 때문이다. 자신이 무한히 겸손해야 할 이유가 무엇인지 알기에 자신에게 드러나는 겸손과 낮아짐에 결코 만족할 수 없는 것이다. "자신이 겸손할 수밖에 없는 이유를 아주 분명히 아는 반면, 자기 마음은 그만큼 겸손하지 못하기 때문에 이런 사람의 눈에는 자기의 겸손보다는 교만이 훨씬 더 크게 다가온다."

달리 말하면, 죄에 대한 확신에 크게 사로잡힌 사람은 자기에게 분명한 확신이 있는지조차 알지 못한다. 진실로 겸손한 사람은 죄에 대한 확신을 가질 수밖에 없을 만큼 자신에게 분명히 죄가 있다고 생각하지, 자신이 특별히 죄에 대해 민감하다고 여기지 않는다. "자신의 죄를 분명히 인식하는 사람은 자기 죄의 크기만큼 죄를 확신하는 반면, 자기 죄의 크기만큼 죄에 대한 충분한 확신을 가지고 있다고 생각하지 않는다. 그렇게 생각하는 사람이 있다면, 그가 속으로 자신의 죄를 작게 생각하는 것이 분명하고, 그가 가진 죄의 확신이 매우 빈약하다는 증거다." 그러므로 이것이야말로 겸손해진 사람이 자신의 겸손을 의식하지 못하는 주요한 이유다.

진실로 겸손한 사람은 자신이 얼마나 비천하고 초라한지 충분히 절감하지 못하고 있다고 여긴다. 이 역시 마찬가지로 자신의 죄를 여실히 느끼고 깨달아야 할 분명한 이유가 그에게 있기 때문이다. 무한한 하나님의 영광과 은혜를 아는 겸손한 사람은 무엇보다도 자기의 겸손에 대해 유난히 무감각하다! 오히려 자기의 교만을 항상 절감하고, 왜 자신은 더 겸손할 수 없는지 탄식한다. 반면에 "속임 가운데 있는 사람, 다시 말해 영적 교만에 사로잡힌 위선자는 자신의 교만에 대해서 소경이나 마찬가지여서, 자신이 우연히 발휘한 겸손만 눈에 밟힌다."

겸손한 신자는 다른 사람을 교만하다고 말하기보다는, 자기만큼 교만한 사람도 없다고 생각한다. 반면에, 자긍하는 사람은 자신의 교만보다 다른 사람의 교만에 더 민감하게 반응한다.

진정으로 겸손한 사람은 자신의 겸손에 대해 말하는 것을 좋아하지 않고, 말로나 행실로나 자신이 겸손한 사람으로 드러나는 것을 달가워하지 않는다. 참된 겸손은 요란하지 않다. 특히 자신의 겸손에 대해서는 더욱 그렇다. 여러분이 "나만큼 타락하고 죄악된 사람은 없다"고 말하기를 좋아한다면, 여러분이 이런 말 때문에 스스로 우쭐해 하지 않도록 조심하라. 자신의 겸손 때문에 자긍하지 않도록 주의해야 한다. 요컨대 스스로 겸손하다고 생각되는 때가 많으면, 그것은 여러분이 겸손하지 않다는 증거다.

결국 "그리스도인의 영혼을 천상의 향기와 달콤함으로 채우고, 그리스도께 향기로 다가가는 모든 은혜로운 감정은 상한 마음에서 나오는 감정이다. 하나님을 향한 것이든 사람을 향한 것이든, 참된 그리스도인에게 있는 사랑은 겸손하고 상한 마음에서 우러나는 사랑이다. 성도의 갈망은, 그것이 아무리 열정적이라 할지라도 겸손한 열망이다. 성도의 소망 역시 겸손한 소망이다. 말로 다 할 수 없는 영광에 찬 기쁨이라 할지라도, 성도에게 있는 기쁨은 역시 겸손하고 상한 마음이 누리는 기쁨이다. 이로 인해 그리스도인은 영적으로는 더 가난해지고 더 어린아이 같아지고 평생에 걸쳐 더 겸손해진다."

14장_ 진정한 신앙감정의 일곱 번째 표지

은혜로운 감정은 거짓된 감정과 달리 본성의 변화를 수반한다.

앞서 언급한 대로 하나님과 신적인 일들의 영광과 탁월성을 알게 된 영혼만이 모든 은혜롭고 영적인 감정을 누린다. 그러나 우리는 또한 이런 모든 계시에는 변화의 능력이 있다는 사실을 알아야 한다. 영혼의 지각과 골격을 바꿀 뿐 아니라, 영혼의 본성 자체에도 실제적인 변화가 일어난다.

사도 바울도 이것을 확증해 준다. "우리가 다 수건을 벗은 얼굴로 거울을 보는 것 같이 주의 영광을 보매 저와 같은 형상으로 화하여 영광으로 영광에 이르니 곧 주의 영으로 말미암음이니라"(고후 3:18). 여러 일들이 우리의 사고방식과 느낌에 영향을 끼치지만, 영혼 자체의 본성을 바꿀 수 있는 분은 하나님뿐이시다.

신약성경이 회심을 어떻게 묘사하고 있는지만 봐도 회심은 **근본적이고 심층적인 본성의 변화**라는 사실을 이해할 수 있다. 회심은 거듭나서 새로운 피조물이 되는 것으로, 죄에 대해 죽고 의에 대해 사는, 영혼과 마음이 새로워지고 사망에서 일어나 나오는 사건을 포함한다. 회심은 옛 사람을 벗고 새 사람을 덧입는 것이다. 구원하시는 하나님의 은혜를 받는다는 것은 새로운 줄기에 접붙여지는 것으로, 하나님의 씨가 마음에 심겨지는 것이고 신의 성품에 참여하게 되는 것이다.

그러므로 우리는 이렇게 말할 수 있다. "회심의 역사를 체험했다고 생각하는 사람이라도 그에게 현저하고도 근본적인 변화가 지속적으로 나타나지 않으면, 아무리 큰 감화를 받았다 해도 그의 그런 생각과 주장은 별 의미가 없다." 회심하기 전부터도 사람은 특정한 죄를 짓는 것을 꺼릴 수도 있다. 그러나 하나님께로부터 거듭난 사람은 죄를 짓지 않으려 할 뿐 아니라 마음과 본성에서부터 죄를 미워하게 된다. 단순히 죄를 멀리하는 것만으로는 죄와 원수가 되었다고 볼 수 없다. 하지만 참된 회심은 죄를 영혼의 원수로 여기고 죄로부터 돌아서게 한다.

그러므로 고상하고 거룩한 감정을 체험했다고 주장하는 사람이라 할지라도 "현저하고 분명한 변화 없이, 곧 이전의 나쁜 성품과 악한 습관으로 다시 돌아가고, 예전부터 익숙한 성향의 지배를 받고, 이전에 그랬던 것처럼 여전히 이기적이고 육신적이고 미련하고 완고하고 그리스도인답지 못한 삶을 살아간다면", 이는 그가 하나님의 은혜를 받지 못했다는 분명한 증거다.

어떤 사람에게 일어나는 변화가 지속적이지 않다면, 진정으로 회심한 것이 맞는지 의심해 보아야 한다. 물론 우리는 사람의 자연적 성향과 기질을 인정해야 한다. 다시 말해, 거듭났다고 해서 평생 동안 지속적으로 자라 온 죄악된 습성과 악한 생각이 근절되는 것은 아니라는 말이다. 특별히 회심 전에 자신이 사로잡혔던 죄가 있었다면, 회심 이후라 해도 이 죄와 관련된 위험과 위협이 여전히 도사리고 있다. 그럼에도 "회심은 이런 죄와 관련해서조차도 큰 변화를 일구어 낸다."

예를 들어, 어떤 사람이 회심 전에 특별히 성적인 부도덕이나 술 취함이나 악독함에 빠져 있었다고 하자. "회심하게 하는 은혜는 이런 악한 성향에 대해 눈에 띄는 변화를 이루어 내서, 비록 이런 죄와 관련해서 여전히 취약하고 위험한 것이 사실이라 할지라도, 그는 더 이상 그런 죄의 지배 아래 있지도 않고, 그런 것들이 더 이상 그의 성품에 적합하지도 않다." 여전히 그런 죄와 싸우고 있을 수도 있고, 그런 죄에 다시 탐닉하게 하려는 유혹을 받기도 하지만, 회심을 통해 본성에 새겨진 변화로 인해 한때 그 영혼을 사로잡고 죄에 종노릇하게 했던 사슬은 끊어지게 된다.

영적인 감정을 잠깐 체험하기는 했지만, 그런 감정이 사라진 후에 다시 예전의 상태로 돌아가 버렸다고 말하는 사람들이 있다. 다시 말해, 이런 사람들은 체험이 사라지고 나자 아무것도 보거나 느끼지 못하고 그런 체험이 있기 전에 자기 모습으로 다시 돌아가게 되었기 때문에, 자신에게 그런 변화를 가져왔던 감정은 진정한 것이라고 주장하는 것이다.

그러나 이런 사람들은 하나님께서 사람의 영혼에 자기 자신과 은혜를 나누어 주시는 방식에 대해 오해하고 있다. 하나님의 성령이 오서서 회심하게 하시면, 성령께서는 그 영혼과 연합하시고 영원토록 그 안에 거하신다. 이렇게 될 때 영혼은 잠시 지나가는 경험이나 체험의 대상이 되는 것이 아니라, 반드시 본성의 변화를 체험하게 된다. 하나님의 빛을 받은 참된 신자의 영혼은 "그 본성이 변화되고 빛을 발하는 존재가 된다. 의의 태양이 성도에게 비추는 것은 물론, 이 빛의 근원에 참여한 성도 자신도 작은 태양이 되어 빛난다."

하나님과 신자의 영혼 간에 일어나는 교통을 통해, 신자는 평생에 걸쳐 영혼의 생각과 충동과 행동을 점진적으로 새롭게 하는 하나님의 임재에 참여하고, 마음의 가장 깊은 곳까지 이르러 본성에까지 영향을 주는 신적인 에너지와 능력을 나누어 받는다.

감정을 아무리 황홀하게 고조시켰다 할지라도 일단 그것이 가라앉기 시작하면 사람에게 아무런 변화를 남기지 못하고 전혀 영향을 끼치지도 못한 것으로 드러나는 감정이 있는 것도 사실이다. 이것은 하나님께로부터 온 감정이 아닌 것이 분명하다. "하나님께로부터 비롯된 감정은 마음으로부터 신적인 일들을 즐거워하고 사모하도록 하고, 하나님과 거룩을 향한 열망을 더 커지게 하기 때문이다." 사람이 그리스도와 특별한 교통을 누리면 이로 인한 분명한 증거를 나타내게 된다. 그 사람은 모든 사람이 주목할 만한 성향과 본성을 갖게 된다. 그 원인을 찾아보면, 그들이 그리스도와 함께 살기 때문이라는 사실을 발견하게 될 것이다.

15장_ 진정한 신앙감정의 여덟 번째 표지

> 진정한 신앙감정은 그리스도의 성품을 나타낸다. 예수 그리스도께서 보이신 것과 같은 사랑과 겸손과 용서와 긍휼을 나타내고 닮아 간다.

참으로 경건하고 거듭난 예수 그리스도의 제자들 안에는 그리스도의 영이 있다. 그리스도의 영이 그들 안에 있을 뿐 아니라 그들이 진실하고 바른 성품을 이루도록 지도하고 다스린다.

하나님께서 은혜로 역사하신 증거이자 그리스도인의 특징이 되는 덕들이 있다. 이런 덕들은 그리스도의 구속사역을 통해 명백히 드러났고, 특별히 하나님의 성품과 일치하는 덕들은 겸손, 온유, 사랑, 용서, 긍휼이다(마 11:29). 요컨대 "그리스도인은 그리스도를 닮은 사람이다. 주된 성품이 그리스도를 닮지 않은 사람은 그리스도인이라는 이름에 전혀 합당하지 않다."

바울이 새 사람은 자신을 지으신 분의 형상을 따라 새롭게 된다고 말할 때 의미한 바가 바로 이것이다(골 3:10). 택함을 입은 자들은 하나님 아들의 형상을 본받도록 정하심을 받은 자들이다(롬 8:29).

"그리스도인에게는 그리스도의 은혜에 대응하는 은혜가 있는데, 마치 인주와 도장처럼 짝이 맞아 대칭을 이룬다. 그리스도의 성품에 속한 은혜와 기질과 마음과 같은 것이 그리스도인에게도 있다."

"그리스도의 뼈 중의 뼈요 살 중의 살이 되고, 그리스도와 합한 한 영이고, 자기 안에 그리스도께서 사신다고 하는 그리스도인에게 그리스도의 마음과 기질이 없으면" 오히려 그것이 이상하다. "그리스도인의 마음은 그리스도께서 자기 백성의 영혼에 자신의 표증으로서 두신 것이고, 자신의 형상과 이름을 새겨서 그리스도인의 이마에 찍은 도장이다."

성령이 비둘기와 같이 그리스도께 강림하셨다는 사실은 우리에게 시사하는 바가 크다. "비둘기는 온유와 평화와 사랑과 순수의 표상으로 널리 알려져 있다. 교회의 머리되신 분께 내려앉으신 바로 이 성령이 그분의 지체들에게 강림하신다." 동일한 성령을 하나님께서 우리 마음에 보내셨기 때문에(갈 4:6), 하나님의 성령이 없는 사람들은 그리스도의 것이 아니다(롬 8:9). 그리스도는 그분을 따르는 자들에게 친히 성령을 불어넣어 주셨고(요 20:22), 모든 신자가 동일한 성령으로 기름 부으심을 받았다(요일 2:20, 27).

특별히 온유, 용서, 사랑, 긍휼 혹은 연민에 대해 생각해 보자. 그리스도께서 그분의 제자들을 어린아이에 비유하신 것을 볼 때, 모든 그리스도의 제자는 그분이 그러셨던 것처럼 온유를 나타낸다(마 10:42; 18:6, 10, 14; 19:14, 요 13:33). 진정한 감정의 표지인 온유는 순진무구하고, 불의한 분노와 속임이 없고, 단순하고, 유순하고, 순종적인 마음을 포함한다.

그리스도인의 마음에 그리스도를 향한 용기나 담대함이 없다는 말이 아니다. 많은 사람들이 이런 용기에 대해 잘못 이해하고 있다. 그리스도의 삶에서 확연히 드러나는 것처럼, 그리스도인의 용기란 "야만적인 흉포함이나 먹잇감을 향해 달려드는 짐승의 대담함과는 전혀 다르다. 은혜를 통해 받은 마음의 강력으로 이루어진 참된 그리스도인의 용기는 두 가지 방식으로 발휘된다. 첫째는 마음에 있는 악하고 무법한 열정을 억제하고, 다른 하나는 원수들의 방해나 죄에서 비롯된 두려움에 아랑곳하지 않고 자유롭고 굳건하게 선한 감정과 성향을 쫓아간다."

이처럼 참된 그리스도 제자의 능력과 용기는 "이 악하고 부조리한 세상에서 일어나는 모든 사건과 놀라게 하는 일들과 기괴하고 무법한 행위와 혼돈 가운데서도 거룩한 냉정함을 유지하고, 온유와 달콤함과 마음에서 우러나는 긍휼을 굳건하게 지속해 가는 모습으로 드러난다."

용기를 가장한 교만도 있다. 그리스도를 사랑해서가 아니라 교만한 마음에서 일부러 세상의 미움을 사는 사람들도 있다. "본질적으로 다른 사람들과 구별되고 비범하게 보이는 것을 추구하도록 하는 교만의 속성상, 교만한 사람들은 다른 사람들에게 드러나고 칭찬을 받기 위해 그들이 육신적이라고 부르는 것들과 원수가 되기도 한다."

담대함을 불러일으키는 열정에 대해서도 같은 말을 할 수 있다. 그렇다. 말 그대로 그리스도인은 하나님의 영광을 향한 열망에 불타는 사람이다. 그렇지만 이 열정은 "달콤한 것이다. 달콤한 불꽃이고 열기이며 정열이다. 이 뜨거운 불꽃은 다름 아닌 신적인 사랑의 불꽃이다. 곧 사람이나 천사의 마음에 있는 가장 달콤하고 자애로운 것이 바로 그리스도인의 사랑이다."

참된 그리스도의 제자는 용서하는 마음을 가졌을 뿐 아니라 다른 사람이 저지른 상해나 손해를 용납하고 잊어버리는 성향이 있다. 다른 사람을 잘 용서하는 것이야말로 자신의 허물과 죄를 용서 받았다는 진정한 증거다(마 6:12-15). 이것은 사랑과 다름 아니다. "신약성경에서 참된 그리스도인인지를 가늠하는 표지로 이것만큼 줄기차게 제시되는 마음의 덕이나 성향도 없기 때문이다"(요 13:34-35; 15:12, 요일 2:9-10; 3:14).

하나님의 말씀도 "참된 그리스도인은 하나같이 불쌍하고 곤궁하고 고통 받는 이웃을 불쌍히 여기고 돌아보는 성향을 자신의 참된 성품으로 가진 사람"이라고 분명히 밝히고 있다(시 37:21, 26; 112:5, 9, 잠 14:31; 21:26, 렘 22:16, 약 1:27).

성경이 반복적으로 선포하는 부인할 수 없는 사실은, "진실로 은혜로운 사람은 어린양과 같고 비둘기와 같은 예수 그리스도의 영의 지배를 받는 사람이라는 것이다.…… 그러므로 우리가 전혀 주저하지 않고 결론 내릴 수 있는 것은 모든 참된 그리스도인의 감정에는 이런 마음이 내재되어 있고, 이것이 참된 그리스도인의 확신과 열정, 슬픔과 기쁨, 두려움과 소망에 있는 본질적 성향이라는 사실이다."

그러나 이 말이, 마치 중생한 신자는 더 이상 그리스도를 닮아가지 않아도 되는 것처럼, 그리스도인이 완전하고 죄가 없다고 말하는 것은 아니다. "그러나 성경을 부정하지 않는 이상, 나는 참된 기독교에 속한 그리스도인의 모든 것은 하나같이 이런 성향을 띠고 이런 방식으로 역사한다고 분명히 말할 수 있다. 그러므로 이 땅의 참된 그리스도인이라면 마음에 이런 지배적인 영향을 받지 않는 사람이 없는데, 이런 사람을 가리켜 그리스도인이라고 하는 이유가 바로 여기 있다. 이것이 그리스도인의 참되고 바른 성품이다. 따라서 이와 정반대되는 성품과 행실을 가진 사람이, 자신이 새롭게 발견한 것이나 깨달은 것에 대해 솔깃한 이야기를 한다고 해서 그를 독려하거나 추켜세울 권한이 목사들에게는 없다."

"사람의 마음이나 성품보다는 그들이 느낀 일시적인 깨달음이나 감동을(특히 이런 것들이 특정한 방법이나 지침을 따라 해서 일어난 것이라면) 참된 신앙을 분별하는 기준으로 삼으려는 사람들이 있는데," 이런 사람들은 기독교 신앙을 왜곡하고 오히려 성경에 반하는 형태의 신앙을 기독교 신앙인 것처럼 제시한다. "성경은 탐욕스럽고 이기적이고 성마르고 다투는 마음을 참된 그리스도인의 마음이라고 말하지 않는다."

물론 남아 있는 죄의 영향이나 일생 동안 길들여진 습관을 간과해서는 안 된다. 하지만 "그렇다 해도 늑대와 뱀과 같이 살던 사람을 이런 현저한 마음의 변화도 없이 회심했다고 할 수 없다."

그러면 우리가 이 장을 통해 살펴본 참된 경건의 특징들을 보이지 않는 사람들이 성령을 체험했다고 하고 심지어 자신들도 그리스도를 믿는 믿음을 가졌다고 주장할 때 우리는 어떻게 할 것인가? 이런 사람들에게 그들이 거듭나지 않은 것이 분명하다고 말하지는 못한다 할지라도(물론 명백한 이단적 불신앙을 나타내지 않는 한), 적어도 그들이 구원받았다고 말해 줌으로써 거짓된 확신을 부추기지는 말아야 한다.

16장_ 진정한 신앙감정의 아홉 번째 표지

참되고 진정한 신앙감정은 마음을 부드럽고 온유하게 하고 죄에 더욱 민감해지도록 한다.

거짓된 감정은, 아무리 강력하고 감동적이라 해도 사람의 마음을 죄에 대해서 무뎌지게 한다. 거짓된 감정 가운데 있는 사람들은 예수 그리스도를 닮아 가기는커녕 자기의 부패와 이기적인 자기방종 self-indulgence을 점점 대수롭지 않게 여기게 된다.

시간이 갈수록 거짓된 감정은 지성을 어둡게 하고 마음을 무디게 하여 자신이 과거에 지었던 죄와 지금 자기에게 있는 죄를 깨닫지 못하도록 한다. 또한 거짓된 감정은 성경에서 사람들에게 발하는 장래에 닥치게 될 위험과 범죄의 가능성에 대한 경고에 부주의하게 만든다. 이런 사람들은 점점 더 죄악된 것들을 분별하지 못하게 되고, 악이 횡행하는 것에 대해서도 별로 두려워하지 않게 된다. 이런 사람들은 스스로 우쭐해져서 원수의 유혹에서 자기 영혼을 보호해야 할 필요를 절박하게 느끼지 못한다. 그들은 성경이 말하는 자신의 의무들을 번거로운 것으로 여겨 그것들을 등한시하고, 성경에서 명백히 말하고 있는 계명들만 겨우 그것도 부분적으로만 따른다. 자신의 영적인 단점에 별로 주의를 기울이지도 않을뿐더러 유혹에 쉽게 굴복한다. 자신이 지옥에 갈 염려는 없다고 믿기 때문에 자신의 행실이나 하나님 말씀의 엄중한 요구에도 주의를 기울이지 않는다.

이런 사람들은 그리스도를 **죄로부터 구원하시는** 구주로 여기지 않고, 자신의 **죄악을 용서하시는** 구주 정도로 여긴다.[61] 이런 사람들은 "영적 원수들로부터 보호받을 수 있는 피난처이신 그리스도께로 피하는 대신, 그리스도를 영적인 원수들로부터 자신을 보호하기 위해 하나님께서 주신 방패 정도로 이용할 뿐이다. 결국 이런 그들의 태도는 하나님을 대적하는 자신의 영적인 원수들에게 힘을 보태 주는 꼴이다." 놀라운 것은 이런 사람들은 계속 이런 식으로 살아가면서도 "여전히 하나님을 향한 사랑과 하나님의 은혜에 대한 확신과 하나님 사랑의 달콤함을 거창하게 고백한다는 사실이다." 이런 사람들이 바로 하나님의 은혜를 호색거리로 바꾸는 이들이다(유 4). 자신의 불법을 정당화하기 위해 하나님 은혜의 약속을 이용하는 것이다.

그러나 참되고 은혜롭고 진정한 신앙감정은 항상 마음을 더욱 부드럽고 온화하게 하여 죄를 더 잘 알고 하나님의 긍휼에 대한 필요를 더 절감하게 한다. 하나님의 구원하시는 은혜를 받아 누리는 사람은 항상 죄뿐 아니라 하나님을 대적하거나 슬프시게 하는 일이라면 무엇이든 두려워한다. 이들은 죄의 속임에 빠지지 않기 위해 항상 깨어 부지런히 영혼을 살핀다.

예수께서는 참된 신자가 가진 부드러운 마음을 어린아이의 마음에 비유하셨다. 어린아이와 같은 마음은 영적인 사람들에 대해 민감하고, 고통 가운데 있는 이들과 함께 아파하고, 우는 자들과 함께 운다. "어린아이는 작은 고통에도 쉽게 슬퍼하고, 마음이 녹아내리고, 울음을 터뜨린다. 이와 같이 부드럽고 연약한 것이 바로 죄의 죄악됨에 대한 그리스도인의 마음이다. 어린아이는 무서운 모양만 봐도 쉽게 놀라고, 자신을 해롭게 하고 위협할 만한 것은 무엇이나 두려워한다. 이처럼 그리스도인은 도덕적인 죄악에 쉽게 긴장하고 자신의 영혼을 상하게 할 만한 것에는 무엇이든 경계를 늦추지 않는다. 어린아이는 사나운 짐승을 만났을 때 자신의 힘을 의지하지 않고 부모의 품으로 달려가 피한다. 마찬가지로 성도는 영적인 원수와 싸울 때 자신을 의지하지 않고 그리스도께로 피한다. 어린아이는 위험한 장소나 어두운 곳에 이르면 무서움을 느끼고, 혼자 있거나 집에서 멀리 떨어져 나오는 것을 두려워한다. 이처럼 신자도 자신의 영적인 위험에 민감하고, 하나님 앞에서 자신의 길이 분명하지 않을 때 두려워하고, 하나님께로부터 멀어지거나 혼자 남아 있는 것을 싫어한다.…… 어린아이가 부모나 윗사람을 무서워할 줄 알고 그들이 화를 내거나 인상을 쓰면 두려워 떠는 것처럼, 성도도 하나님께 그렇게 반응한다. 어린아이가 윗사람 앞에 갈 때 두려워하는 마음을 갖는 것처럼, 성도도 하나님께 거룩한 두려움과 경외함으로 나아간다."

여덟 번째 진정한 표지에서 살펴본 바와 같이, 어린아이와 같은 마음은 "거룩한 담대함으로 하나님께 기도하고 예배하는 것"과 전혀 배치되지 않는다. 경외함으로 희생제사를 드리지 않아도 열정적이고 정열적일 수 있다. "먼지 구덩이에 사는 가련하고 죄악된 벌레가 아무리 담대하다 해도, 하나님과 자기 자신에 대한 올바른 시각을 가졌다면, 흠 없고 점 없는 영광스러운 천사들조차 그 보좌 앞에서 얼굴을 가릴 수밖에 없는 하나님께 나아가면서 그들이 가진 것보다 덜한 두려움이나 경외함으로 나아가지는 못할 것이다."

은혜로운 감정이 이런 부드러운 마음을 갖게 하는 이유는 "참된 은혜는 양심으로 하여금 죄를 깨닫게 하기 때문이다." 회심하게 하는 은혜는 결코 "사람의 양심을 무디게 하지 않고 오히려 더욱 민감하게 하여, 죄악된 것들을 더 잘 그리고 더 온전히 분별하고, 죄의 더럽고 끔찍한 본성을 더 크게 깨닫고, 더 민첩하고 깊이 느끼고, 자신의 죄악됨과 자기 마음의 악함을 더 확신케 한다. 이로 인해 신자는 더욱 더 깨어서 자기 마음을 살핀다. 은혜로 말미암아 영혼은 죄에 대하여서도 동일한 것들을 깨닫는데, 이는 율법을 통해 영혼을 확증시키시는 하나님의 성령의 역사다."

참된 신자의 마음은 불에 데인 적이 있어서 항상 불에 대한 두려움을 갖고 사는 어린아이와 같다. 반면에 거짓 신자는 쉽게 달궈졌다가 찬물에서 금세 식어 단단해져 버린 쇠와 같다.

하나님에 대한 경외하는 마음이 자라갈수록 신자에게서 노예적인 두려움은 사라진다. 참된 신자는 앞으로 있을 심판에 대해 더 이상 두려워하지 않고, 오히려 자기를 구원하신 하나님을 슬프게 할까 봐 조심한다. 지옥에 대한 두려움은 사라지고 대신 죄에 대한 두려움이 자란다. 자신의 본성적인 능력과 지혜와 성실함을 점점 신뢰하지 않게 된다. 자연적인 악natural evil에 대한 두려움은 점점 잦아드는 반면에 도덕적 악moral evil에 대한 두려움은 더 커진다.

거룩한 담대함이 자리 잡으면 자긍하는 마음도 사라진다. "다른 누구보다도 자기 자신이 바로 지옥에서 건짐 받았다는 사실을 분명히 아는 사람이 지옥의 비참함을 더 크게 느낀다. 이런 사람은 다른 사람들보다 믿음에 덜 흔들리는 반면에, 엄중한 경고와 하나님의 찌푸린 얼굴과 다른 사람들에게 닥친 재앙에는 누구보다도 발 빠르게 움직인다. 견고한 위로를 가졌으나 그 마음은 누구보다 더 부드럽다. 다른 사람들보다 더 부요하지만, 그 영혼은 누구보다 가난하다. 가장 강건하고 탁월하지만, 가장 작고 여린 어린아이와 같다."

17장_ 진정한 신앙감정의 열 번째 표지

경건하고 은혜로운 신앙감정은 거짓된 감정과 달리 아름다운 조화와 균형을 이룬다.

진정한 신앙감정이 아름다운 조화와 균형을 이룬다고 해서, 참된 성도의 성향과 덕이 더 이상 자라지 않아도 될 정도로 이미 완전하고 순수하다는 말은 아니다. 신자의 영혼에도 여전히 여러 가지 방식으로 남아 있는 죄가 있다. 이미 구원받은 참된 신자라 할지라도 여전히 가르침이 부족하고, 판단을 그르치고, 일생 동안 남아 있는 습관과 싸운다. 그러나 그 정도가 아무리 심하다 할지라도 구원하는 은혜를 받지 못한 사람들의 감정에 있는 끔찍한 부조화와 비교해 보면 아무것도 아니다.

진정한 성도의 감정이 조화롭고 균형 잡혀 있는 이유는 "그리스도의 온전한 형상이 그에게 있기 때문이다." 바꾸어 말하면, "신자는 그리스도께 있는 은혜는 없지만, 그 안에 그리스도의 형상이 있기 때문에 그 은혜에 반응할 수 있다 이 형상은 참된 형상으로 원래의 형상과 동일한 아름다움이 있다. 이 형상은 원래의 형상과 비교해서 특징은 특징대로, 지체는 지체대로 서로 동일하게 아름답고 조화롭다. 하나님의 솜씨에는 아름다움과 조화가 깃들어 있다."

잘못된 신앙고백을 하는 사람들의 경우, 어떤 감정은 크게 느끼고 어떤 감정은 거의 느끼지 않는다. 예를 들어, 이들은 소망은 크게 느끼는 데 반해 경외함이나 두려움 같은 것은 거의 느끼지 않는다. 반면에 참된 신자들은 "기쁨과 거룩한 두려움을 함께 느낀다."

진정한 신자들이 누리는 기쁨과 위로에는 경건한 슬픔과 죄에 대한 탄식이 깃들어 있다. "그리스도께서 우리의 슬픔과 탄식을 다 담당하셨기 때문에 장래의 심판을 슬퍼할 필요도 없이 그리스도께서 우리를 위해 값 주고 사신 달콤한 위로를 누리는 것이 사실이지만, 그렇다고 우리가 누리는 위로가 회개의 슬픔을 동반한다는 사실을 부인하는 것은 아니다."

반면에, 위선자들의 감정은 "아주 편파적이고 치우쳐 있다." 예를 들어, 이들 가운데는 하나님을 열렬히 사랑하면서도 사람에 대해서는 아주 냉담한 사람들도 있고, 반대로 사람들에게는 열렬한 사랑을 나타내면서도 정작 하나님께는 별 관심이 없는 사람들도 있다. 또 어떤 경우에는 이웃을 사랑하고 멀리 떨어져 있는 그리스도인들에 대해서는 열렬한 사랑을 나타내면서도, 정작 자신의 부인에게는 냉담하고 가족들을 숨 막히게 하는 사람들도 있다.

잘못된 신앙고백을 하는 사람들에게서 드러나는 이런 불균형과 부조화는 때때로 다른 사람에 대한 태도에서도 드러난다. "사람들의 외적인 필요에는 관대하고 사랑을 보이고, 때로 가난한 사람들을 도와주기도 하지만, 그들의 영혼에는 전혀 관심이나 사랑이 없다. 반대로 영혼을 사랑한다 하면서도 그들의 외적인 필요에 대해서는 관심을 쏟지 않고 인색하다.…… 그러나 진정한 그리스도인의 형제사랑은 몸과 영혼 모두를 돌아보는 사랑이다. 예수 그리스도의 사랑과 연민이 바로 이런 것이었다." 그분은 사람들의 영혼과 몸 모두를 사랑하셨다.

또 다른 예로, 그들은 다른 신자들의 영적 결함에는 호들갑을 떨면서도 자신의 결점에 대해서는 무지하다. 그러나 "참된 그리스도인은 다른 성도들에게 있는 냉랭함과 무정함에 예민하게 반응하고 심히 슬퍼할 뿐 아니라 자기 자신의 사악함에 더 큰 영향을 받는다."

거짓된 감정에 사로잡힌 사람들은 위대하고 고상한 영적인 수준에 다다른 체하지만, 정작 그보다 훨씬 낮은 수준의 의무조차 제대로 이행하지 못한다. 스스로 더 고상한 영적 수준에 있다고 여기지만 성경이 말하는 기본적인 수준의 도덕적인 삶조차 제대로 살아가지 못한다. 때로는 자기가 얼마나 악한지 절실히 깨달은 것처럼 고백하기도 하지만, 하나님의 말씀이 명하는 가장 기본적인 계명을 거역하면서도 가책을 느끼지 않는다. 하나님의 영광을 위해서라면 지옥에라도 가겠다고 말하면서도, 정작 성경이 말하는 의무를 이행하기 위해서는 이 땅에서 누리는 육신적인 위안의 가장 작은 부분조차 희생하려고 하지 않는다. 자기 영혼이 그리스도를 의지하고 영원한 복을 위해 그분만 바라본다고 떠벌리지만, 자신의 재물을 가지고 필요한 사람을 돕는 일에 있어서는 말만큼 하나님을 신뢰하지 않는다.

참된 신자는 모든 죄를 미워하고 죄를 거부하고자 애쓴다. 반면에 거짓된 신자는 특정한 죄악만을 미워하고 거부한다. 겉으로 드러나는 불경함과 요란한 옷차림 같은 것은 열심히 반대하면서도, 탐심이나 자신에게 해를 끼친 사람들에 대한 험담과 악독한 마음을 품는 일은 대수롭지 않게 여긴다.

"위선적인 열심을 품은 사람은 다른 사람들의 죄는 신랄하게 비난하고 반대하면서도 정작 자신의 죄에 대해서는 그렇게 하지 않는다. 그러나 진정한 열정을 가진 사람은 자기 자신의 죄에 대해서 오히려 더욱 신랄하게 비난한다."

거짓된 신자들은 특히 죄와 싸우는 일에서 일관성이 없다. 이들의 영적인 체험은 충동적이고 일시적이다. 어떤 때는 급격하게 고조되어 하늘에 이를 것 같다가도, "이내 갑자기 다시 추락하여 모든 것을 상실한 사람처럼 부주의하고 육신적이 된다. 이것이 바로 이들이 말하는 신앙생활이다." 부흥의 때나 하나님의 섭리가 놀랍게 역사하는 때에만 영적으로 크게 고양되어 하나님께로부터 중요한 계시라도 받은 것처럼 떠벌리고, 그렇지 못한 때에는 다시 예전 삶의 방식으로 돌아가 "그들의 마음과 감정의 주도적인 성향은 세상의 것들을 향해 치닫는다." 이런 사람들은 애굽에서 풀려난 이스라엘 백성과 같다. 그들은 홍해를 건널 때만 해도 영적으로 높이 고양되어 있었지만, 이내 애굽에 두고 온 것들을 그리워하고 즉시 금송아지를 만들어 섬겼다.

이들은 "우기에 내리는 비와 같아서 금세 차고 넘쳐서 큰 개울을 이루었다가도 어느새 말라 버리고, 또 비가 오면 언제 그랬냐는

듯이 다시 넘쳐흐른다. 반면에 참된 성도는 생수의 샘에서 흘러나오는 물줄기와 같아서, 비가 오거나 가뭄이 드는 것에 영향을 받기는 해도 마르지 않고 항상 흘러나온다."

위선자는 "엄청나게 강하고 밝게 타오르지만 매우 불안정하고 불규칙하게 움직이는…… 잠시 한 번 강하게 타오르다가 곧 사라져 버리는 혜성과 같다. 그러나 진정한 성도는 하늘의 항성과 같아서, 비록 떴다가 지기를 반복하고 때로는 구름에 가리기도 하지만, 여전히 자신의 궤도를 돌면서 끊임없이 빛을 발한다."

거짓된 감정에 사로잡힌 사람은 체험의 시기도 불규칙적이고 불안정하다. 이들은 주로 다른 사람들과 함께 있는 자리에서는 쉽게 감동을 받고 영향을 받지만, 사람들과 떨어져 혼자 은밀하게 기도하거나 묵상할 때에는 그렇지 못하다. "참된 그리스도인 역시 신앙적인 사귐과 대화를 즐거워하고 그 가운데 마음이 한껏 고양된다. 하지만 그는 이런 때뿐 아니라, 모든 사람으로부터 나와 조용한 자리에서 하나님과 대화하는 것 역시 기뻐한다."

사람이 참되고 경건한 감정에 사로잡히면, 하나님과 그분의 말씀을 묵상하고 기도와 찬송 가운데 자기 마음을 쏟아 놓고자 조용한 자리를 찾아 혼자 있으려고 한다. 예수님이 그러셨다. "성부와 거룩한 나눔을 하기 위해 한적한 곳을 찾아 산으로 올라가시는 모습을 우리는 얼마나 자주 보는가?" 은혜로운 감정은 거짓된 감정보다 본질적으로 더 고요하고 은밀한 것이 사실이다. 거짓된 감정은 주목받을 만한 요란한 곳을 원한다.

성경은 "성도들이 하나님의 은총을 가장 탁월하게 덧입을 수 있는 곳은 바로…… 그들이 은밀한 곳에서 하나님을 찾을 때"라고 반복적으로 말한다. 곧, 다른 사람들로부터 물러나 은밀한 자리에서 하나님을 찾을 때에 하나님의 은총을 덧입는다는 것이다. 예수님뿐만 아니라 아브라함, 이삭, 야곱, 모세, 엘리야, 엘리사와 같은 사람들이 모두 그랬다.

"지금까지 말한 것들을 통해 내가 드러내고자 하는 바는, 그리스도인의 모임과 교제를 그 가치에 걸맞게 사랑하면서도, 한적한 곳으로 물러나 하나님과 누리는 은밀한 사귐을 특별히 더 기뻐하는 것이 참된 은혜의 본성이라는 사실이다. 성도들과 어울리는 것을 무척 좋아하면서도 골방에서의 신앙생활에는 별로 흥미가 없고, 다른 사람들과 함께 있을 때는 크게 감동 받고 즐거워하면서도 하나님과 그리스도와만 대화할 수 있는 자리에서는 감동 받지 못하는 사람들이 있다면, 그들의 신앙은 매우 암울하다고 밖에 볼 수 없다."

18장_ 진정한 신앙감정의 열한 번째 표지

참되고 은혜로운 감정을 깊이 경험할수록 이에 대한 갈망이 더해 가는 반면, 거짓된 감정은 그 자리에서 만족하고 안주한다.

참되고 은혜로운 감정은 아주 역동적으로 역사하기 때문에 성령의 역사를 맛보면 맛볼수록 갈망이 더 커진다. 그리스도의 아름다움의 샘에서 마시면 마실수록 목마름이 더해 간다. "참된 성도가 은혜 가운데 받아 누리는 사랑으로 하나님을 사랑할수록 그분을 사랑하고자 하는 갈망이 더해 가고, 하나님을 더 사랑하지 못하고 있는 자신의 모습에 괴로워한다. 죄를 미워할수록 죄에 대한 증오가 더해 가고 여전히 자기 안에 남아 있는 죄에 대한 애착 때문에 슬퍼한다. 죄를 슬퍼하면 슬퍼할수록 죄로 인한 탄식이 늘어 간다. 마음이 상하면 상할수록 마음이 더 무너져 내리기를 바라게 된다. 하나님과 거룩에 대한 목마름과 갈망이 더해 갈수록 자기 영혼이 하나님을 더욱더 동경하고 열망하기를 바란다. 은혜로운 감정이 일어나는 것은 불꽃이 이는 것과 같다. 이런 감정이 더 크게 일어나면 일어날수록 더 열렬히 타오르고, 더 뜨겁게 타오르면 타오를수록 더 타오르기 위해 힘쓰게 된다.

여기서 우리는 하나의 원리를 발견할 수 있다. "성도가 이 세상에서 아무리 위대한 완전함과 탁월함에 도달한다고 해도, 거기에는 만족이 있을 수 없을 뿐 아니라, 더 추구해야 될지 말아야 할지 고민하는 일도 없다. 오히려 더 나아가고 더 누리고자 하는 갈망만 커질 뿐이다." 그 이유는 사람이 진정한 감정을 체험해 갈수록, 하나님의 거룩이 가진 달콤함을 즐거워하고 탁월함을 분별하는 영적 미각이 더 발달하기 때문이다. 더욱이 은혜를 누릴수록 사람은 자신의 공허함과 불완전함, 그리고 자기가 마땅히 가지고 누려야 할 것에 전혀 미치지 못했음을 자각하기 때문에 더 큰 은혜를 추구하게 된다. 그래서 영적으로 더 자라가기를 열망하게 되고, 영적으로 자라갈 수 있는 방편이라면 무엇이든 기꺼이 받아들인다.

한편 이와 같은 주장은 영적인 즐거움이 영혼을 만족하게 한다는 성경의 가르침과 맞지 않다고 이의를 제기하는 사람들이 있다. 그러나 이런 반론이 사실이라면, 사람이 은혜를 맛보면 맛볼수록 자기가 누리는 은혜가 얼마나 보잘것없으며, 얼마나 더 많은 은혜가 자기에게 필요한지를 느낀다는 사실을 어떻게 설명할 것인가? 이 질문에 답하기 위해서 우리는 어떤 의미에서 영적인 즐거움이 영혼을 만족하게 하는지를 설명해야만 한다.

첫째, 이런 기쁨은 인간 영혼의 본질과 능력과 필요에 완벽하게 들어맞아서 "이런 기쁨을 맛본 사람들은 어떤 다른 종류의 즐거움도 원하지 않게 된다." 그리스도께서 얼마나 달콤한 분이신지, 그분이 나누어 주시는 기쁨이 얼마나 영혼을 만족시키는지 일단 맛보아 알게 되면, 다른 것으로는 만족하지 못한다. 더 이상 다른 즐거움을 찾아 헤매지도 않고, 다른 즐거움을 추구하지도 않는다.

둘째, 이런 즐거움은 "사람의 영적인 욕구가 원하는 기대를 충족시켜 준다"는 점에서 만족스러운 것이다. 이런 기대는 "세상적인 즐거움"으로는 충족될 수 없다. 영적인 즐거움은 "영혼의 기대를 충족시키는 온전한 해답"이다.

셋째, 영적인 즐거움이 주는 기쁨과 만족은 영원하고 불변하지만, 세속적이고 육신적인 즐거움은 그렇지 못하다. 후자 역시 "어떤 면에서 특정한 욕구를 만족시키기는 하지만, 이런 만족은 금방 싫증을 느끼게 하고, 그렇게 되면 기쁨도 끝이 난다. 기쁨이 사그라지면 행복을 향한 인간의 본질적인 욕망이 다시 일어나지만, 이 역시도 만족시킬 수 없는 공허한 것일 뿐이다. 그러므로 특정한 어떤 욕구만 채우는 것은 인간의 본성적인 갈망을 채우는 데는 아무런 도움도 되지 못하는 공허한 것으로 남을 뿐이다."

마지막으로, 영적인 즐거움을 누리는 데 방해가 되는 것들이 제거되기만 하면, 이로 인해 누리는 영적인 즐거움은 다른 무엇도 필요로 하지 않을 만큼 영혼을 만족하게 한다. 사람이 영혼의 만족을 얻기 위해 힘쓰기만 한다면, 끝없는 바다와 같이 흡족한 영적인 기쁨을 누리게 될 것이다. "이런 기쁨을 더 많이 누린 사람일수록 이렇게 탁월하고 절묘하고 만족스럽고 도무지 비할 데 없는 달콤함을 더 잘 알 뿐 아니라, 완전한 기쁨에 이르기까지 더 굶주리고 더 목말라 하게 될 것이다."

그러나 거짓된 감정은 그렇지 않다. 큰 갈망이 일어났다가도 거짓된 감정으로 인해 더 이상 자라가지 못하고 멈추거나 가라앉아 버린다. 한때 영적인 빛을 갈망하고 하나님을 사랑하기를 원했던 사람이라 할지라도 거짓된 감정에 속게 되면, 자신의 영적 상태를 과신하고 충분한 것으로 여겨 안주한다. 자기는 이제 필요한 모든 것을 다 가졌고, 무슨 일이 있어도 자기는 천국에 가게 될 것이라는 속임에 빠진 사람들은 더 이상 아무것도 원하지 않게 된다. "특히 거짓된 감정에 한껏 고양된 사람들은 은혜와 거룩을 더 이상 추구하지 않는다. 이런 사람들은 이제 자기 자신을 더 이상 불쌍하고 무능력한 피조물로 여기지 않는다. 오히려 가장 부요하고 좋은 것을 많이 가졌다고 여기기 때문에, 자기가 지금까지 얻은 것보다 더 탁월한 어떤 것이 있으리라고는 상상조차 하지 못한다."

성경이 종종 하나님을 간절히 찾는 것을 참된 성도의 표지로 묘사하는 이유가 바로 여기 있다(시 24:6; 69:6, 32; 70:4). 회심한 이후에 하나님을 더욱 추구하는 것이 회심한 성도들의 특징이라고 성경은 말한다.

자신은 지금 하나님을 더 갈망하고 있고 이전에 맛보고 이룬 것들에 결코 안주하지 않는다고 말하는 거짓 신앙고백자들이 앞으로도 여전히 있을 것이다. "그러나 사실 그들의 이런 욕망은, 그들이 거룩을 정말 좋아해서 생긴 정당한 갈망이 아니다. 다시 말해, 거룩 자체에 있는 도덕적 탁월성과 달콤함 때문이 아니라 거룩을 통해 얻게 될 부산물 때문에(거룩한 갈망을 통해 얻게 될 것이라고 기대되는 좋은 결과들 때문에) 거룩을 갈망하는 것이다."

예를 들어, 이들이 하나님께로부터 계시 받기를 갈망하는 이유는 계시를 통해 자신의 상태가 안전하다는 것을 확인하고 싶어서다. 이들이 하나님의 사랑에 관해 비추임 받기를 원하는 이유도 하나님을 존귀하게 여겨서가 아니라, 하나님의 사랑을 받을 만큼 자신이 대단한 존재라는 것을 확인하고, 또 그런 존재로 사람들 앞에 드러나고 싶어서다. 이런 사람들이 더 큰 은혜를 갈망하고 있다고 공언하는 이유는, 자신에게 있는 것으로 만족하고 자만하는 사람으로 드러나면 다른 사람들이 자신을 그다지 좋게 여기지 않을 것이라 믿기 때문이다. 그러나 참된 성도에게는 하나님과 거룩 자체가 좋아서 추구하는 본성적이고 본능적인 갈망이 있다. "성도는 하나님의 사랑과 은총이 드러나는 것보다 거룩과 성결을 더 직접적으로 추구한다(더 갈망하고 더 원하고 더 갈구한다).

하나님의 참된 자녀가 "순전한 하나님의 말씀을 사모하는 이유는, 자신을 향한 하나님의 사랑을 확인하기 위해서가 아니라 말씀을 통해 거룩 가운데 더욱 자라가기 위함이다." 반면에 위선자는 "말씀이 자신을 성결하게 하기 때문이 아니라, 하나님의 사랑이 현저하게 드러나는 말씀을 통해 자기의 현재 상태를 확인하고 안전하다는 확신을 얻기 위해 말씀을 찾는다."

19장_ 진정한 신앙감정의 열두 번째 표지 I

은혜롭고 거룩한 감정은 항상 거룩한 삶의 열매를 맺는다.

열두 번째 표지는 성령의 구원하시는 역사를 나타내는 열두 가지 표지 가운데 가장 중요할 뿐 아니라 가장 논란이 많은 부분이다. 열두 번째 표지가 의미하는 바가 무엇인지 제대로 이해하기 위해서는 다음 세 가지를 잘 살펴야 한다.

첫째, 진정한 그리스도인은 "전적으로 순종하는" 사람이어야 한다. 중생을 통해 사람이 완전해지고 죄를 짓지 않게 된다는 말이 아니다. 중생한 사람은 "자신이 사랑해 마지않던 죄악"과 기꺼이 결별한다는 말이다. 그리스도께 대한 우리의 의무 가운데 우리가 추구하지 않아도 될 만한 것은 하나도 없다. 성경에서 명백히 금하고 있는 모든 죄를 짓지 않는 것은 물론 우리가 하나님의 말씀에서 읽는 모든 덕목을 적극적으로 실천하는 것까지도 포함한다.

둘째, 참된 그리스도인은 신앙생활이나 하나님을 섬기는 일을

"자기 삶의 중심적인 일로 삼고 전적으로 헌신할 정도로 신앙에 열심을 내고 부지런히 힘쓴다." 그리스도의 구속함을 입은 사람들이 선한 일에 열심을 낸다는 말은(딛 2:14) 그들의 마음이 의로운 삶을 살아가는 데 몰두하고 최선을 다한다는 의미다. "하나님 나라는 오직 침노하여 들어감으로써만 얻을 수 있다. 사투를 벌이지 않으면 생명으로 인도하는 좁은 길을 갈 수가 없고, 그 길을 통해 다다르는 영광스럽고 행복 넘치는 나라에 결코 이를 수 없다."

"성실히 애쓰고" "끊임없이 수고하지" 않고서도 영생을 온전히 누릴 수 있을 것이라고 기대하지 말아야 한다. "스스로 하나님의 종이라 고백하면서도 하나님을 섬기는 일에 게으른 사람들은 하나님께 대적하는 것이나 마찬가지다."

셋째, 모든 참된 그리스도인은 "살아가면서 부닥치는 온갖 종류의 시험에도 불구하고 이 땅에서 자신의 삶을 마감하기까지 전적으로 헌신하고 부지런하고 열심히 하나님을 섬긴다." 인내와 오래 참음은 평탄하고 번영하는 때에 쉽게 얻어지지 않고, 시련과 고초와 고난의 시간들을 통해서 얻어진다.

세상에는 의로운 삶을 추구하는 신자를 경건한 인내와 오래 참음에서 떨어지도록 하는 일들이 많다. 신자를 유혹하는 죄악들, 우리의 죄악된 성향이 표출되는 것을 억제하지 못하게 하는 것들, 우리의 의무를 까다롭고 매력 없고 끔찍한 것으로 보이게 하는 고통과 치욕과 비난과 아픔과 같은 것들이 바로 그런 일들이다. 의로운 삶을 계속 살면 우리가 누리는 소유와 외적인 행복을 잃어버릴 것만 같다. 실제로 하나님께서는 때로 섭리 가운데 이런 시련을 우리 삶에 허락하셔서서 우리 확신의 깊이와 헌신의 진정성을 드러내시기도 한다.

지금까지 한 말이 참된 성도는 뒤로 미끄러지지 않고 죄도 짓지 않는다는 의미는 아니다. 하지만 "진정한 성도는 결코 신앙을 저버리거나 하나님 섬기기를 싫어하는 정도까지 타락하지 않을뿐더러, 자의든 타의든 섬기는 일을 싫어하거나 습관적으로 소홀히 하지도 않는다."

참된 성도는 의로운 삶을 완전히 저버릴 정도로 뒤로 미끄러지지 않는다. "그들은 결코 습관적으로 신앙생활을 버리고 다른 일들에 더 몰두하거나, 하나님보다 다른 것을 더 섬기는 삶을 살 정도로 타락하지 않는다."

진정한 성도는 "회심하기 전의 삶과 두드러진 차이를 보이지 않을 정도로 타락하지는 않는다. 참으로 회심한 사람은 이제 새로운 사람이고 새로운 피조물이다. 속으로만 새롭게 된 것이 아니라 삶 자체가 새롭게 되었다. 몸과 정신과 영혼 모두가 성결하게 되었다. 이전 것은 지나갔고 모든 것이 새롭게 되었다. 새로운 마음과 새로운 눈과 새로운 귀와 새로운 입술과 새로운 손과 새로운 발을 가지고 새로운 일상과 삶을 사는 그들은 일생 동안 새 생명 가운데 산다. 사람들이 믿음에서 떨어져 더 이상 새 생명 가운데 살지 않는 것은, 그들이 처음부터 그리스도와 함께 일으킴을 받지 못했다는 증거다. 회심했으니 이제 자신은 안전하다고 생각하는 사람들이 있다면, 이것은 스스로 위선자임을 드러내는 가장 명백한 증거다."

은혜로운 감정이 항상 경건한 삶으로 귀결되는 이유는 무엇인가? 거듭나는 체험을 통해 하나님께서 우리에게 그분 자신을 나누어 주시기 때문이다. 우리는 그런 하나님의 본성에 참여한다. 그리스도께서 우리 마음에 사시고, 성령이 내적인 생명의 원리로 우리 안에 거하시면서 우리 영혼의 기능들과 결합하심으로써 그 기능들이 그분의 본성대로 일할 수 있도록 하신다. 하나님의 전능하심이 인간의 영혼 안에 거하시는데, 어떻게 능력 있고 실제적인 경건한 삶을 살지 못한단 말인가?

바꾸어 말하면, 하나님께서는 신자의 마음에 거하시며 생명의 연합을 이루시고 "효과적으로 역사하셔서 그분이 하나님이신 것을 나타내신다. 그리스도는 신자의 마음에 거하시되 무덤에 누인 죽은 구주처럼 가만히 계시는 것이 아니라, 사망에서 다시 살아나신 분으로 신자를 그분의 성전 삼고 거하신다. 그리스도께서 신자의 마음에 거하시면서 그분의 부활로 말미암은 영원한 생명의 능력을 따라 역사하신다."

"신자의 마음에 즉각적인 은혜의 원천이 되시는 그리스도의 성령은, 신자에게 나타나는 모든 생명과 모든 능력과 모든 행위가 되신다"(고전 2:4, 살전 1:5, 고전 4:20 참조). 구원하는 감정이 비록 다른 감정들처럼 요란하거나 도드라지지는 않을지라도, 그 안에는 "비밀한 견고함과 생명과 능력이 있다. 구원하는 감정은 그 안에 있는 견고함과 생명과 능력으로 신자의 마음을 굳게 붙들고 사로잡아서(고후 10:5), 하나님과 거룩을 향해 뜻이 확정되도록 한다." 거룩한 감정에는 이처럼 "신자 삶의 전 여정을 지배하는 능력이 있다."

화강암 석상은 겉으로는 실제 사람 모양을 하고 사람의 윤곽을 잘 드러내지만, 살아 움직이거나 힘을 쓸 수 있는 능력과 같은 내적인 원리는 전혀 없기 때문에 아무것도 할 수도 이룰 수도 없다. "그러나 은혜로운 감정은 마음의 가장 깊은 곳까지 이르러 생명과 행위의 심원을 사로잡는다." 참되고 은혜로운 감정은 온갖 유혹과 어려움과 반대에도 의지를 지배하고 정욕과 타락한 본성을 극복하고 거룩한 길로 우리를 인도한다.

진정한 영성의 열한 번째 표지를 살펴보면서, 우리는 참되고 은혜로운 감정이 경건한 삶을 통해 일어날 수밖에 없는 많은 이유들을 알 수 있었다. 그중 몇 가지만 다시 주목해 보자.

예를 들어, 거룩한 감정을 가진 사람이 거룩한 삶을 살 수밖에 없는 이유는, 하나님을 아는 지식이 유용하거나 혹은 이 지식을 통해 얻게 될 좋은 결과를 기대해서가 아니라, 하나님 그분의 탁월함이 좋아서 오직 그분만을 추구하기 때문이다. 하나님으로 인해 얻게 될 이득 때문에 하나님을 추구하는 사람은, 이득이 사라지거나 손에 쥘 수 없게 되었을 때 하나님을 향한 열망도 식을 수밖에 없다. 하나님을 추구하는 것이 아무리 고통스럽고 힘들어도 은혜로운 감정을 가진 사람이 끝까지 하나님을 찾을 수 있는 이유가 바로 여기 있다. 경건을 추구하는 것이 힘들고 손해를 보는 것으로 드러날 때, 중생하지 못한 사람은 자신의 이득을 위해 경건을 버린다. 그러나 그저 하나님이 좋아서 사랑하는 사람은 하나님 본성의 탁월함과 아름다움에 완전히 매료되어서 어떤 시련이나 손실이 와도 끝까지 사랑한다.

신적인 일들의 도덕적 탁월성이나 거룩의 아름다움을 깨닫고 나면 사람들이 왜 끝까지 경건한 삶을 포기하지 않는지 이해하게 된다. "거룩이 모든 은혜로운 감정을 불러일으키고 지배하는 것을 볼 때, 이런 모든 감정이 거룩을 지향하는 것은 결코 이상한 일이 아니다. 사람들은 자신이 사랑하는 것을 가지려 하고, 그것들과 하나되고 그것에 지배당하고 싶어 한다. 사람들은 자신을 기쁘게 하는 아름다움으로 치장하고 싶어 한다. 사람들은 필연적으로 자신이 기뻐하는 행위들을 하게 되어 있다."

신자를 가르치고 인도하시는 하나님의 성령은 "거룩한 것에 깃든 달콤함을 맛볼 수 있는 미각을 그들에게 주셔서 자신이 깨닫는 한 거룩한 모든 것을 기뻐하게 하시고, 거룩하지 않은 모든 것은 혐오하고 싫어하게 하신다"는 사실을 또한 기억해야 한다. 영적으로 탁월한 것이 어떤 것인지 맛보지 못하고 관심도 가지지 않을뿐더러 거룩하지 않은 것을 기뻐하고 즐기는 자신을 발견한다면, 은혜를 주시고 구원하시는 성령의 역사를 아직 모르는 사람이라고 생각하면 된다.

진정한 감정을 가진 사람이 끝까지 경건한 삶을 살아가는 이유는 회심과 더불어 얻는 영적인 지식의 본질 때문이다. "그리스도의 초월적인 영광을 본 참된 그리스도인은 그리스도께로 강력하게 이끌려 그분을 따르게 된다. 그분을 모든 것을 버리고 따르기에 족한 분으로 여긴다. 그분이 무한히 사랑스러운 분이심을 알게 된 사람은 전적으로 그분께 순복하고, 그분을 섬기는 일에 열심히 참여하고, 그분을 위해서라면 모든 어려움을 기꺼이 다 감당한다. 신자가 이렇게 한결같이 그리스도를 따르는 이유는, 그리스도께 있는 신적인 탁월함을 그가 보았기 때문이다. 그리스도께 있는 신적인 탁월함은 신자의 마음에 깊이 각인되었기 때문에 신자는 그분을 도무지 잊지 못하고 그분이 가시는 곳이면 어디든 따라간다. 이런 그를 그리스도로부터 떼어 놓으려 하는 것은 부질없는 일이다."

또한 신적인 일들의 진리를 온전히 믿고 확신하는 참된 신자들은 경건한 삶으로 이끌린다. 복음이 진리라는 것을 온전히 확신하지 못하는 사람이 시험이나 고난이 찾아왔을 때 복음을 버리고 떨어져 나가는 것은 전혀 새삼스러운 일이 아니다. 그러나 복음 진리를 분명히 확신하는 사람은 이들과 분명히 다르다. "이런 사람에게는 하나님의 말씀을 통해 계시된 것들이 너무 위대하고 다른 모든 일보다 무한히 중요하다. 복음이 진리인 것을 믿는 사람이 삶에서 다른 모든 것보다 복음에 영향을 받지 않는다는 것이 오히려 이상한 일이다."

우리가 앞서 살펴본 겸손에 대해서도 같은 말을 할 수 있다. 교만한 영혼은 하나님의 일들을 거부하고 대적한다. 반면에 겸손한 영혼은 성경의 율례에 순복한다. 겸손한 사람은 자신을 하나님께 드리고, 자기의 뜻을 하나님의 뜻에 복종시킨다.

하나님의 은혜가 경건한 삶이라는 열매를 맺지 못하는 것은 생각할 수도 없는 일이다. "온 하늘과 땅에 하나님 은혜의 본질보다 더 역동적인 것도 없는데, 이것이 바로 생명 그 자체"라고 할 수 있기 때문이다. 온 우주에 은혜보다 더 위대하고 더 효과적인 열매를 맺는 것도 없다. "마음속에 있는 경건과 경건한 삶과의 관계는, 샘과 그 샘으로부터 흘러나오는 시내의 관계와 같다. 발광하는 해의 본질과 그 해로부터 나오는 빛의 관계와 같고, 생명과 호흡의 관계 혹은 생명과 심박동의 관계와도 같고, 모든 다른 생명의 행위와도 같다. 또한 행위를 유발하는 원리나 성향과 행위의 관계라고도 할 수 있는데, 은혜의 본질과 개념이 바로 거룩한 행위와 실천의 원리이기 때문이다."

경건한 삶으로 결실을 맺는 것이 바로 회심과 중생의 본질이요 목적이다(엡 2:10, 딛 2:14, 고후 5:15, 히 9:14, 골 1:21-22, 벧전 1:18, 눅 1:74-75, 요 15:13, 엡 1:4). 이와 같이, "농부가 자신의 밭과 포도원을 돌보고 가꾸는 모든 일이 결실을 위한 것이듯이, 하나님께서 그분의 성도들을 위해 하시는 모든 일은 그들이 거룩한 삶을 살도록 하기 위한 것이다."

구원받지 못한 사람도 하나님의 심판과 징계에 직면하면 종종 경건한 삶을 다짐한다. 심지어 어느 정도까지 겸손을 나타내기도 하지만, 결코 거룩한 삶을 위해 전적으로 힘쓰지는 못한다. 바로가 재앙 때문에 이스라엘 백성을 내보내겠다고 약속을 했지만, 이내 언제 그랬냐는 듯 자신의 약속을 번복했다. 하나님의 뜻에 따를 것처럼 했지만 여전히 자신의 죄악에 머물렀던 것이다. "죄인의 경우도 이와 다르지 않다. 어떤 죄악과는 기꺼이 결별하려 하지만, 모든 죄와 결별하지는 않는다. 현저히 드러나는 죄악과 결별할지 몰라도 은밀한 정욕에 대해서는 결별하지 못한다. 조금 덜 탐닉할지는 몰라도 정욕과 완전히 결별하지는 않는다."

바로는 엄청난 심판을 당하는 가운데 그것이 하나님의 진노에서 비롯된 것일 수도 있다는 두려움에 이스라엘 백성들을 내보내는 것에 동의하기는 했다. 하지만 그는 곧 자신의 자연적 본능으로 돌아가 그들을 모두 도륙할 목적으로 홍해까지 추격했다. "이스라엘 백성 위에 군림하면서 충족시켰던 교만과 탐심, 그리고 그들을 종으로 부림으로써 얻은 것들에 대한 타산이 눈앞의 고난과 두려움으로 인해 잠시 억눌려 있었을 뿐, 여전히 죽지 않고 그의 마음에 살아 있었던 것이다.…… 이처럼 하나님의 계명에 마지못해 따라가는 모습이 전적인 순종인 것처럼 보일 수도 있지만, 결국 본색은 드러나기 마련이다. 죄의 내적인 원리를 죽이지 않고 단지 억누르기만 해서는 끝까지 죄를 이기지 못한다. 개가 그 토한 것을 다시 먹는 것처럼 불순종의 길로 다시 돌아가기 마련"이기 때문이다.

다음 장에서도 우리는 진정한 신앙감정의 열두 번째 표지를 계속해서 살펴보겠다.

20장_ 진정한 신앙감정의 열두 번째 표지 II

은혜롭고 거룩한 감정은 항상 거룩한 삶의 열매를 맺는다.

진정한 신앙감정의 마지막 열두 번째 표지를 시작하면서 주목한 바와 같이, 이 표지는 우리가 이제까지 살펴본 표지들 가운데 가장 중요하면서도 논란이 되는 표지다. 경건한 삶은 "가장 중요한 은혜의 표지로, 다른 사람에게뿐 아니라 신앙고백자 자신의 양심에 신앙고백의 진정성을 증거한다."

첫째, 경건한 삶이 어떻게 그리스도에 대한 신앙고백의 진정성을 다른 사람들에게 나타내 주는지 살펴보자.

마태복음 7:16, 20과 12:33을 보자. "그리스도는 어디서도 이파리나 꽃으로 그 나무를 알 수 있다고 말씀하시지 않았다. 곧, 사람이 하는 말이나 자신의 체험을 늘어놓는 태도나 방식만으로 그 사람이 어떤 사람인지 알 수 없다는 것이다. 얼마나 감동적이고 열정적으로 이야기하느냐도 아니고, 얼마나 감칠맛 나게 많은 말을 늘어놓는가도 아니고, 얼마나 많은 눈물을 흘리며 애절하게 말하느냐도 아니고, 자신이 사람들에 대해 어떻게 느끼느냐에 따라 알게 될 것이라고 하지도 않으셨다. 오직 그 열매로 알게 될 것이라고 하셨다. 나무는 열매로 안다. 모든 나무는 그 맺는 열매를 통해 나타난다."

열매로 나무를 아는 것은 우리가 다른 사람을 판별하는 방식일 뿐 아니라, 다른 사람들이 우리 자신의 신앙고백의 진정성을 판단하는 길이기도 하다(마 5:16). "그리스도는 네가 하는 친절한 말, 유익한 이야기, 감동적인 표현을 듣고 사람들이 하나님께 영광을 돌릴 것이라 하지 않으시고, '너희 착한 행실을 보고 하늘에 계신 너희 아버지께 영광을 돌리게 하라'고 하셨다." 우리는 또한 이런 말씀을 빌립보서 2:21-22, 요한삼서 3-6, 야고보서 2:18에서도 볼 수 있다.

"믿는다는 말이나, 회심했다는 말이나, 어떻게 믿음을 갖게 되었고, 어떻게 그 믿음이 역사했는지, 어떤 믿음의 체험을 가지고 있는지, 믿음을 통해 새롭게 발견한 바가 무엇인지를 말하는 것은 하나같이 말을 통해 믿음을 나타내는 것이다. 이것은 단지 말로 자신의 믿음 있음을 보여주는 것일 뿐이다. 이것은 사도가 말한, 행실과 행함으로 믿음을 나타내는 것에는 전혀 미치지 못한다."

말보다는 행실이 영혼의 상태를 잘 보여준다고 성경이 분명하게 가르치고 있을 뿐 아니라, 우리의 이성도 그렇게 말한다.

어떤 사람이 다른 사람을 향한 자신의 사랑과 변치 않는 우정을 고백한다면, 단지 입으로 말하는 것만으로는 그것이 진심인지 알 수 없다고 이성은 말한다. 그러나 그 사람이 항상 성실하게 자기 친구를 돕기 위해 애쓰고 힘쓸 뿐 아니라 그를 위해 자기 생명까지도 기꺼이 내어놓는다면, 그의 말은 훨씬 더 큰 무게로 다가갈 것이다. 그리스도와의 관계에서도 마찬가지다(요 14:21). 일생을 통해 그리스도를 따르고 본받고 그리스도의 영광을 위해 자신을 부인하고 그리스도의 나라를 위해 힘쓰는 사람이 있다면, 이것이 바로 그가 그리스도를 사랑하는 분명한 증거라고 이성은 말한다. 간증과 위대한 이야기와 열정적인 설교는 경건과 사랑의 삶이 따라올 때 비로소 의미가 있다.

자기 마음은 이미 세상을 버렸을 뿐 아니라 세상을 부질없는 것으로 여기고 전심으로 하나님을 따르겠다고 공언하면서도, 실제로는 세상에 속한 것들을 부지런히 쫓아가고 자신의 도움이 필요한 사람들에게 가진 것을 나누어 주는 데는 더디면서 자기 이익을 얻는 데만 몰두하는 사람이 있다면, 이런 사람은 자기 도움이 필요한 사람에게 기쁨으로 자기 소유를 나누고 하나님 나라를 위해 주저 없이 모든 것을 버리는 사람과는 도무지 비교할 바가 못 된다. 이와 같이 "이성은 후자야말로 세상에 속한 것들로부터 절연한 분명한 증거를 가진 사람이라고 말한다."

일시적이고 거짓된 감정은 "경건한 말은 잘한다. 말로는 경건한 척하기가 쉽다. 기독교 신앙을 실천하는 삶은 큰 희생이 따르는 힘든 일이다. 그리스도인에게 요구되는 자기부인과 생명에 이르는 좁은 길을 가는 것은 말로 되는 것이 아니라 삶으로 사는 것이다. 위선자들은 성도처럼 살기보다는 성도처럼 말하기를 좋아한다."

그렇다고 해서 그리스도인이 입으로 하는 신앙고백이 중요하지 않다거나 불필요하다는 의미는 아니다. 경건한 삶이 필요하다고 말할 때는 이미 "그리스도인의 신앙고백을 전제한 것이다. 말로 하는 신앙고백이 그 자체로 신앙의 주된 증거가 될 수 없고 독특함을 갖는 것은 아니지만, 신앙고백은 반드시 필요한 것이다." 그렇기 때문에 "누군가 자신은 그리스도인이 아니고, 예수가 하나님이 보낸 하나님의 아들이라는 사실과 그리스도와 사도들이 제시한 원리를 믿지 않는다고 말한다면, 눈에 보이는 그들의 삶과 덕이 어떠하든지 그런 사람을 우리가 진실한 그리스도인으로 볼 필요는 없다."

그렇다면 그리스도인의 신앙고백이란 어떤 것인가? 우선 "그리스도인이 되는 데 필요한 모든 고백, 곧 기독교 신앙의 핵심에 대한 고백이 있어야 한다. 그것이 무엇이 되었든지 간에 기독교 신앙의 핵심을 고백하는 것은 기독교 신앙고백에서 반드시 필요한 것이다." 물론 이 말이 "기독교의 은혜와 덕에 속한 모든 개별적인 것을 명시적으로 고백해야 한다는 말은 아니라 해도, 명시적이든 암묵적이든 기독교 신앙의 핵심에 대한 신앙고백은 분명히 있어야 한다."

예를 들어 반드시 고백되어야 할 것들에는 죄에 대한 회개, 죄로부터 구원하는 유일한 구원자이신 그리스도에 대한 믿음, 그리스도의 의에 대한 전적인 의존, 그분께만 드리는 헌신과 "자신의 유일한 의와 기업으로서 그리스도를 기뻐하는 것"이 포함된다. 기독교 신앙과 그에 따르는 모든 어려움을 맞이하고, 전적으로 순종하는 삶을 살고, 그리스도를 영원히 사랑하고 섬길 것을 기꺼이 고백해야 한다.

둘째, 이런 신앙고백은 지성을 따라 이루어져야 한다. 사람들은 자신이 진리라고 고백하는 내용과 의미를 알 정도로 자신이 믿는 바에 대한 충분한 가르침을 받아야 한다.

    어떤 사람들이 주장하는 것과는 달리, 성령께서 그들의 마음을 일깨워 믿음의 진리에 이르도록 한 특정한 단계나 방편까지 정확히 말할 수 있어야 하는 것은 아니다. 하지만 자신이 체험한 것을 다른 사람들에게 설명할 수는 있어야 한다. 자신이 죄인이며 하나님 앞에서 정죄 받는 것이 마땅하고, 하나님의 진노를 자신을 위해 모두 담당하신 그리스도를 온전히 신뢰하고, 자기 영혼의 안식과 피난처가 되시는 그분께만 전적으로 매달리고, 자신의 죄로부터 완전히 돌아서고, 왕이신 그리스도께 기꺼이 순복하고, 이 세상의 즐거움을 거부하고 오직 하나님께서 약속하신 천국의 영광만을 바라보고 있음을 고백해야만 한다. 그러나 "하나님의 성령이 영혼을 불러 구원에 이르게 하시는 독특한 단계와 방편을 정확히 기억하고 설명할 수 있는 신앙고백자만 참된 그리스도인으로 받아들일 수 있다고 주장하는 것은" 비성경적이라는 것을 분명히 해야 한다.

    셋째, 앞의 두 부분에서 이야기한 대로, 신앙고백의 진정성에 대한 증거로서 경건한 삶이 필요하다는 것은 분명한 사실이지만, 그렇다고 해서 "그것이 무엇이든 간에 겉으로 드러나 보이는 것이 은혜를 받은 것에 대한 확실한 증거가 될 수는 없다." 입으로 신앙을 고백하는 동시에 삶으로 신앙을 나타내는 사람을 성도로 여기는 것이 맞지만, "겉으로 드러나는 어떤 것도 그 영혼의 상태를 절대적으로 정확히 가늠하기에는 충분하지 않다. 우리가 그 사람의 마음을 볼 수도 없을뿐더러 그의 모든 행실을 아는 것이 아니기 때문이다. 많은 부분이 은밀하게 가려져 있고, 사람들의 눈에 드러나지 않는다." 또한 이런 외적인 행실들이 다른 원리나 목적이 아닌 오직 하나님을 향한 사랑에서 비롯된 것인지, 그렇다면 어느 정도나 그런 것인지 우리는 전혀 알 수 없기 때문이다.

지금까지 경건한 삶이 그 사람의 신앙고백의 진정성을 입증하는 가장 좋은 증거라는 사실을 살펴보았다. 이제는 둘째로, 경건한 삶이 신앙고백자의 양심을 입증하는 은혜의 증거라는 사실을 성경이 어떻게 말하고 있는지를 살펴보자.

요한일서 2:3에서 말하는 바가 바로 이것이다. 선한 행실에 대한 우리 양심의 증거는 자신의 경건에 대해 확신하게 한다(요일 3:18-19, 갈 6:4, 시 119:6).

신앙의 진정성을 가늠하는 모든 표지 가운데 가장 효과적이고 탁월한 증거로 사람의 행실을 꼽는 이유는 무엇인가? 모든 결정의 순간마다 실제로 택하는 행동이야말로 마음이 좋아하는 것이 무엇인지를 가리킨다. 다시 말해, "사람의 행위는 그의 마음이 좋아하는 것이 무엇인지를 가늠하는 잣대다." 사람의 마음을 가늠해 볼 수 있는 가장 좋은 시금석은, 그가 하나님과 세상 사이에서 선택을 하는 바로 그 순간이다. 하나님을 택하는 것은 그가 고백한 것들이 그 마음에 있다는 증거다. "경건은 하나님의 뜻을 행하고자 하는 마음에 있는 것이 아니라 하나님의 뜻을 행하는 마음에 있다."

그러므로 "삶 전반에 걸쳐 거룩한 삶의 열매를 맺지 않고 불의하게 살면서도 선한 마음을 가진 사람인 척한다면 그것은 정말 모순되고 어리석은 일이다.…… 거룩한 삶과 행실 없이 죄악된 삶을 살아가면서도 자신은 천국에 가게 될 것이라고, 거룩한 사람들이 받아 누리는 것을 받을 것이라고 기대하는 사람은 자신의 심판자를 기만할 수 있다고 생각하는 것이다."

이것이 바로 사도 바울이 갈라디아서 6:7에서 말하는 바다. 그는 사실 이렇게 말하고 있다. "이 땅에서 성령으로 심지 않으면서 나중에 영생을 거둘 수 있을 것이라고 스스로를 기만하지 말라. 여러분이 하나님을 기만할 수 있고, 여러분의 삶에서 하나님이 기대하시는 열매와 실체 대신에 가식과 그림자가 나타난다고 해서 하나님이 난감해 하실 것이라 여긴다면 큰 오산이다. 하나님 앞에서는 여러분이 가장하는 모습과 정반대되는 모습이 고스란히 드러난다."

"불꽃 같은 눈을 가진 우리의 위대한 심판자 하나님께서는, 거룩한 삶이 없는 가식과 위선 때문에 당혹스러워하시거나 만홀히 여김을 당하지 않으신다. 그분의 이름으로 예언하고, 이적을 행하고, 산을 옮길 만한 믿음이 있고, 마귀를 내어 쫓고, 아무리 고조된 신앙감정을 갖고 살아 왔고, 그들이 받았다는 은혜가 아무리 그럴 듯하고, 어떤 인간적인 능숙함으로도 그들의 본 모습을 찾아낼 수 없을 만큼 어둡고 깊은 곳에 은밀하게 숨는다 해도, 그들이 악을 자행하는 자들이라면 그들의 위선은 심판자의 목전에서 전혀 감추어질 수 없다."

우리는 경건을 추구하기 어렵게 만드는 시험과 고난을 통해서 우리가 세상보다 하나님을 더 사랑하는지를 바로 검증해 볼 수 있다. 하나님과 세상 모두를 붙잡는 것이 불가능해졌을 때, 하나님을 붙잡는 것이 많은 희생과 대가를 요구한다 해도 우리는 그분을 붙잡는다. 이것이 우리가 중심으로 하나님을 좋아하고 우리의 신앙고백이 진실하고 구원에 이르는 것이라는 증거다. 다양한 시험과 고난을 통해 마음에 있는 것이 밝히 드러나는 경우를 성경에서 많이 본다(신 8:2, 삿 2:21-22, 약 1:2-3, 벧전 1:6-7, 고후 8:8, 시 66:10-11, 슥 13:9).

"하나님께서 이런 일을 통해 사람을 시험하고, 검증하고, 그들의 마음속에 무엇이 있는지와 그들이 하나님의 계명을 지키는지 여부를 보신다고 말할 때, 하나님께서 이런 일을 통해 그의 됨됨이를 아시고자, 곧 그가 신실한 사람인지 확인하시기 위한 의미로 이해해서는 안 된다(하나님은 모든 것을 아시기 때문에 무엇을 새로이 알기 위한 시험 같은 것은 하지 않으신다). 오직 그들이 자기 자신과 하나님에 대하여 깨닫고 스스로의 양심에 증거를 얻도록 하기 위한 것이다."

우리는 또한 경건한 삶으로 은혜가 완전해지고 온전해진다고 말하는 대목을 성경에서 많이 볼 수 있다. 이처럼 경건한 삶은 은혜를 받아 누리는 증거다(약 2:22, 요일 2:4-5; 4:12). 아울러, 성경은 사랑과 순종을 구원 얻는 은혜를 누리는 증거로 많이 언급하고 있다(요 14:15, 23-24; 15:2, 8, 14; 8:31, 요일 2:3, 5; 3:18-19).

경건하고 거룩한 삶은 "우리가 하나님의 심판대 앞에 섰을 때 중대한 증거로 사용될 것이다. 이 증거에 따라 심판이 이루어지고 모든 신앙고백자의 상태가 영원히 결정된다." 요한계시록 20:12-13, 고린도후서 5:10과 같이 행위를 사람의 영혼의 상태를 판단하는 시금석으로 언급하는 성경 본문이 많다. "우리가 대 심판자 앞에 설 때 심판 받을 기준으로 지금 우리 스스로를 판단해야 한다."

이제까지 우리가 살펴본 것을 볼 때, 경건한 삶에 대해 다음과 같이 요약해 볼 수 있다.

첫째, 삶과 생각을 통해 드러나는 경건한 생활과 거룩이야말로 구원에 이르게 하는 하나님을 아는 참된 지식을 가진 증거다. 행위로는 하나님을 부인하면서 하나님을 안다고 고백하는 것은 주제넘고 부질없는 짓이다(딛 1:16, 요일 2:3).

둘째, 경건하고 거룩한 행실은 우리가 진심으로 회개했다는 분명한 증거다(마 3:8, 행 26:20).

셋째, 삶에서 드러나는 거룩은 구원 얻는 믿음을 가지고 하나님이 계시하신 모든 진리를 믿는다는 증거다(약 2:21-24, 요삼 3). 다시 말해, 이것은 구원을 얻기 위해 "진실로 그리스도께 나왔고, 그리스도를 영접했고, 그리스도와 사귄다는 가장 확실한 증거다."

넷째, 경건한 행실은 "하나님과 이웃을 향한 은혜로운 사랑을 가졌다"는 증거로 작용한다.

다섯째, 거룩한 삶은 받은 복에 대한 넘치는 감사와 더불어 역사하는 진정한 겸손(미 6:8)과 하나님을 향한 참된 경외함이 있다는 증거다(시 116:12).

여섯째, 경건한 행실은 은혜로운 갈망과 소원에 대한 합당한 증거로서 거짓되고 헛된 소망과 구별시켜 준다.

일곱째, "경건한 행실은 은혜로운 소망이 있다는 증거다."

여덟째, "우리의 의무와 하나님의 뜻을 즐거운 마음으로 행하는 것은 참되고 거룩한 기쁨을 가진 사람이라는 증거다."

마지막으로, "경건한 행실은 기독교 신앙이 가진 용기에 대한 훌륭한 증거다."

하지만 "내면의 영적 체험"을 통해 우리 신앙고백의 실체를 판단해야 하는 것은 아닌가? 그렇기는 하지만, 그런 체험은 항상 외적인 행실과 관련이 있고 실제로 외적인 행실을 낳는다. 물론 내적인 확신과 상관없이 겉으로만 행동하는 것도 가능하다. 그러나 이런 기계적인 "순종"은 무의미하다. 외적인 행실을 낳지 못하는 내면의 체험도 있다. 이것 역시 별 의미가 없다. 내적인 참된 체험은 항상 외적인 행실을 통해 스스로를 나타내고, 이런 외적인 행실을 가지고 우리는 내적인 체험의 진정성과 가치를 판단한다.

하나님의 성령께서 우리 마음에 인치시는 체험은 성부와 우리가 갖는 관계의 진정성을 증거한다는 사실을 부인할 수 없다. 그러나 우리가 전적으로 경건한 행실에 힘쓰고 지치지 않을 때 하나님께서 친히 그런 체험에 인치시고 증거하신다.

자주 제기되는 또 다른 반론은, 구원하는 은혜의 증거로 경건한 행실이 필요하다는 사실을 지나치게 강조하다 보면 인간의 행위가 높아지게 된다는 것이다. 인간의 행위를 강조하면 하나님 은혜의 영광을 손상시키고 오직 믿음으로만 의롭게 되는 진리를 위협하게 될 것이라는 것이다.

그러나 착한 행실이 하나님의 은혜에 위협이 되는 유일한 경우는 그것이 구원을 얻기 위해 지불하는 대가가 될 때뿐이다. 은혜를 받은 표지로 드러날 때는 결코 위협이 되지 않는다. 거지는 자기가 받은 돈을 자기에게 준 사람의 관대함에 대한 표시로 볼 뿐, 자신이 호의를 얻기 위해 치른 대가로 보거나, 자선을 베푼 사람의 호의를 손상시키는 것으로 여기지 않는다.

"복음서에서 계시되고 가르치는, 죄인에게 값없이 주어지는 하하나님의 은혜에 대한 개념은, 우리에게 있는 어떤 거룩하고 사랑스러운 성품이나 행실도 은혜의 열매나 표지가 될 수 없다는 것이 아니다." 오히려 요점은 "우리의 거룩하고 사랑스러운 성품이나 행실 때문에 우리가 은혜를 받는 것은 아니라는 것이다. 전혀 그런 호의를 받을 가치가 없고 사랑스럽지도 않은 자들이 은혜를 받았고, 그렇게 베풀어진 은택이 탁월하고 위대한 것이지, 은택을 받은 사람들에게는 그 받은 은택의 대가가 될 만한 탁월함이 조금도 없다. 선함은 오직 넘치는 선의 원천인 하나님 성품의 충만함으로부터 흘러나오는 것이지, 그것을 길어 올리는 주체의 사랑스러움에서 나오는 것이 아니다."

성경에서 행위가 아니라 은혜로 말미암아 우리가 의롭게 되었다고 할 때는, 우리의 행실에 그리스도와 그분의 구원하는 은택을 입을 만한 어떤 사랑스러움이나 가치도 없다는 사실을 말하는 것이다. "우리 자신에게는 구원하는 은총을 입을 만한 사랑스러움이나 가치가 전혀 없다는 사실이 우리를 그리스도께로 이끌어 가고 그리스도를 찾게 한다. 그렇다고 이 말이 곧 우리 안에 있는 어떤 것도 그리스도께 우리가 관심을 가지고 있다는 증거가 될 수 없다는 말은 아니다."

나는 에드워즈의 이 말에 동의한다. "우리의 거룩한 행실을 그리스도의 은택을 입기 위해 우리가 치른 대가로 생각하고 이것 때문에 우리가 그리스도의 은택을 입어 의롭게 되었다고 한다면 그것은 율법주의이지만, 거룩한 행실을 신자의 진정성에 대한 합당한 표지로 보고 신자의 진정성에 대한 증거로 삼는 것은 율법주의가 아니다."

2부

조나단 에드워즈의 '신앙고백'

서론
조 나 단 에 드 워 즈 의 영 성

「신앙감정론」을 포함한 조나단 에드워즈의 모든 저작 가운데 「신앙고백*Personal Narrative*」만큼 그의 영적인 분투와 승리, 그리고 그의 영혼을 잘 들여다보게 해주는 것도 없다. 방대한 에드워즈의 저술 가운데 오늘날 우리가 "개인적 신앙간증"이라고 부르는 것에 가장 근접한 것이 바로 이 「신앙고백」이다.

1740년에 기록한 「신앙고백」을 통해서 우리는 에드워즈가 누리고 묵상했던 하나님과의 관계의 본질이 무엇인지 잘 이해할 수 있다.[62] 놀랍게도 에드워즈는 여러분이나 나 (자신의 절친한 벗들이 아닌) 다른 사람들이 이 글을 읽는 것을 바라지 않았던 것 같다. 이 책을 출판할 의도가 전혀 없었던 것이다.[63]

그렇다면 「신앙감정론」과 「신앙고백」은 어떤 관계가 있을까? 후자에 언급된 에드워즈 자신의 체험은 전자에서 원리로 발견된다.

「신앙고백」에 사용된 많은 용어와 이미지와 신학이 나중에 「신앙감정론」에서 그대로 드러난다. "성령의 표지들"이 어떻게 에드워즈 자신에게서 인격적이고 생기 있게 구체화되고 있는지 볼 수 있도록 하기 위해, 나의 간단한 평가와 더불어 「신앙고백」의 원문을 제공한다.

대니얼 쉐아Daniel Shea가 지적한 대로 에드워즈는 자신의 예를 통해 "무엇이 참된 신앙감정이고, 무엇이 거짓된 감정인지를 「신앙감정론」을 통해 전개한 것과는 다른 방식으로 우리에게 가르쳐 줄 것이다."[64] 최근에 에드워즈를 연구하는 학자들은 이 사실에 동의한다. 찰스 햄브릭 스토Charles Hambrick-Stowe가 「신앙고백」을 "그의 초기 설교들 중 하나를 통해 '천국으로의 여정' 가운데 있는 자신의 진보를 표시한 에드워즈의 영적 순례에 대한 세심하면서도 정교한 기록"[65]이라고 묘사하는 반면, 조지 클랙혼George Claghorn과 같은 사람은 "에드워즈 스스로가 모범적인 성도의 삶이라고 생각하는 기준에 자신의 체험을 꿰맞춘 것"이라고 주장한다.[66]

기독교 영성의 역사에 대해 내가 지금껏 읽은 저술들 가운데, 그리스도를 향한 사랑을 표현하고 하나님의 아름다움과 거룩과 겸손을 향한 마음의 열망을 묘사하는 데 있어서 에드워즈의 저작과 견줄 만한 것을 보지 못했다고 감히 단언한다. 에드워즈의 모든 말에 동의하지 못한다 해도, 그와 견해가 다른 부분에서조차 도전을 받고 교훈을 얻게 될 것이다.

「신앙고백」의 영성

우리가 앞으로 읽어 갈 내용에 대한 준비로서, 에드워즈에게서 발견되는 신앙생활의 열 가지 특징을 열거해 보고자 한다.[67]

첫째, 「신앙고백」에 드러난 에드워즈의 영성은 주로 묵상에 초점을 두고 있다. 전통적으로 학자들은 청교도 영성이 사랑에서 비롯된 행위와 관용과 그것들을 촉진시키는 삶에 대한 강조가 두드러지며 보다 실천적인 것이었다고 주장해 왔다. 청교도 영성은 주로 개인적이고 은밀한 기도보다는 공예배와 가정예배로 대변되었다. 그러나 청교도들이 어떻게 살았는지 점차 알려짐에 따라 청교도 영성에 대한 이런 이해는 도전을 받고 있다.

에드워즈는 다른 사람을 사랑하고 불쌍히 여기는 구체적인 행위에 대한 이야기는 좀처럼 하지 않았다. 그렇다고 그가 이런 사랑의 행위에 반대했다는 말은 아니다. 오히려 그의 삶과 목회사역을 통해 우리는, 지적으로 뛰어나고 탁월한 사람이었던 그가 자신에게 맡겨진 양 무리 역시 얼마나 깊이 돌보았는지를 알게 된다. 「신앙고백」을 통해서 나는 그의 주된 관심이 무엇인지를 주목하게 되었다. 수많은 설교와 호소를 통해 에드워즈는 어려움에 처한 사람들을 향한 긍휼과 사랑의 필요를 많이 언급하고 있다.

둘째, 다른 청교도와 달리 에드워즈는 구원의 위로와 확신을 얻기 전에 반드시 겸비하고 죄를 깨달아야 한다고 생각하는, 회심의 구체적인 "정형morphology"을 인정하지 않았다. 에드워즈가 가장 명시적으로 죄를 고백하고 회개를 위해 분투한 것은, 사실 그가 그리스도의 아름다움과 달콤함을 아는 지식에 현저한 진전이 있고 나서였다.

확실히 그에게 더 중요했던 것은 순서나 차례보다는(「신앙감정론」의 초반부에서 이것을 다루고 있다) 사람이 경험한 영적인 체험의 본질이었다. 「신앙고백」에서 그가 "새로운 지각"을 얻기 전에 했던 체험에 대해서는 거의 이야기하지 않는 이유가 바로 여기 있는지도 모른다. 그래서 에드워즈는 대부분의 복음주의자들과 달리 자신의 삶을 회심 "이전"과 회심 "이후"로 나눠서 이야기하지 않는다.

셋째, 「신앙고백」에는 역사적·사회적인 정황에 대한 의미 있는 언급이 거의 없다. 혹시 언급하더라도 말 그대로 살짝 건드리고만 지나갈 뿐, 체험 자체에 집중한다. 가족이나 친구 혹은 지적인 흥미에 관한 것(비록 그것이 엄청났겠지만)은 거의 언급하지 않는다. 마이클 맥클라이먼드Michael J. McClymond가 말한 대로 「신앙고백」은 실제로 특별한 각색이나 구상 없이 체험의 모양들을 연속적으로 서술한 것이다."[68]

넷째, 에드워즈는 홀로 있음solitude의 유익을 매우 강조한다(「신앙감정론」에서는 이와 비슷한 말로 "retirement"를 쓰고 있다). 그가 어렸을 때 친구들과 만든 기도처 외에, 그는 "혼자 숲에서 기도하기 위해 만들어 놓았던 나만의 은밀한 장소들"에 대해서도 기록했다. 그는 "모든 사람으로부터 멀리 떠나 그리스도와 달콤하게 이야기할 수 있는 산중이나 외딴 곳에 홀로" 있고 싶어 하는 것에 대해서도 말한다. 그는 또한 "묵상과 독백과 기도를 위해 숲 속의 외딴 곳을 홀로 자주 걸었다"고 말한다. 당시 열세 살이던 사라 피어폰트Sarah

Pierpont(나중에 그의 아내가 된다)에 대해 쓸 때도, 그녀가 "들이나 숲을 거닐며 혼자 있기를 좋아했다"고 그녀를 칭찬했다. 그녀가 "항상 보이지 않는 누군가와 함께 이야기를 나누는 것"처럼 보였기 때문이다.

다섯째, 에드워즈는 개인적인 절제asceticism를 많이 강조했다. 그는 자신의 영적 성장이 몸의 건강이나 활력과 직접적으로 연관된다고 믿었다. 맥클라이먼드는 이렇게 지적한다. "그가 순전히 물리적인 활동을 하며 자신이 느낀 즐거움을 표현한 구절을 찾는 사람은 괜한 헛수고를 하는 것이다."[69]

자신이 얼마나 성경이 말하는 거룩에서 멀어져 있는지를 알고, 자신이 얼마나 더 많은 하나님의 용서와 은혜를 필요로 하는 사람인지를 알기 위해서는 자기성찰이나 자기 점검이 필요하다.

여기까지만 말하면 에드워즈가 단지 불가지론자agnostic였다고 할 수도 있기 때문에 좀 더 설명을 하겠다! 에드워즈가 자연과 피조 세계의 육체성과 그것을 통해 드러나는 신적인 아름다움을 음미하는 사람이었다는 사실만으로도 이런 의구심을 잠재우기에는 충분하다. 그러나 오늘날 우리가 "여가활동"이나 취미 혹은 "오락"이라고 부르는 것에는 그가 별로 흥미가 없었다는 것은 분명하다. 그의 생애는 오직 하나님을 아는 지식과 체험을 추구하는 삶이었다. 에드워즈는 지적인 능력을 최대로 발휘할 수 있는 몸의 상태를 유지하기 위해 먹고 마시는 것을 철저하게 조절했다. 집중력을 떨어뜨리거나 관심을 분산시킬 만한 것은 무엇이든지 강하게 거부했다.

여섯째, 「신앙고백」에 사용된 용어들을 통해 우리가 배울 점이 많다. 개인적이고 주관적인 체험들을 묘사하는 방식이 아주 생생하다. 예를 들어, 다음의 용어들이 얼마나 자주 반복되는지 보자. "지각sense"이 스물두 번, "감정affection, affect"이 열여섯 번, "묵상contemplation, meditation"이 열다섯 번, "기쁨delight, delightful"이 스물네 번, "즐거운pleasing, pleasant"이 스물네 번, 그리고 무엇보다 가장 중요한 "달콤한sweet, sweetness, sweetly"이 쉰일곱 번 반복된다! 확실히 에드워즈에게 하나님은 단순히 인식할 수 있는 존재를 넘어 그가 누릴 수 있는 분이었다!

일곱째, 에드워즈는 살아가면서 필연적으로 해야 하는 현세적이고 일상적인 일들 때문에 힘들어 하곤 했다. 하나님을 묵상하는 데 들일 수 있는 시간과 에너지가 이런 일들로 분산되는 것을 안타까워했다. 실제로 그는 예일대학에서 자신이 맡은 업무로 인해 영적으로 느슨해졌다고 이야기한다. 그는 방해 받지 않고 하나님을 추구할 수 있는 조용하고 평화로운 상태를 갈망했다.

여덟째, 에드워즈가 사람들과의 교제를 소중히 여겼음에도 친밀한 교우관계를 쌓으려고 힘쓴 흔적은 찾아볼 수 없다. 그러나 에드워즈의 전 생애는 공동체적인 삶으로 특징지어질 수 있다는 사실을 간과해서는 안 된다. 그는 성인 인생의 대부분을 목사로 보냈고, 부인과 자녀들과의 관계를 소중히 여겼고, 다른 성도들이 즐거워하는 것을 크게 기뻐하는 사랑의 나라가 바로 천국이라고 했다.

아홉째, 아가서를 바라보는 에드워즈의 견해는 시사하는 바가 크다. 에드워즈는 아가서에서 신부를 교회 전체로 보지 않고, 개개의 신자로 해석했다. 그는 아가서만큼 자신을 감동시킨 책은 없다고 증언한다.

마지막으로, 그의 영성은 지극히 하나님 중심적이다. 우리가 하나님의 아름다움에 잠기고, 하나님 신격의 장엄함을 묵상하는 것이 즐거워 어쩔 줄 모르고, 삶과 구원의 모든 일을 주장하시는 하나님의 주권을 높이고 묵상하는 바로 그때, 하나님께서는 우리를 가장 기뻐하시고 가장 큰 영광을 받으신다.

에드워즈에게 하나님을 "보는 것seeing", 곧 자연을 통해 그리고 성경에 계시된 대로 하나님 그분을 영적으로 "지각"하고 "이해"하는 것은, 하나님을 보는 것으로부터 생겨나는 영혼의 만족과 더불어 그 자체가 목적이 되었다. 하나님을 보는 것은 더 고상한 어떤 것에 이르기 위한 수단이 아니다. 그것 자체가 우리가 구속받은 목적이고 우리 구속의 정점이다. 하나님께서는 자신의 아름다움과 영광을 피조물이 보고 알고 누리고 즐거워하도록 하기 위해 모든 것을 지으셨다. "한마디로 하나님께 온전히 사로잡히고 하나님의 달콤함에 매료되어 자신을 완전히 잊어버리는 것이 바로 에드워즈의 영적인 이상이다."[70]

앞으로 우리가 살펴볼 내용은 단순하고 분명하다. 실질적으로 「신앙고백」을 거의 다 인용하면서, 에드워즈의 생각을 명확히 해주고 하나님의 마음을 추구하는 우리에게 격려가 될 만한 간략한 목회적 적용을 중간 중간에 삽입했다. 서로 떨어져 있는 구절이라도 공통된 주제를 다루고 있는 부분은 한 군데로 모아 보기도 했다. 「신앙고백」 전체를 순서에 따라 차례로 읽고 싶은 독자를 위해 인용한 글의 출처를 언급했다(이 장의 주63을 보라). 「신앙감정론」과 달리 「신앙고백」에서는 가독성을 높이기 위해 구두점이나 철자를 이따금씩 바꾼 것 외에는 원전을 그대로 사용했다.

21장_마음에 생긴 새로운 지각

에드워즈는 어린 시절 자신의 신앙체험에 대한 서술로 「신앙고백」을 시작한다. 이미 읽어서 알고 있겠지만, 목회적으로 많은 경험을 한 그는 자신의 어릴 적 체험들이 과연 구원과 관련이 있는 것인지에 대해 아주 회의적인 입장을 취한다. 신앙체험의 본질을 평가할 때 에드워즈는 항상 냉혹하리만큼 성경적이었는데, 이런 그의 관심은 「신앙감정론」의 출간과 더불어 정점에 이르렀다. 그러면 이제 한 번 시작해 보자.

> 나는 어렸을 때부터 나의 영혼에 관심이 많아서 영혼과 관련된 일들에 많은 힘을 쏟았다. 내가 지금 갖고 있는 사물에 대한 새로운 성향과 새로운 지각을 갖게 된 변화를 경험하기 전에도 나는 보다 특별한 각성의 때를 두 차례 경험했다. 첫 번째는 대학을 진학하기 몇 년 전,

내가 아직 소년이었을 때 내 부친이 섬기던 회중에게 일어난 놀라운 각성이었다. 그 당시 수개월 동안 나는 엄청난 감동을 누렸는데, 이 때 나는 신앙적인 일들과 내 영혼의 구원에 대해 큰 관심을 갖고 많은 의무들을 열심히 행했다. 매일 다섯 번 개인적으로 기도하는 시간을 가졌고, 다른 친구들과 신앙적인 이야기를 하면서 많은 시간을 보냈고, 그들과 정기적으로 만나 함께 기도하는 시간도 가졌다. 당시 내가 누렸던 신앙적 즐거움이 어떤 것인지는 잘 모르겠지만, 이 일들에 내 마음을 많이 쏟았고, 스스로 의롭다 여기며 많은 기쁨을 누렸다. 신앙적 의무를 열심히 행하는 것이 큰 즐거움이었다. 학교 친구들과 함께 외딴 늪지에 기도하기 위한 움막도 만들었다. 이 외에도 나는 나만을 위한 은밀한 장소를 숲 속에 마련했고, 여기서 큰 감동을 누린 적도 많았다. 내 마음은 생명력이 넘쳤고, 쉽게 감동을 받았다. 이렇게 신앙적인 의무에 힘쓰고 있을 때면 나는 어느 때보다 마음이 편했다. 요즘 보면, 그 당시에 내가 누린 것과 같은 종교적 기쁨이나 감정을 은혜로 착각하고 사는 사람들이 많은 것 같다.

시간이 지나면서 내 안에 있던 확신과 감정은 점점 사그라지더니, 마침내 완전히 사라졌다. 은밀하게 혼자 기도하는 일도 이전처럼 계속되지 않았다. 개가 그 토한 것을 다시 먹듯이, 나는 죄의 길로 다시 돌아갔다. 특히 대학 생활의 후반부로 접어들수록 나는 점점 불안해지기 시작했다. 하나님께서는 이런 나를 늑막염으로 엄습하셨고, 무덤 입구까지 데려가셔서 지옥의 불구덩이 위에 놓고 뒤흔드셨다. 그러나 이 병에서 회복된 지 얼마 되지 않아 나는 다시 내게 익숙한 죄의 길로 빠져들었고, 하나님께서는 그런 나를 한순간도 가만

내버려 두지 않으셨다. 내 안에 있는 사악한 성향들과 씨름한 후에 또 다시 결심하기를 반복하고, 하나님께 드리는 서원을 통해 나 자신을 제어해 보려고 했다. 그때까지도 나는 아주 치열하게 내적으로 사투를 벌이고 있었다.

이전에 행하던 모든 사악한 일과 모든 외적인 죄에서 완전히 떠났고, 구원을 추구하는 일에 매진하여 많은 신앙적인 의무들에 더욱 힘썼다. 하지만 이전에 경험했던 감동이나 기쁨 같은 것은 없었다. 이제는 내적인 싸움이나 갈등, 자기성찰과 같은 것에 더 큰 관심을 가지게 된 것이다.…… 그러나 스스로 보기에 내가 비참하게 구원을 추구하는 것 같았고, 그때부터 의문이 일기 시작했다. 이렇게 해서 과연 구원을 얻을 수 있을까? 이렇게 해서 구원을 얻은 사람이 있기나 한가? 확실히 나는 이전에 내가 추구했던 것과는 완전히 다른 방식으로 구원을 추구하고 있었던 것이다. 그리스도에 대한 관심으로 인해 내 영혼이 세상의 모든 것과 절연한 것처럼 느껴졌다. 많은 내적인 고투와 고민 가운데 구원에 대한 염려와 관심이 끊이지 않았다. 그러나 이런 염려와 관심이 두려움은 아닌 것 같았다.

이는 에드워즈의 입장에서 볼 때 놀라운 고백일 뿐 아니라 오늘날 우리에게 시사하는 바가 엄청나게 크다. 특별히 우리가 영적인 문제나 신앙적인 문제에 작은 관심을 드러내는 것을 가지고 너무나 쉽게 그것을 거듭남의 증거로 보는 사람들이라면 더더욱 그렇다. 에드워즈 역시 신앙적인 감동에 "매우 큰 영향을 받았고, 신앙과 관련된 일들과 자신의 구원에 관심이 많았다"는 사실을 주목하자. "신앙적인 의무들"을 이행하는 것을 기뻐했고, 특히 기도하기를 좋아했다(그의 어릴 적 습관은 하루에 적어도 다섯 번씩 혼자 기도하는 것이었다). 에드워즈는 당시 자기의 감정을 "생명력이 넘치고 쉽게 감동을 받는 것"이었다고 증거했다. 그럼에도 그는 스스로 이런 것들을 "자기 의에서 비롯된 기쁨"일 뿐이라고 묘사한다.

이런 놀라운 고백을 하고도 에드워즈는 과연 그것이 참된 구원의 열매라고 할 수 있을지 의구심을 가졌다. 에드워즈는 말한다. "그 당시에 내가 누린 것과 같은 종교적 기쁨이나 감정을 은혜로 착각하고 사는 사람들이 많은 것 같다." 21세기 교회에 이보다 더 적절한 말이 또 있을까? 손을 들어 등록카드를 작성하고, 통로로 걸어 나가고, 영아들을 돌보는 일로 섬기고, 기도회에 참석하고, "회심"담을 나누면, 에드워즈의 경우처럼 "개가 그 토한 것을 다시 먹듯이" 그들이 여전히 "죄의 길"에 머무는 것에도 아랑곳하지 않고, 우리는 그들이 구원받았다고 생각한다.

에드워즈는 소년시절에 정말로 회심한 사람이었을까? 내가 생각하기에 에드워즈 자신은 그렇게 생각하지 않는 것 같다. 나중에 그가 「신앙감정론」에서 기술한 것처럼, 이런 체험은 하나님과 그의 관계의 본질에 대해 아무것도 증거해 주지 않는다. 이런 것들은 성령의 임재를 나타내는 틀림없는 "표지"가 될 수 없고, 오히려 나중에 믿음에서 떠나 자신이 거듭나지 못했다는 것을 스스로 드러내는 사람에게서 자주 발견되는 현상에 불과하다.

「신앙고백」을 여는 위의 문단들에서 가장 핵심적인 말은 "사물에 대한 새로운 성향과 새로운 지각을 갖도록 하는 변화"라고 한 그의 언급이다. 이 말을 하면서 그는 나중에 자신이 "마음의 새로운 지각"이라고 묘사하는, 하나님께서 은혜로 택한 자들의 영혼에 비추시는 "신적이고 초자연적인 빛"의 결과를 염두에 두고 있었다. 이에 대해서는 앞으로 「신앙고백」에서 충분히 언급이 될 것이기 때문에, 여기서는 우리 교회와 부흥회에서 참된 회심의 증거로 자주 여겨지는 것들은, 외적인 종교적 의무를 행하는 데서 오는 자의적인 기쁨이거나 영혼에 있는 영적인 불안함을 잠재우려는 일종의 심리적 진정제일 뿐이라는 것을 언급하는 정도에서 넘어가겠다.

하나님의 주권: 분투에서 달콤함을 맛보는 데로 나아감

에드워즈는 개혁주의 신앙을 열렬히 옹호하는 청교도 사회와 가정에서 태어나 자랐다. 그렇다고 해서 에드워즈가 항상 기독교 신앙에 대해 개혁주의적 관점을 그대로 수용했다고 보면 안 된다. 그가 비록 역사를 잘 알았고 칼뱅주의라고 하는 체계를 주저 없이 옹호했지만, 항상 그런 것은 아니었다. 다음에 이어질 「신앙고백」 초반부의 문단에서 그는 자신에게 있었던 고투와 변화를 기술한다.

> 어려서부터 내 마음은 하나님의 주권 교리, 곧 어떤 이는 선택해서 영생을 주시고, 어떤 이는 하나님 마음대로 내쳐서 영원히 멸망시키시며 지옥에서 영원히 고통 받게 하신다는 교리에 대한 반감으로 가득했다. 그것은 내가 보기에 끔찍한 교리였다.[71]
>
> 　그러나 하나님의 주권적인 뜻을 따라 사람의 영원을 결정짓는

그분의 정의와 주권 교리가 확신 있게 다가와 나를 온전히 설득시켰던 때를 나는 생생히 기억한다. 하지만 어떻게 내가 확신하게 되었는지, 어떤 경로를 통해 그렇게 되었는지, 성령의 특별한 역사가 있었는지는 전혀 설명할 길이 없다. 그때나 지금이나 그것은 마찬가지다. 그러나 분명한 사실은 그때부터 나는 하나님의 주권 교리에 대해 조금 더 알게 되었고, 이 교리가 합리적이고 정당하다는 것을 이성적으로 수긍했다는 것이다. 이로 인해 내 마음은 이 교리 가운데 쉴 수 있었고, 이전의 모든 트집과 반대에 종지부를 찍었다. 그날 이후로 오늘까지 하나님께서 긍휼히 여길 자를 긍휼히 여기시고, 마음을 굳게 할 자를 굳게 하시는 것에 대해 반감을 품은 적이 거의 한 번도 없었다. 하나님의 주권 교리에 대한 마음도 놀랍게 바뀌었다. 구원과 저주에 관한 한 하나님께서는 절대적인 주권을 가지시며 또한 의로우시다는 사실이, 마치 내 눈으로 직접 확인한 것처럼 내 마음에 분명하게 다가왔다. 최소한 가끔씩은 그랬다. 그러나 하나님의 주권에 대해 처음 확신한 이래로, 그때 가졌던 것과는 전혀 다른 종류의 느낌이 가끔씩 일어나곤 했다. 이것은 단순한 확신이 아니라 **즐거운 확신**이었다. 이 교리가 너무나 기쁘고 빛나고 달콤하게 느껴진 적이 한두 번이 아니다. 절대 주권은 오직 하나님께만 합당하게 느껴졌다. 그러나 내가 처음에 가졌던 확신은 그렇지 못했다.

많은 사람들이 이어지는 문단에서 그가 기술한 것을 그의 회심 체험을 적어 놓은 것이라고 믿는다. 그러나 계속 읽어 보면, 그것이 자신의 회심에 대한 것이 아니라 그의 중생을 통해 얻은 "새로운 지각"

에 대한 의식적인 첫 번째 기억을 서술한 것이라는 결론을 내리게 될 것이다. 그가 얼마나 일찍 거듭남의 체험을 했는지는 단정 짓기가 어렵다.

처음 맛본 이래로 지금까지 풍성하게 누려 온 하나님과 신적인 일들에 대한 내적이고도 달콤한 즐거움을 내가 처음 발견한 것은 디모데전서 1:17을 읽고 있을 때였다. '영원하신 왕 곧 썩지 아니하고 보이지 아니하고 홀로 하나이신 하나님께 존귀와 영광이 영원무궁하도록 있을지어다. 아멘.' 이 말씀을 읽을 때 내 영혼은 거룩한 하나님의 영광을 지각했고, 내 존재 전체가 그것을 받아들이는 것 같았다. 내가 지금까지 경험한 모든 것과는 전혀 다른 새로운 지각이었다. 성경의 어떤 말씀도 당시의 이 말씀처럼 다가온 적은 없었던 것 같다. 하나님이 얼마나 탁월한 분이신지 묵상했고, 내가 이런 하나님을 누린다면 그리고 천국에서 이런 하나님께 사로잡히고 영원히 삼킴을 받는다면 얼마나 행복할까 생각했! 내 자신에게 이 말씀으로 된 노래를 들려주듯, 나는 계속해서 이 말씀을 되뇌었다. 그분을 누리기 위해 기도의 자리로 나아갔다. 이전과 달리 전혀 새로운 감정으로 기도할 수 있었다. 그러나 이런 체험을 영적인 어떤 것, 다시 말해 구원하는 본질을 가진 것으로 생각하지는 못했다.

이때부터 나는 그리스도에 대해 새롭게 생각하고 이해하기 시작했고, 그리스도를 통한 구원과 구속의 역사가 얼마나 영광스러운지 새롭게 깨닫기 시작했다. 때때로 이런 일들에 대한 내적이고도 달콤한 지각이 마음에서 일어났고, 그럴 때마다 내 영혼은 그것들을 바라보는 즐거움과 묵상에 빠져들었다. 내 마음은 그리스도와 그분 인격의 아름다움과 탁월함, 그리고 그를 통해 은혜로 말미암아 값없이 주어진 멋진 구원의 길에 대해 읽고 묵상하느라 시간 가는 줄 몰랐다. 이런 주제들을 다루고 있는 책을 읽는 것이야말로 나의 가장 큰 즐거움이었다. "나는 사론의 수선화요 골짜기의 백합화로다"고 하는 아가서 2:1이 내 생각에서 떠나지 않았다. 예수 그리스도의 아름다움과 사랑스러움을 아주 달콤하게 드러내는 말씀이었다. 아가서는 평소에도 내가 즐겨 보는 말씀이었지만, 이후로는 더 많은 시간 동안 이 말씀을 묵상했고 때때로 이 말씀을 묵상하는 중에 그리스도의 달콤함에 넋을 잃곤 했다. 이럴 때 내 영혼은 이 세상의 모든 일과 절연하여 고요함과 달콤함 가운데로 들어간다는 말 외에는 달리 표현을 못하겠다. 때로는 모든 사람을 떠나 깊은 산속이나 들에서 홀로 그리스도와 달콤한 대화를 속삭였다. 마치 하나님께 완전히 사로잡혀 포위된 듯했다. 신적인 일들에 대한 이런 감각이 종종 내 마음에서 달콤한 불길처럼 갑자기 일어나곤 했는데, 이런 영혼의 열망은 말로 잘 표현을 못하겠다.

정말 놀랍다! 에드워즈는 지금 하나님의 영광과 아름다움과 달콤함에 대한 "새로운 지각"을 주는 "신적이고 초자연적인 빛"을 받는 것에 대해 말하고 있다. 에드워즈가 하나님과 그분을 아는 지식에 대해 이야기하면서 "달콤한"이라는 말을 몇 번이나 사용했는지 아는가? 이 짧은 두 문단에서 "달콤한"이라는 형용사와 그 파생어를 일곱 번이나 언급한다. 그리고 이어지는 「신앙고백」에서도 실제로 열두 번이나 나온다.

에드워즈가 우리에게 깨닫기를 바라는 것은, 하나님에 "대한" 것들을 단순히 "인식하고 이해하는 것"과 지성이 깨달은 것을 영혼이 누리고 기뻐하는 것은 전혀 다르다는 사실이다. 나중에 에드워즈가 자신의 유명한 설교인 '신적이고 초자연적인 빛'에서 말한 것처럼, "꿀이 달다고 이성적으로 판단하는 것과 그 달콤함을 맛보는 것은 다르다."[72]

그가 "신적이고 초자연적인 빛"을 말할 때는, 중생하지 못한 사람이 경험하는 죄에 대한 깨달음을 가리키는 것이 아니다. 성령께서는 중생하지 못한 사람과 교통하거나 연합하지 않고도 그의 영혼에 역사하실 수 있다. 이것은 또한 사람의 "상상력"에 미치는 "느낌"을 의미하는 것도 아니다. 사람의 몸에 있는 눈으로 어떤 것을 보는 것과도 전혀 다르다. "신적이고 초자연적인 빛"은 이미 기록된 말씀에는 없는 전혀 새로운 생각이나 진리를 암시하거나 나누어 주는 것도 아니다. 이것은 "하나님의 말씀이 가르치는 것들에 대한 온전한 이해를 준다." 중생하지 못한 사람이 종교적인 개념에 깊이 감동 받는 것(어린 시절 조나단 에드워즈가 그랬던 것처럼)과도 다르다. 사람은 신앙을 갖지 못하고서도 종교적인 현상에 감정적으로 영향을 받거나 흥분할 수 있다. 멜 깁슨의 영화인 '예수의 수난The Passion of the Christ'이 처음 개봉되었을 때 사람들이 보인 열광적인 반응을 생각해 보면 알 수 있다.

그렇다면 "신적이고 초자연적인 빛"은 무엇인가? 이것은 "하나님의 말씀에 계시된 것들의 신적 탁월성에 대한 참된 지각과 이런 지각에서 비롯된, 진리와 진리의 실재성에 대한 확신"이다.[73] 사람은 "단순히 이성적으로 하나님께서 영광스럽다고 믿는 것이 아니라 마음으로 하나님의 영광을 느껴서 안다."[74]

그렇다면 "이성적으로" 하나님께서 영광스럽다고 믿는 것과 하나님 영광의 "탁월함을 느껴서 아는" 것은 무엇이 다른가? 이것은 하나님께서 거룩하다는 것을 아는 것과 하나님의 거룩이 "얼마나 사랑스러운지 느껴서 아는" 것의 차이와도 같다. "하나님께서 은혜롭다고 추론할" 뿐 아니라, "그런 추론을 기반으로 해서 하나님께서 얼마나 사랑스러운지" 혹은 하나님의 은혜와 거룩의 "아름다움"을 실제로 느껴서 아는 것이다.

에드워즈의 이런 구분은 두 가지 인식 방법의 차이에서 비롯된다. 하나는 단순히 진리를 사변적이고 개념적으로 인식하는 것이라 말하고, 다른 하나는 진리의 달콤함이나 사랑스러움이나 아름다움을 인지하고 그 안에서 기쁨과 즐거움을 느끼고 누리도록 하는 "마음의 지각"이라 부른다. 이 둘은 하나님께서 거룩하다고 믿고 아는 것과 그분의 거룩을 느끼고 알아서 누리는 것이 다른 것처럼 다르다. 「신앙감정론」에서 우리가 보았던 것과 같은 말이다. "꿀이 달다고 이성적으로 판단하는 것과 그 달콤함을 맛보는 것은 다르다."[75] 다시 말해, "마음으로 사랑스러움과 아름다움을 감지할 수 있는 어떤 것을 알아가는 일은 필연적으로 즐거운 것일 수밖에 없다."[76]

영혼에 있는 적개심이 사라지고 이미 드러난 것에 마음을 더 집중하고 힘쓰고 관심을 가질 수 있을 때, 이런 새로운 지각은 간접적으로 생겨난다. 그러나 이 "신적이고 초자연적인 빛"이 "일종의 직관적이고 즉각적인 증거"를 가지고 마음과 생각에 이런 것들이 가진 초자연적인 탁월함의 진리성을 확신시키면, 이 새로운 지각은 보다 직접적으로 일어난다.

거듭나지 못한 사람이라 할지라도 누구나 성경의 중심 주제가 무엇인지는 이해할 수 있다. 그들은 이것을 연구하고 분석하고 심지어 암송하기까지 한다. 그러나 "이 빛으로 이루어진 합당한 마음의 지각은 하나님의 성령을 통해 즉각적으로 주어진다."[77] 지적으로 성경의 진리를 "아는 것"과, 성령께서 위대하고 영광스러운 빛을 사람의 마음에 비추실 때에만 있을 수 있는, 성경 진리의 아름다움과 탁월함을 영적으로 "지각하고" 비할 데 없이 소중한 보물처럼 뿌듯하게 여기는 것은 별개다. 에드워즈는 이렇게 말한다.

> 사람들은 인간적인 지식과 사물에 대한 연구를 통해 큰 기쁨을 누린다. 그러나 영혼을 비추는 신적인 빛으로부터 오는 기쁨에 비하면 이런 기쁨은 아무것도 아니다. 이 빛은 광대하고도 지극히 아름다운 것들을 보게 하고, 지성의 눈을 즐겁게 하는 것들을 보게 한다. 이런 영적인 빛으로 인해 마음에 영광의 빛이 밝아 온다.[78]

"신적이고 초자연적인 빛"에 대해 간략하게 언급한 것은, 이 설교가 지금 살펴보고 있는 「신앙고백」과 밀접한 관계가 있기 때문이다. 이 탁월한 설교를 통해 에드워즈가 전하는 진리의 개념을 알지 못하고서는, 그가 자신의 회심과 영적인 여정에 대해 기술한 것을 이해할 수 없다.

22장_ 하나님과 경건을 향한 열망

피조물 가운데서 창조주를 즐거워함

나는 한 번도 야외활동을 즐기는 사람으로 오해받아 본 적이 없다! 내가 생각하는 야외활동이라 해봐야 기껏 허름한 홀리데이 인에서 주말을 보내는 것 정도다. 이런 나에게 자연에 대한 이해와 즐거움을 처음으로 일깨워 준 것은 「신앙고백」에 나온 아래와 같은 에드워즈의 말이었다.

예일대학에서 출간한 에드워즈 전집 가운데 그의 편지와 개인적인 기록을 모아 놓은 책을 편집한 조지 클래혼은 다음과 같이 주장한다. "에드워즈는 성례전적sacramental 시각을 가지고 자연을 묵상했다."[79] 다시 말해, 에드워즈는 피조물을 통해 창조주를 마주했다. 하나님께서는 물리적인 것을 도구와 방편으로 삼아 우리가 영적인 것을 이해하고 깨닫도록 하셨다. 에드워즈는 아마도 물리적인 영역은 그것 너머에 있는 것을 가리키고, 그것의 영적인 영광과 창조의 기원이 가진 본질 가운데 어떤 것을 드러내 준다고 말했을 것이다. 사도 바울의 말을 빌어 말하면, "창세로부터 그의 보이지 아니하는 것들 곧 그의 영원하신 능력과 신성이 그 만드신 만물에 분명히 보여 알게" 된다는 것이다(롬 1:20, 시 19, 104편).

이런 일들이 있은 지 얼마 안 되서 나는 나의 아버지께 당시 내 마음에 떠오른 몇 가지 생각을 말씀드렸고, 이 자리에서 나는 아버지와 아주 의미 있는 대화를 나누었다. 아버지와 대화를 마친 후, 묵상하는 시간을 갖고 싶어 나는 아버지가 가꾸는 목초지 한적한 곳으로 갔다. 걸어가면서 하늘과 구름을 올려다보았는데, 도저히 말로 표현할 수 없는 하나님의 영광스러운 위엄과 은혜가 꿀처럼 달콤하게 내 마음을 사로잡았다. 위엄과 은혜, 이 두 가지가 너무나 달콤하게 결합되어 있는 것처럼 보였다. 그것은 그야말로 너무나 달콤하고 부드럽고 거룩한 위엄과 영광에 찬 온유함, 장엄한 달콤함, 고상하고 위대하고 거룩한 친절함이었다.

이후로 신적인 일들에 대한 내 지각은 점점 자라났고, 더 생기 있게 되었으며, 더 풍성한 내적 달콤함을 누렸다. 모든 것이 달라 보였다. 거의 모든 것 안에 하나님의 영광이 고요하고 달콤하게 드리워져 드러나는 것처럼 보였다. 하나님의 탁월함, 지혜, 순전함과 사랑이 해, 달, 별, 구름, 파란 하늘, 풀밭과 꽃과 나무들, 물과 모든 자연에 나타나 있는 것 같았고, 내 마음은 자연에 완전히 사로잡혔다. 혼자 앉아서 오랫동안 달을 바라보고 있는 때도 많았다. 구름과 하늘을 오랫동안 응시하면서 그 안에 깃든 달콤한 하나님의 영광을 보고 있으면, 어느새 내 입술에서는 창조주와 구속주 되시는 그분을 향한 찬양이 나지막하게 흘러나왔다. 자연에서 일어나는 그 어떤 일도 더 이상 나를 두렵게 하지 않았다. 이전에는 끔찍이 무섭고 두려웠던 천둥과 번개마저도 그렇게 달콤할 수가 없었다. 사실 나는 천둥을 유난히 무서워하고, 뇌우가 몰아치는 것을 보면 두려움에 휩싸이곤 했다. 그러나 지금은 오히려 그것들이 나를 즐겁게 한다. 말하자면, 뇌우 가운데서 하나님을 느끼는 것이다. 뇌우가 칠 때마다 구름을 주시하면서 번개가 뛰노는 것을 보았다. 천둥과 같은 하나님의 장엄하고 위엄에 찬 음성을 들을 때면 나는 떨 듯이 기뻐 하나님의 영광을 찬양했다. 위대하고 영광스러운 하나님을 향한 감미로운 묵상이 자연스럽게 멜로디와 함께 내 입술에서 흘러나온 것이다. 곡조 있는 독백으로 내 생각을 이야기하는 것이다(이 두 문단에서만 "달콤한"이라는 말이 아홉 번 나온다!)

자연을 통해 이런 영향을 받아 본 적이 있는가? 구름과 하늘과 풀밭과 나무와 흐르는 냇물에서 하나님을 "보고 있는가?" 천둥과 번개가 "달콤하게" 보이고, 이를 통해서도 여러분의 위대하고 영광스러운 하나님에 대한 "감미로운 묵상"이 되는가? 에드워즈에게는 창조된 자연 자체가 목적으로 다가온 적이 단 한 번도 없다. 물리적인 세계에 반영된 창조주의 영광과 위대함을 반추하거나 고려하지 않고 자연에서 드러나는 장엄함과 복잡성과 자연의 면면을 누리고 기뻐하려고 하는 것을 에드워즈는 우상숭배로 여겼을 것이다.

이런 사실을 존 파이퍼John Piper보다 더 명쾌하게 표현한 사람도 없다. 자신의 책 「하나님을 기뻐할 수 없을 때When I Don't Desire God」에서 그는 "하늘이 하나님의 영광을 선포하고 궁창이 그 손으로 하신 일을 나타내는도다"고 말하는 시편 19:1과 시편 92:4을 소개한다. "여호와여, 주의 행사로 나를 기쁘게 하셨으니 주의 손의 행사를 인하여 내가 높이 부르리이다." 시편에서 말하는 "이런 기쁨은 우상숭배가 아니다. 곧 이런 기쁨은 창조의 역사에서 끝나지 않는다. 오히려 그 역사를 통해서 하나님 그분의 영광을 기뻐하기까지 이른다. 하나님의 행사가 하나님의 영광을 '선포'하고 가리킨다. 그러나 우리 기쁨의 궁극적인 토대는 하나님 한분이다."[80] 에드워즈 역시 이 말에 흔쾌히 동의했을 것이다. 파이퍼는 또 이렇게 쓴다.

> 우리는 단순히 하늘의 영광이 아니라 하나님의 영광을 본다. 우리가 밖에 서서 햇빛과 같은 자연세계를 분석하는 데 그치는 것이 아니라, 그 빛이 우리 마음의 눈에까지 비치게 하여 그 아름다움의 원천—원래의 아름다움the original Beauty이신 하나님을 보기에 이른다. 모든 하나님의 피조물은 우리로 하여금 "더불어 하나님을 보게 하는" 빛이 되거나, "더불어 하나님의 음성을 듣게 하는" 소리가 되거나, "더불어 하나님의 향내를 맡게 하는" 향기가 되거나, "더불어 하나님을 맛보게 하는" 풍미가 되거나, "더불어 하나님을 느끼게 하는" 감촉이 된다. 우리가 가진 모든 지각은 물리적 세상을 통해 하나님의 영광을 감지하게 하는 마음의 눈의 동역자가 된다.[81]

나는 여전히 밖에 나가서 무엇을 하는 것에 익숙지 않다. 하지만 다시는 모든 아름다운 것의 원천이신 하나님을 생각하지 않고 그분의 권능에 경탄하고 예배하지 않은 채로, 얼룩말이나 곤충이나 별이나 구름이나 골짜기나 산등성이나 날아다니는 새를 바라보지는 않을 것이다.

하나님을 향한 갈망

「신앙감정론」에서 에드워즈는, 풍부하고 열정적인 감정을 가졌다는 것만으로 참된 신앙을 가졌다고 할 수는 없지만, 풍부하고 열정적인 감정이 결여된 신앙 역시 참된 신앙일 수 없다는 사실을 분명히 했다. 다시 말해, 거룩과 하나님을 아는 지식에 대한 열망으로 불타는 것만 가지고 어떤 사람이 거듭났다고 말하는 것은 잘못되었지만, 다른 한편으로 거듭난 사람에게는 반드시 하나님과 경건을 향한 목마름이 있는 것이 사실이다. 이런 열망은 사막의 오아시스에서 나는 시원한 생명수를 향해 헐떡이는 목마른 사슴의 절박함과 다르지 않다(시 42:1-2; 63:1).

이어지는 「신앙고백」의 도입 문단에서 우리는 하나님을 향한 에드워즈의 열정과 "간절한 열망"을 엿볼 수 있다. 먼저 다음 문단을 주의 깊게 읽어 보라. 이에 관해 간략하게 다섯 가지 언급을 하겠다.

당시 나는 내가 바른 신앙의 상태에 있다는 것을 알았고 그것 때문에 적잖은 만족을 누렸다. 하지만 그렇다고 자만하지는 않았다. 내 영혼은 하나님과 그리스도를 향한 열망과 더욱 거룩해지고자 하는 갈망으로 터져 버릴 것만 같았다. 시편기자의 "나의 영혼이 눌림을 인하여 녹사오니 주의 말씀대로 나를 세우소서" 하는 기도가 자주 떠올랐다(시 119:28). 내가 좀 더 일찍 하나님께 돌이켰더라면 은혜 가운데 자라갈 시간이 더 많았을 것이라는 생각에 때때로 가슴이 아프고 애달팠다. 내 마음은 신적인 일들에 더욱 몰입했고, 거의 온종일 그렇게 했다. 대부분의 시간을 신적인 일들을 생각하며 보냈고, 매년 그렇게 했다. 묵상과 독백과 기도와 하나님과의 대화를 위해 혼자 숲을 걷기도 하고, 한적한 곳에 혼자 있기도 했다. 이때 나는 묵상한 것을 항상 노래로 표현했다. 어디 있든지 기도할 때마다 나는 거의 절규하듯이 쏟아 놓는 기도를 드렸다. 내 마음에 타오르는 것이 내쉬는 숨을 통해 뿜어져 나오기라도 하듯 기도는 나에게 지극히 자연스러운 것이었다.

이때 내가 신앙적인 일들을 통해 느꼈던 기쁨은, 앞서 언급한 것처럼, 내가 소년이었을 때 느꼈던 것과는 전혀 달랐다. 당시에 내가 누렸던 기쁨은 마치 나면서부터 소경 된 자가 화려하고 아름다운 색깔에 대해 느끼는 것이나 다름없었다. 이때 내가 누렸던 기쁨은 더 내적이고 더 순결하고 영혼을 살아나게 하고 새롭게 하는 것이었다. 그러나 내가 소년이었을 때 누렸던 것은 마음에까지는 다다르지 못했다. 그것은 하나님의 일들에 깃든 신적인 탁월성을 보았기 때문에 갖게 되거나 영혼을 흡족케 하고 생명을 주는 선한 것을 그 안에서 맛보며 느낀 것이 아니었다.

첫째, 솔직히 고백하건대, 나는 종종 내 속에서 오클라호마 대학 축구팀이 전국선수권대회에서 우승하기를 바라는 "강한 열망"을 느낀다. 좋은 영화, 알맞게 익은 스테이크, 그리고 내게 꼭 있어야 할 것처럼 느껴지는 위로와 편리함을 주는 것에 대한 강한 열망이 있다. 그렇다면 나는 왜 예수님의 영광과 주권과 임재를 강하게 열망하지 않으면서 그보다 저급한 것에 마음을 뺏기는가? 그런 것으로부터 오는 기쁨이, 예수님이 할 수 없는 방식으로 내 영혼을 채워 줄 것이라는 거짓말을 믿는 이유가 무엇인가? 오 은혜로우신 아버지, 아버지의 성령을 통해 저에게 예수님의 아름다움과 위엄을 가르치사, 예수님 안에서 저에게 주신 것들보다 못한 어떤 것에도 만족하지 말게 하시고, 오직 예수님만을 갈망하며 그분만을 추구하며 그분만을 갈구하도록 하소서.

둘째, 에드워즈와 같은 칼뱅주의자가 "내가 좀 더 일찍 하나님께 돌이켰다면 은혜 가운데 자라갈 시간이 더 많았을 것이라는 생각에 때때로 가슴이 아프고 저렸다"고 말하는 것이 흥미롭지 않은가? 우리가 언제 하나님을 믿고 그분께 돌이킬 것인지를 하나님이 주권적으로 정하셨다면, 어떻게 에드워즈는 자신이 보다 일찍 하나님께 돌이키지 못한 것 때문에 슬퍼할 수 있는가?

분명한 점은, 에드워즈가 하나님의 주권에 대한 믿음 때문에 하나님께서 명하신 모든 것에 대한 자신의 도덕적 책임을 약화시키지 않았다는 사실이다. 에드워즈 자신이 돌이킨 것보다 더 일찍 돌이키지 못한 것은 분명히 에드워즈의 잘못이다. 복음을 통해 주어지는 은혜의 초청을 자의로 거부하고 죄를 짓는 것은 그 사람의 마음이 잘못되었기 때문이다. 에드워즈는 결코 하나님께서 그분이 원하시는 일을 정하신 때에 이루시는 하나님의 절대적 주권에 대한 신앙을 타협하지 않았다. 그러나 에드워즈는 무엇이 하나님의 은밀한 뜻이고 결정적인 뜻인지를 가리고 추론하고 고민하느라 생을 허비하지는 않았다. 또한 그는 자신의 순종을 자극하고, 감동하고, 강제할 수 있는 강력한 "하나님의 붙드심"만을 기다리며 가만히 있는 것도 아니었다. 모든 곳에 있는 모든 사람이 회개할 것을 명하는, 계시되고 가르쳐진 하나님의 뜻이 바로 인간이 따라야 할 규칙이다. 에드워즈가 더 일찍 회개하지 못한 것은 에드워즈 자신의 잘못이다.

우리가 복음을 받아들인 것보다 더 일찍 복음을 받아들이지 않은 것은 나와 여러분의 잘못일 뿐이다. 이 두 진리를 서로 조화시키려 애쓰고 있다면 그러지 않기를 바란다. "자기의 기쁘신 뜻을 위하여 너희로 소원을 두고 행하게 하시"는 분이 하나님이신 것을 아는 이상 자신이 무엇을 위해 부르심을 입었는지 성경을 통해 분명히 확인하고, 모든 선한 일을 위해 하나님의 은혜를 의지하고, "두렵고 떨림으로" 자신의 구원을 이루라(빌 2:12-13).

셋째, 사람의 영혼은 어떻게 그리스도 예수의 달콤함을 즐거워하게 되는가? 말씀과 세상(피조물)을 통해 계시된 그분을 마음의 눈으로 봄으로써만 그렇게 될 수 있다. 에드워즈가 예수님의 아름다움에 황홀해 할 수 있었던 것은 "신적인 일들을 향해 그의 마음이 정해져 있었고, 그가 항상 그것들을 묵상했기 때문이다." 이렇게 하는 것이 쉬운 일은 아니다. 특히 우리의 관심과 시간을 많이 요구하는 세상에서는 더욱 그렇다. 에드워즈는 하나님과만 시간을 보내기로 굳게 결심했고 의지적으로 실천했다. 에드워즈는 가능한 모든 순간을 "신적인 일들을 생각하며 보냈고, 매년 그렇게 했다. 묵상과 독백과 기도와 하나님과의 대화를 위해 혼자 숲을 걷기도 하고 외딴 곳에 혼자 있기도 했다."

넷째, 친구와 거닐듯 하나님과 함께 거닐며 대화했던 에드워즈는 자기 영혼의 탄식을 항상 간결하고 통렬한 말로 쏟아 냈다. 오, 하나님께서 우리와 이런 시간을 보내시기를 얼마나 원하시는지. 하나님께서는 오직 하나님께만 헌신하기를 깊이 열망하시고, 크든 작든 여러분의 모든 필요와 울부짖음을 간절히 듣고 싶어 하신다. 그분은 결코 여러분을 그냥 돌려보내지 않으실 것이다!

마지막으로, 여러분은 에드워즈가 그랬던 것처럼 신앙적인 일들을 기뻐하는가? 아니면 신앙적 일들이란 오만 가지 일들로 이미 가득 차 있는 여러분의 일상을 버겁게 하는 짐일 뿐인가? 에드워즈가 소년일 때 종교적 의무를 행함으로 얻었던 즐거움은 구원하는 즐거움은 아니었다고 말한다. 그가 하는 말을 다시 들어보자. "내가 소년일 때 누렸던 것은 마음에까지는 다다르지 못했다. 그것은 하나님의 일들에 깃든 신적인 탁월성을 보았기 때문에 갖게 되거나, 영혼을 흡족케 하고 생명을 주는 선한 것을 맛보며 느낀 것이 아니었다."

여러분은 하나님의 탁월성을 알고 그것이 너무나 좋아서 하나님을 추구하는가 아니면 그분으로부터 얻게 될 선물과 이득 때문에 하나님을 추구하는가? 오 친구여, 하나님께서는 어디서도 찾아볼 수 없는, "영혼을 흡족케 하고 생명을 주는 선한 것"이 있다. 그분이 바로 복음이다.[82] 그분이 바로 좋은 소식이다. 사람의 지성은 그분을 알기 위해 존재한다. 사람의 마음은 그분을 사랑하기 위해 존재한다. 사람의 몸은 그분이 거하실 성전이 되기 위해 존재한다.

오 하나님, 성령으로 우리의 이기적이고 세속적인 마음을 흔드시고 하나님의 아들을 향한 강한 열망을 주사, 영광 가운데 계신 그분을 보게 하시고 그분의 임재가 주는 감미로운 향내를 맡게 하시고 사랑으로 품으시는 그분의 팔에 안기게 하소서. 그분을 알고 누리고 찬송함으로 그분 외에 다른 것에 대한 바람은 영원히 사라지게 하소서!

거룩을 사모함

앞의 인용문에서 에드워즈는 "하나님과 그리스도를 향한 열망과 더욱 거룩해지고자 하는 갈망"을 언급했다. "거룩"이라는 말을 들었을 때 여러분은 어떤 느낌이 드는가? 달콤하고 소중하게 들리는가? 아니면 엄하고 완고한 하나님과 엄격하고 메마른 삶이 떠오르는가?

19세기 전반에 걸쳐 일어난 전국거룩운동National Holiness Movement은 존 웨슬리John Wesley의 생기와 열정, 초기 감리교 운동에서 나타났던 헌신을 다시 회복하고자 힘썼다. 서글픈 일이지만, 이런 운동이 항상 성공을 거두지는 못했다. 거룩운동은 종종 얼마나 많이 절제하고 참았느냐에 따라 사람의 성숙을 판단하는 끔찍한 형태의 율법주의로 전락했다. 거룩운동에 참여한 많은 사람들이 경건하고 그리스도를 닮은 의를 추구했던 반면에, 거룩을 금욕으로 정의하는 사람들도 있었다. 이들은 많은 것들을 금기시했는데, 그 가운데는 극장, 공놀이, 카드놀이, 춤, 립스틱, 담배, 술, 모든 종류의 화장, 머리를 말거나 염색하는 것, 남자들의 넥타이, 코카콜라, 껌, 반지, 팔찌 혹은 모든 세속적인 "장신구" 등이 포함되었다. 미인 대회에 참가하거나 노조나 정당에 가입하는 것도 금했다. 생명보험을 드는 것을 하나님에 대한 믿음이 없는 것으로 여겼고, 일반적으로 의약품은 독으로 여겼다. 비극이 아닐 수 없다!

거룩에 대한 조나단 에드워즈의 관점은 정말 놀랍다. 그러나 사실 그리 놀랄 일이 아니다. 우리가 거룩에 대한 에드워즈의 관점에 놀라는 것은, 우리가 그만큼 거룩에 대한 성경의 비전으로부터 멀어져 있어서 그의 말이 희한하고 굉장하고 새롭게 느껴진다는 의미이기 때문이다. 시편기자와 같이, 에드워즈는 하나님의 율법과 규례와 계명을 은이나 금보다 더 좋아했다(시 119편). 그는 "복음의 복된 통치"를 "열망"했고, "절박하게 추구"했다.

참된 거룩에 대해 이렇게 느끼는 것이 왜 생경하게 다가오는가? 에드워즈는 그가 "미칠 듯이 아름답고" "사랑스럽게" 여긴 거룩을 추구하면서 끊임없이 자기를 살폈고, "부지런함"과 "간절함"으로 거룩을 추구했다. 그 이유가 무엇인가? 이유는 한 가지다. 하나님께서 그분의 자녀에게 해로운 것을 요구하거나 명령하실 분이 결코 아니라는 것을 그가 알았기 때문이다. 하나님의 통치는 자신을 경외하는 자들을 위해 선을 추구하시는 하나님 마음의 발로라는 것을 알았던 것이다.

하나님께서 우리에게 모든 계명을 주신 목적은 우리가 그리스도를

즐거워하도록 하기 위한 것이다. 하나님께서는 단지 이런 기쁨을 사그라지게 하는 것을 금하셨을 뿐이다. 성경의 율례와 요구와 경고는 하나님의 아들 안에서 누리는 우리의 만족을 궁극적으로 약화시키는 것들로부터 보호하기 위해 주신 것일 뿐이다. 우리의 기쁨을 앗아 가기 위해서가 아니라 오히려 그것을 더하기 위한 것이고, 우리 영혼이 외적인 즐거움을 누리지 못하도록 하기 위한 것이 아니라 예수님의 아름다움과 장엄함을 알고 맛보고 느끼고 지각하는 우리의 능력을 더하고 발전시키기 위함이다.

에드워즈의 「신앙고백」에서 인용한 문단을 계속 읽어가 보자. 읽어 가면서 순전함을 향한 에드워즈의 열정이 여러분의 것이 되고, 그가 말한 것처럼 "그리스도의 복된 형상을 닮아" 가고자 하는 열망과 거룩을 향한 굶주림을 하나님께서 여러분 영혼에 일깨우시도록 기도하면서 읽자.

신적인 일들에 대한 지각이 생기기 시작한 지 일 년 반 후에 나는 뉴욕에 설교자로 가게 되었다. 그때까지도 신적인 일들에 대한 나의 지각은 점점 자라가고 있었다. 뉴욕에 머무는 동안 나는 이전에 느꼈던 것보다 더욱 생생하고 분명하게 신적인 일들을 자각했다. 하나님과 거룩을 향한 열망이 더욱 커졌다. 순전하고 겸손하고 거룩하고 천상적인 기독교 신앙이 더욱더 사랑스러운 것으로 다가왔다. 모든 부분에서 온전한 그리스도인이 되고자 하는 불타는 열망을 느꼈다. 그리스도의 복된 형상을 닮고 싶었다. 모든 일에서 순전하고 달콤하고 복된 복음의 규례를 따라 살고 싶었다. 이런 일들에 더욱 자라고

자 하는 간절할 열망이 있었고, 나는 그것들을 더욱 절실하고 간절하게 추구했다.

어떻게 하면 더 거룩해지고, 더 거룩하게 살고, 더 하나님의 자녀다워지고, 그리스도의 제자가 될 수 있을까 하는 것을 끊임없이 물었고, 이 물음의 답을 얻기 위해 밤낮으로 분투했다. 어느 때보다 더욱 간절하게 은혜와 거룩에 자라가고자 했고 거룩한 삶을 위해 더욱 힘썼다. 항상 내 자신을 돌아보았고, 어떻게 하면 거룩하게 살 수 있는가를 찾아 이제까지 내가 추구했던 열심과는 비교할 수 없을 정도로 더 부지런하고 열정적으로 힘써 연구하고 노력했다. 그러나 나 자신의 힘만을 의지한 결과로 몸에 큰 무리가 있었음이 나중에 드러났다. 그때 이후로 지금까지 내가 알게 된 것과는 달리, 당시의 체험을 통해서도 내가 얼마나 무기력하고 허약한지, 내 마음에 있는 은밀한 타락과 속임이 얼마나 끝도 없이 깊은지에 대해서는 배우지 못했다. 그러나 더욱 거룩해지고, 그리스도를 더욱 닮아 가고자 하는 나의 간절한 추구는 계속되었다…….

당시에 내가 거룩에 대해 어떤 생각을 했는지 기억한다. 나는 때로 스스로에게 이렇게 말했다. "내가 복음이 말하는 거룩을 사모하고 있는 것을 나는 분명히 안다." 말할 수 없이 사랑스럽고 아름다우며, 이 땅의 그 무엇보다 순전한 하나님의 아름다움으로 가득 차 있는 것이 바로 거룩인 것처럼 보였다. 이런 아름다움에 비추어 볼 때, 거룩이 아닌 다른 모든 것은 더러운 진창이나 마찬가지였다.

당시에 내가 거룩에 대해 묵상하면서 적어 놓았던 것처럼, 나에게 거룩은 영혼에게 말로 다 할 수 없는 순결함과 광채와 화평과 황홀함을 주는, 본질적으로 달콤하고 즐겁고 매력적이고 잔잔하고 고요한 것이다. 다시 말하면, 영혼을 온갖 화려한 꽃들로 만발한 하나님의 동산과 정원이요, 달콤한 고요함과 온화하고 생기 넘치는 햇빛을 흠뻑 누리는 너무나 즐겁고 기쁘고 평안한 곳으로 만드는 것이 거룩이다. 지난번 묵상에서 기록한 것처럼, 참된 그리스도인의 영혼은 봄날에 피어나는 작은 흰 꽃과 같다. 작고 겸손하게 지면에서 자라나 꽃망울을 활짝 열고 찬란한 햇빛을 흠뻑 맞이하며, 절제된 환희로 기뻐하고 사방으로 달콤한 향기를 발하며 주변의 꽃들 속에서 사랑스럽고 평화롭게 서 있는 꽃과 같다.

피조물에게 있는 거룩 가운데 겸손, 상한 마음, 가난한 영혼보다 더 사랑스럽게 다가오는 것도 없고, 또 이것만큼 내가 간절히 바라는 것도 없다. 내 마음은 분토 가운데 있는 자와 같이 하나님 앞에 엎드려 이것들을 갈망했다. 나는 아무것도 아니고 하나님이 모든 것 되시기를, 내가 하나님의 어린아이가 되기를 바랐다.

23장_ 새 하늘과 새 땅

에드워즈는 이렇게 적고 있다. "하나님과 함께 거하고, 하나님의 사랑 가운데서 영원히 살고, 그리스도와 거룩한 친교를 나누는 거룩한 천국을 나는 사모했다. 내 마음은 천국과 그곳에서 누릴 즐거움에 사로잡혀 있었고, 완전한 거룩과 사랑과 겸손으로 그곳에서 살아갈 것을 묵상하느라 여념이 없었다. 당시에는 천국에서 성도들이 그리스도께 자신의 사랑을 표현할 수 있다는 사실이 천국에서 성도들이 누릴 행복 가운데 큰 몫을 차지하는 것으로 보였다. 천국에 대한 마음을 내가 바라는 만큼 표현할 수 없는 것이 내 마음에 큰 어려움과 짐이었다. 내 영혼의 내적인 열망이 가로막히고 방해 받아서 원하는 만큼 활활 타오르지 못하는 것처럼 보였다. 그렇지만 천국에서는 이런 마음이 얼마나 온전하고 자유롭게 드러나고 표현될지 생각했다. 사랑의 나라인 천국은 굉장히 즐거울 것 같았고, 이 모든 행복은 순진하고 겸손하고 천상적인 하나님의 사랑 가운데서 살기 때문이라고 여겨졌다."

그리스도를 향한 사랑을 "온전하고 자유롭게 드러내고 발산"하지 못하는 것 때문에 에드워즈가 느꼈을 좌절이 어떤 것인지 나는 안다. 몸이 아파서 방해를 받고, 여러 가지 일들로 우리의 생각이 분산되고, 몸의 피곤함 때문에 원하는 만큼 그리스도를 찬양하지 못한다. 육체적 욕구가 우리의 가장 고상하고도 진실한 사랑의 고백마저 망쳐 놓는다. 천국이 이렇게 호소력이 있고, 천국을 기대하는 것이 이처럼 영혼을 소성케 하는 이유가 바로 여기 있다. 언젠가 우리는 손톱만큼의 정욕이나 욕심이나 교만이나 약함이나 따분함도 없이 하나님을 찬양하고 송축하고 기뻐하고 즐거워하게 될 것이다. 주 예수여, 속히 오시옵소서!

이와 관련하여 에드워즈는 자신의 영혼을 무겁게 내리누르는 감정의 짐과 압박이 있었던 시기를 말하면서, 이에 대한 처방으로 "천국의 상태를 묵상"하는 것을 언급한다. 그는 이렇게 말한다.

천국에서의 상태를 생각하면 위로를 얻는다. 그곳은 기쁨이 충만하고, 불순한 것이 전혀 없는 천상적이고 고요하고 기쁨에 찬 사랑으로 넘쳐난다. 천국은 이런 사랑을 계속해서 가장 달콤하게 표현할 수 있고, 헤어질 염려도 없이 사랑하는 사람과 즐거워하고, 이 세상에서 사랑스러웠던 사람들이 비교할 수 없을 정도로 더 아름답고 사랑스럽게 드러나는 곳이다. 사랑하는 사람들과 함께 만나 하나님과 어린양을 찬양한다고 생각해 보라! 이런 기쁨, 이런 행복한 일들이 쉬지 않고 영원토록 계속된다고 생각하면 얼마나 행복한지 모른다. 삶이 힘들거나 따분할 때 여러분은 어떻게 자신의 영혼을 위로하는가? 기쁨이 "충만"하고 전혀 사그라지지 않는 영원을 생각하는가? 사랑까지는 못하더라도, 여러분이 그리스도 안에서 형제자매를 좋아하려고 애쓸 때, "영원토록 사랑하는 사람과 함께 즐거워"하게 될 날을 생각하며 그들의 복을 빌기로 더욱 굳게 다짐하는가? 이 땅에서 우리가 사랑하는 사람들이 오는 세상에서는 "비교할 수 없을 정도로 더 아름답고 사랑스럽게 드러나"게 될 것이다. 더욱 좋은 것은, 그날에 우리 모두가 서로를 온전히 사랑하고 한마음과 한목소리로 하나님과 그분의 어린양을 찬양하게 될 것이라는 사실이다.

천국의 영광에 대한 에드워즈의 가장 위대한 통찰은 "이런 기쁨, 이런 행복한 일들이 쉬지 않고 영원토록 계속"된다는 것이다. 그러나 이것보다 더 위대한 통찰은, 그가 다른 글에서도 밝힌 것처럼, 천국에서 우리가 누리는 기쁨은 계속해서 자라가고 더 깊어지고 더 커진다는 사실이다![83] 천국에서 우리가 누리는 모든 즐거움은 끝없이 더해만 간다. 어떤 기쁨이 되었든지 그곳에서 우리가 느끼는 기쁨은 영원히 깊어만 간다. 이런 달콤한 즐거움을 다 맛보아 버려서 싫증 나는 일은 없을 것이다. 영원토록 더 나아지고, 영원토록 더 달콤해지고, 영원토록 더 아름다워질 뿐이기 때문이다. 우리가 그곳에서 누리게 될 기쁨 넘치는 순간조차 더 크고 더 영원하고 더 무한하고 한없이 더해 가는 기쁨의 작은 한 부분일 뿐이다!

여기서 알 수 있는 단순하면서도 심원한 사실은 영화glorification는 끝없이 계속된다는 것이다. 영화에는 즉각적인 측면이 있어서,

우리는 눈 깜짝할 사이에 타락할 수 있는 상태에서 절대 타락할 수 없는 상태로 변하게 된다. 죽음은 영원히 죽지 않는 것에 삼켜질 것이다. 연약함은 강건함에, 질병은 영원한 치료에, 피곤함은 영원한 활력에 자리를 내어주고 물러날 것이다! 우리의 영혼이 거스를 수 없는 회복을 체험하게 된다. 죄를 짓고자 하는 마음을 더 이상 느끼지 못할 것이다. 육체의 욕심에 끌리지 않기 위해 사투를 벌일 필요가 없다. 다가오는 세대에 하나님의 백성은 나노초(10억분의 1초)만큼도 정욕이나 탐욕이나 시기나 교만이나 불신앙의 유혹에 끌리는 일은 없을 것이기 때문이다.

그러나 그날에 우리가 맛보게 될 영화를 표현하기에는 거스를 수 없는irreversible이라는 수식만으로는 부족하다. 우리가 다시는 이전 삶의 방식으로 돌아가지 않을 것이라는 측면에서는 그렇게 말할 수도 있지만, 불신앙과 분노와 부도덕이 가진 힘은 예수님의 형상으로 변화된 사람의 몸과 정신과 영혼에 즉각적으로 굴복하고 완전히 사라질 것이다. 그러나 이 말이, 그때 우리가 체험하게 될 완전이 더 이상 깊어지지 않거나 확장되지 않을 것이라는 의미는 아니다.

우리가 영화롭게 될 때 하나님에 대해 알 수 있는 모든 것을 알게 되고, 그분을 즐거워하는 것이 정점에 이르게 될 것이라고 말하는 것은 하나님과 우리의 본질을 오해하는 것이다. 이렇게 말하면 결국 하나님이 유한하시다는 결론을 내릴 수밖에 없다. 우리가 하나님을 알고 누리는 것이 다함이 있다고 말하는 것, 곧 하나님에 대해 더 이상 알 필요가 없을 만큼 알고, 더 누릴 필요가 없을 만큼 다 누릴 때가 있다고 말하는 것은 하나님이 유한하시며 헤아릴 수 있는 분이시라고 말하는 것이다. 이런 말은 곧 하나님의 존재를 제한하고 수량화하는 것이다.

하나님께서 무한하시고 우리는 유한하다고 말한 이상, 하나님을 이해할 수 있는지 없는지를 논하는 것은 모순이다. 오직 하나님만이 하나님 자신에 대해 **아신다**. 은혜롭게도 하나님께서는 우리에게 자신을 계시하셨고 그분의 성령을 통해서만 우리는 하나님이 어떤 분이신지 정확하고 참되게 깨달을 수 있다. 그러나 하나님에 대한 참된 지식이라 할지라도 결코 하나님에 대한 완전한 지식은 될 수 없다. 영원한 상태에 있는 우리가 어떤 식으로든 하나님에 대한 진리의 저수지를 다 들이키거나 하나님 신성의 깊이를 완전히 꿰뚫게 되는 때를 가정하는 것은, 피조물 된 우리의 존재와 창조자이신 하나님의 존재에 모순되는 능력을 우리에게 부여하는 것이다.

하나님을 아는 우리의 지식이 오류가 없을 수는 있어도 완전할 수는 없다. 하나님께서 다함이 없는 분이라는 것은 자명한 사실이다. 이런 사실이 우리가 영원한 상태에서 하나님을 체험하는 것에 대해 무엇을 말해 주는지를 생각해 보라. 지식이 자라가면서 이제껏 알지 못했던 것에 대한 새로운 통찰을 얻게 되면, 그것이 경이로움이든 기쁨이든 혐오든 사랑이든 증오든 감사든 간에 어떤 식으로든 반응을 보이게 되어 있다. 영원을 통해 하나님의 성품이 **점진적**으로 드러나는 것이 바로 이런 경우라고 할 수 있는데, 드러나는 대상에 어떤 제한이나 끝도 없기 때문이다. 하나님을 단 한 번의 계시적 행위로 자신의 모든 것을 다 나누어 주시는 분으로 생각할 수 없는데, "모든"이라는 말이 하나님을 온전히 담아내지 못하기 때문이다. "모든" 것은 하나님에 대해 말할 수 있고 알 수 있는 계산 가능한 총량과 전체를 의미한다. 그러나 다시 말하지만, 하나님이 무한하시다면 그분에 대해 모든 것을 안다고 말할 수 없고, 이제 그분께 새로운 것이 없다고 할 만큼 그분을 다 알 수 없다.

그러므로 하나님의 인격을 매번 새롭게 알아 갈수록 거기에는 반드시 새로운 기쁨과 즐거움이 따른다. 이런 즐거움과 기쁨은 이전에 경험한 모든 기쁨과 즐거움보다 항상 더 크고 강렬하다. 영원을 통해 하나님께서 자신의 본성과 성품을 더 드러내실수록, 우리는 하나님으로 그만큼 더 채워지고 우리 마음은 그만큼 더 감격하게 된다. 하나님의 장엄함과 아름다움이 새롭게 드러나고 계시될 때마다 그분을 즐거워하는 우리의 마음은 더 깊어지고, 우리의 감사도 더 자라가고, 우리의 기쁨도 더해 간다.

장차 도래할 천국의 영광을 묵상하는 가운데 에드워즈가 힘과 위로를 길어 올린 것은 당연하다! 우리라고 못할 것이 무엇인가!

거룩하게 구별됨

이미 천국에 대한 심오한 생각으로 가득 차 있었음에도 에드워즈는 하나님을 향한 생명력 넘치는 풍성한 삶을 사는 데 여념이 없었다. 이전에도 그는 천국에 대한 생각을 누렸다는 것 때문에 방종이나 게으름을 도모하거나 그런 것을 정당화하려고 하지 않았다. 그가 자신의 삶을 어떻게 하나님께 구별해서 드렸는지 다음 글을 읽어 보자.

1723년 1월 12일, 나를 하나님께 드리기로 엄숙히 결심하고 다음과 같이 기록했다. "나 자신과 내가 가진 모든 것을 하나님께 드렸다. 이제 앞으로 나는 전혀 내 것이 아니다. 스스로에 대한 권리 같은 것은 전혀 나와 상관이 없다. 하나님이 아닌 어떤 것에서도 행복을 찾지 않고, 또 하나님 외에 어떤 행복이 있는 것처럼 행동하지 않고, 오직 하나님만을 내 모든 기업과 행복을 삼기로 엄숙히 다짐했다. 또한 하나님의 율법을 순종을 위한 불변의 원리로 삼고, 내 생애 마지막까지 온 힘을 다해 세상과 육체와 마귀를 대적할 것을 다짐했다. 하지만 이런 의무를 행하는 데 내가 얼마나 많이 실패했는지를 생각할 때, 나는 무한히 겸손할 수밖에 없다."

여가생활을 즐기는 것이 온 국민의 권리라고 주장하는 사회에 우리는 살고 있다. 나에게는 내 몸을 가지고 내 마음대로 할 "권리"가 있다. 내가 원하는 대로 성 생활을 즐길 "권리"가 있다. 누구도 나를 무시할 권한은 없다. 그리고 이런 세태는 계속되고 있다.

에드워즈는 자신이 어떤 "권리"도 가지고 있지 않다고 믿었다. 여기에 대해 좀 더 살펴보자. 그는 지금 정치적 권리나 교육의 권리나 사유재산의 권리 같은 것을 말하는 것이 아니라, 하나님과 관계에서의 권리를 말하고 있다(이런 다른 권리조차 그것을 받아 누릴 가치도 없는 영혼에게 주신 은혜의 선물이라고 에드워즈가 가장 먼저 말했을 것이 분명하다). 에드워즈는 자신이 가진 몸과 시간과 지성과 재능과 돈을 자신이 원하는 대로 결정할 수 있는 "권리"나 자유를 주장하지 않았다. 하나님께서 모든 것의 주인이시기 때문이다.

여느 신자와 마찬가지로 에드워즈 역시 예수님의 보혈이라는 "값을 주고 산" 사람이기에, 자기 자신에 대해서 그리고 자기와 관련된 어떤 것에 대해서도 권리를 주장할 수 없다. 자신이 원하는 것을 보고, 자신이 원하는 대로 생각하고, 자기가 원하는 사람과 자고, 자신이 원하는 대로 돈을 쓰고, 자기 생각대로 삶을 살고 경력을 쌓고 할 "권리"가 전혀 없는 것은 에드워즈나 우리나 마찬가지다.

우리 각자는 예수 그리스도의 노예다. 우리 삶의 주인은 자기 자신이 아니라 예수님이다. "우리는 하나님 안에서 살고 움직이고 존재"한다고 바울은 말한다(행 17:28, 새번역). 다시 말하면, 우리의 호흡 하나하나도 그리스도께서 허락하시는 것이고, 우리의 움직임 하나하나도 그분이 힘 주셔서 가능한 것이다. 그분이 우리를 그분 곁으로 부르시기까지 우리가 얼마나 더 살든지 간에, 그분은 우리를 하루하루 순간순간 붙드시고 보존하신다.

우리가 이 사실을 진지하게 받아들이고, 우리가 매일 잠에서 깰 수 있는 이유는 오직 하나님의 긍휼하심 때문이라는 사실을 자각한다면, 우리의 삶이 어떻게 될까? 내 마음은 원하는 대로 생각할 자유가 없고, 내 손가락은 내 멋대로 자판을 두드릴 자유가 없고, 내 눈은 눈 가는 대로 무엇이나 읽을 자유가 없다. 내 모든 존재의 근육과 힘줄—몸, 정신, 영혼—은 나를 사랑하셔서 나를 위해 자신을 내어주신 주님의 것이다.

위에서 간략하게 언급한 문단은 에드워즈의 「신앙고백」에서 인용한 것인데, 1723년 1월 12일 토요일에 자신의 일기를 쓰면서 기록한 개인적인 긴 결심문의 요약일 뿐이다. 기도하는 마음으로 잘 읽어 보고 자신의 것으로 만들자.

아침. 오늘 나는, 교회의 일원이 되면서 새롭게 했던 세례 언약과 자기 헌신을 다시 한 번 엄숙하게 다짐하고 갱신하는 시간을 가졌다. 내 존재와 내가 가진 모든 것을 하나님께 드렸다. 이제 더 이상 나는 나의 것이 아니다. 지금 나에게 있는 이런 이해와 의지와 감정에 대한 어떤 권리도 주장할 수 없다. 또한 나의 몸과 몸의 각 지체에 대해서도 나는 아무런 권리가 없다. 혀도 내 것이 아니요, 손과 발도 마찬가지다. 또한 내 몸의 감각은 물론, 내 눈과 귀와 냄새와 맛조차도 내 것이 아니요, 이런 것들에 대한 아무런 권리도 없다. 나 자신을 완전히 드렸고, 내 것은 아무것도 남아 있지 않다. 세례를 통해 하나님께 드려진 나는, 나를 완전히 가지시라고 오늘 아침에 다시 한 번 말씀드렸다. 나에 대한 모든 권리는 그분께 있다. 따라서 앞으로도 어떤 식으로든 나 자신에 대한 권리를 결코 주장하지 않을 것이다. 분명히 하나님께 그렇게 약속했고, 지금도 전능하신 하나님께 그분의 은혜로 말미암아 그렇게 하지 않을 것이라고 약속드린다.

하나님이 아닌 어떤 것에서도 행복을 찾지 않고, 또 그런 것이 있는 것처럼 행동하지도 않고, 오직 하나님만을 내 모든 기업과 행복 삼기로 오늘 아침 엄숙히 다짐했다. 또한 하나님의 율법을 내 순종을 위한 불변의 원리로 삼고, 내 생애 마지막까지 세상과 육체와 마귀와 온 힘 다해 싸울 것을 다짐했다. 예수 그리스도를 믿고 그분을 왕과 구주로 모신 나는, 이런 신앙을 고백하고 사는 것이 아무리 위험하고 어려운 때가 온다 해도 끝까지 복음을 믿고 순종하겠다고 말씀드렸다. 또한 나는 성령을 나의 선생이요 나를 성결케 하시는 자요 나를 위로하시는 유일한 분으로 받아들이고, 나를 비추시고 정결케 하시고 확증시키시며 위로하시고 도우시기 위해 행하시는 성령의 모든 역사가 내게 아주 소중하다고 말씀드렸다. 이렇게 말씀드리고 나서, 나는 그리스도를 봐서라도 이것을 나의 자기 헌신으로 여기고 모든 일에 나를 하나님의 것으로 받아 주사, 괴롭게 하시든지 번성케 하시든지, 오직 나를 하나님의 것으로만 대해 주시고 나는 하나님의 것이니 무엇이든지 뜻대로 하시라고 하나님께 기도드렸다.

이제부터는 어떤 일이 있어도 내가 나의 주인인 것처럼 행동하지 않을 것이다. 내가 나의 능력을 하나님께 영광이 되지 않는 일을 하는 데 허비하고, 하나님을 영화롭게 하는 것을 나의 전부요 내가 할 모든 일로 여기지 않는다면, 내가 나의 주인으로 행동한 것이다. 내가 나의 고통에 불평하고, 다른 사람들의 성공에 우울해 하고, 어떤 식으로든 무정하게 행동하고, 해를 입었다고 분노하고, 앙갚음하고, 나 자신만을 기쁘게 할 어떤 일을 하거나, 내가 편하고자 어떤 일을 회피하고, 엄청난 자기부인을 요하는 일이라는 이유로 그것을 외면하고, 스스로를 의지하고, 하나님께서 나를 통해 하신 선한 일을 가지고 내가 한 것인 양 어떤 식으로든 칭찬 받고 교만해진다면, 내가 스스로 주인 행세를 한 것이다.[84]

하나님 나라가 임하옵시고

하나님 나라의 영광과 확장을 위한 그의 열정을 통해서 새롭게 일어나는 새 하늘과 새 땅에 대한 그의 관심을 엿볼 수 있다. 모든 민족과 나라와 권세 위에 드높여진 그리스도의 주권이 전파되는 일에 관한 것이라면 무엇이나 집어 들고 읽었다고 그는 종종 말한다.「신앙고백」의 다음 두 가지 경우를 통해 하나님 나라의 확장에 대한 관심을 드러내고 있다.

> 이 세상에 그리스도의 나라가 확장되기를 나는 간절히 바랐다. 개인 기도의 많은 부분이 그리스도 나라의 확장을 위한 기도로 채워졌다. 세상 어디서나 어떤 식으로든 그리스도의 나라에 대한 관심이 일어나는 징후가 조금만 보여도 내 영혼은 그 일에 대해 자세히 알아보고자(그 일에 함께 참여하고 기뻐하기 위해) 애를 썼다. 그렇게 할수록 내 영혼은 더욱 고무되고 새롭게 되었다. 기독교 신앙에 대한 관심이 일어나고 있다는 새로운 소식이 있는지 궁금해서 빠지지 않고 신문을 보려고 애를 썼다.
>
> 나는 종종 마을에서 약간 떨어진 허드슨 강둑 외딴 곳을 찾아 혼자 신적인 일들을 묵상하고 하나님과 은밀한 대화를 누리면서 달콤한 시간을 많이 가졌다. 때로는 스미스 씨와 함께 걸으면서 하나님에 관한 이야기들을 나누기도 했다. 세상에 그리스도의 나라가 확장되는 일과 하나님께서 훗날 그분의 교회를 온전하게 하실 영광스러운 일들에 대해서 많이 이야기했다…….

내 마음은 세상에 그리스도의 나라가 확장되는 일에 사로잡혀 있었다. 지난날 그리스도의 나라가 확장되는 역사는 너무나 감미로운 것이었다. 역사책을 읽으면서 가장 즐거운 순간은 그리스도의 나라가 확장되는 기록을 읽을 때다. 이런 역사를 읽으면서 어떤 식으로든 그 일이 다시 일어나기를 기대했고, 그런 기대로 인해 책을 읽는 내내 나는 정말 기뻤다. 장차 이 땅에 실현될 그리스도 나라의 영광스러운 확장에 대해 말씀하시는 성경의 약속과 예언을 읽는 것이 얼마나 즐거웠는지 모른다.

에드워즈가 기독교 신앙이 이 땅에 전파되는 것에 이만큼 매료된 이유는 무엇인가? 모든 나라의 모든 사람의 삶에서 그리스도의 탁월한 주권이 드러나기를 열망했기 때문이다. 에드워즈는 승리주의에 눈먼 사람이 아니었다. 신앙적 대의를 과시하고 뽐내려는 생각은 안중에도 없었다. 이런 소식을 그가 기뻐했던 이유는 그 속에서 "예수가 하나님이다!" 하는 외침을 들었기 때문이다! 예수만이 왕이시고, 예수만이 만주의 주이심을 인정하는 사람들이 계속해서 늘어가는 증거를 그 속에서 보았기 때문이다.

예수께서는 제자들에게 다음과 같은 기도를 가르쳐 주셨다. "나라가 임하옵시며 뜻이 하늘에서 이루어진 것 같이 땅에서도 이루어지이다"(마 6:10). 에드워즈는 이 기도를 통해서 온 땅과 모든 인생과 모든 물질의 분자와 원자와 입자에까지 그리스도의 주권이 미치는 것에 우리의 마음이 헌신해야 할 필요를 보았던 것이다.

그렇다면 우리는 영혼이 회심하고 교회가 새롭게 되고 생명과 순결함과 의로움과 관련된 법안이 통과되었다는 소식을 들을 때마다 그것을 축하하고 기뻐해야 하지 않겠는가? 악이 패하고 독재자가 물러나고 주린 자를 먹이고 헐벗은 자를 입히는 소식을 들을 때마다 기뻐해야 하지 않겠는가? 복음이 전파되고 불의가 신원되고 선한 자들이 보호받는 소식을 들을 때마다 하나님을 찬양해야 하지 않겠는가? 그렇습니다! 주님, 주님의 나라가 임하옵소서! 주님의 뜻이 이루어지기를 원합니다!

"마지막 때"에 대하여[85]

에드워즈는 한 번도 미국이 다가오는 천년왕국시대의 중심지가 될 것이라고 믿은 적도 없고, 그렇게 설교하지도 않았다. 오히려 그는 천년왕국이 도래하기까지 적어도 250년 어간에 미국에서 천년왕국을 마중하는 부흥이 지속될 것이라고 여겼다.

에드워즈는 미국의 기독교 신앙에 대해서 대체로 비관적이었다. 뉴잉글랜드 전체와 특별히 노샘프턴이 모든 사람이 볼 수 있는 "산 위의 동네"라면, 그것은 아마도 본받지 말아야 할 부정적인 예표로서 그럴 것이다. 미국이 "기독교인들"의 땅이라는 말은 이 땅에 기독교가 잘 자리 잡았다는 의미에서 그렇게 말할 수 있을 뿐이다.

그는 뉴잉글랜드(특히 매사추세츠 주의 노샘프턴) 사람들을 용서받지 못할 죄의 길로 치닫는 사람들이라고 비난했다. 그는 더 이상 돌이킬 수 없을 만큼 미국이 멸망할 것을 염려하면서 계속되는 회개의 필요성을 이야기했다. 그의 설교들에 일관되게 흐르는 주제가 있다면, 그것은 미국이 도래하는 천년왕국의 영광에 있어서 중심적인 역할을 하겠지만, 이들의 죄에 대한 하나님의 심판 역시 임박했다는 것이다. "에드워즈가 자기 지역 사람들의 죄에 대해 조금의 망설임 없이 맹렬하게 비난했다는 사실을 볼 때, 그들이 그의 생애 마지막 십 년 동안 그를 변방에 소외시킨 이유에 대해 변명의 여지는 없지만 조금은 이해할 것도 같다."[86]

상당히 많은 학자들의 견해와 상반되게, 에드워즈는 천년왕국이 미국에 도래할 것이라고 믿지 않았다. 천년왕국이 전 지구적, 전 세계적으로 임할 것이라고 생각한 그는 모든 이기적인 민족주의를 부정했다.

에드워즈는 천년왕국이 구속 역사의 종착지라고 믿었다. 하나님께서는 주권적인 능력으로 이 종착지를 향해 인간의 일들을 이끌어 오셨다. 천년왕국은 모든 인간 역사의 완성이 될 것이다. 에드워즈는 당시의 세대야말로 천년왕국을 맞이하는 문턱에 서 있는 세대라고 믿었다. 천년왕국을 준비하는 세대가 앞으로 250년 정도 계속된 후, 약 2,000년경 어디선가 천년왕국이 시작될 것이라 믿었다.

천년왕국에 대한 에드워즈의 믿음과 관련된 논란은 그의 책 「부흥에 대한 소고 *Some Thoughts Concerning the Revival*」에 나온 한 문장에서 비롯되었다. "너무나 놀랍고 엄청난 하나님의 성령의 이런 역사[대각성운동을 가리킨다]는 하나님의 영광스러운 역사의 시작, 혹은 적어도 그 전조로서 성경에서 자주 예언된다." 그는 나중에 이런 "영광스러운 하나님의 역사가…… 임박했음이 틀림없다"고 말했다.[87] 그러나 "하나님의 영광스러운 역사"는 천년왕국 자체라기

보다는 "천년왕국이 이르기까지 오랫동안 부흥이 계속되는 기간"을 가리킨다.[88]

1730년대 후반과 1740년대 초반에 일어난 각성이나 부흥은 "성경에서 자주 예언되는 영광스러운 때를 위한 전조일 뿐인데, 이런 각성과 부흥의 끝자락에 마침내 도래할 교회의 최종적 영광을 위한 시작이요 여명이다."[89]

에드워즈는 절대적 평화와 안전의 시기인 천년왕국이 사탄이 마지막 반역을 이끌기 위해 풀려나는 때까지 약 천 년 동안 계속될 것이라고 믿었다. 마귀가 패배한 후에는 마지막 심판이 뒤따를 것이다. 그리스도는 천년왕국을 "영적"으로 통치할 것이고, 이때 그리스도의 몸은 하늘에 있을 것이다(성경적 "재림"은 천년왕국시대가 끝나야 일어난다). "천년왕국 이전에 일게 될 국제적 혼란과 오랜 부흥의 기간에 대한 에드워즈의 모든 묘사 가운데 가장 주목할 만한 것은······미국은 아예 여기서 사라지고 배제되든지 아니면 자연스럽게 리더십을 가지게 될 것이라는 사실이다."[90]

24장_ 고난과 그리스도의 사랑스러움

1725년 9월, 뉴헤이븐에서 갑자기 몸이 아파 오기 시작했다. 윈저에 있는 집으로 돌아가려고 하다가 노스 빌리지에서 몸이 너무 아파서 더 가지 못했다. 그만 석 달을 그곳에 꼼짝없이 누워 있었다. 이렇게 아픈 가운데 하나님께서 성령의 달콤한 감화로 나를 다시 찾아오셨고, 내 마음은 신적이고 즐거운 일들과 영혼이 동경하는 것들에 깊이 몰두했다. 밤새 나를 간호하는 사람들이 아침이 밝아 오기를 고대하는 것을 보면서 시편 말씀이 떠올라, 내 영으로 그 말씀을 즐거이 되뇌어 보았다. "파수꾼이 아침을 기다림보다 내 영혼이 주를 더 기다리나니 참으로 파수꾼이 아침을 기다림보다 더하도다"(시 130:6). 창문으로 비친 밝은 햇살이 하루 종일 내 영혼을 새롭게 했다. 마치 하나님 영광의 빛의 형상과 같이 느껴졌다.

에드워즈의 이런 말들이 여러분에게 큰 감화를 주지 못할 수도 있지만, 나는 여기서 아주 중요한 몇 가지를 발견했다.

첫째, 몹시 아픈 가운데서도 에드워즈는 하나님께서 자신을 저버렸다고 생각하지 않았다. 거의 석 달을 아파서 누워 있는 중에도 그는 하나님의 임재와 그분의 뜻을 구했다. 단 한 순간도 생을 허비하지 않겠다고 일찍부터 다짐한 사람에게 이는 쉽지 않은 상황이었을 테지만, 그는 이렇게 적고 있다. "하나님께서 성령의 달콤한 감화로 나를 다시 찾아오셨다." 그가 말한 "성령의 달콤한 감화"가 어떤 것이었는지 우리는 알 길이 없다. 다만 이 일 후에 그의 마음이 누린 것을 볼 때, 우리는 하나님께서 그의 마음을 비추시고 밝혀 주셔서 인간의 시험이나 고통으로도 어찌할 수 없는 성경의 약속을 밝히 깨닫고 누리고 즐거워한 것으로 이해할 수 있다.

둘째, 병상에서도 에드워즈는 하나님을 찾는 데 열심이었다! 이렇게 아픈 중에도 그는 "신적이고 즐거운 일들"을 묵상하면서 시간을 보냈다. 성경의 달콤한 진리를 마음속으로 계속해서 되뇌면서 그 속에 계시된 그리스도의 아름다움에 자신의 영혼을 깊이 잠기게 했다. 더구나 그는 "영혼이 동경하는 것들"을 생각하며 시간을 보냈다. 이는 아마도 기도를 의미할 것이다. 육신적으로 허약해진 때조차도 그는 하나님의 임재를 부르짖으며 영혼의 근육을 강하게 하고 살찌우고 단련했다. 하나님의 말씀을 반복적으로 되뇌면서 하나님 권능의 임재를 열망하는 자신의 마음을 토해 낸 것이다. "내가 여호와께 아뢰되 주는 나의 주님이시오니 주 밖에는 나의 복이 없다 하였나이다"(시 16:2). "하늘에서는 주 외에 누가 내게 있으리요. 땅에서는 주 밖에 나의 사모할 이 없나이다. 내 육체와 마음은 쇠약하나 하나님은 내 마음의 반석이시요 영원한 분깃이시라"(시 73:25-26).

셋째, 에드워즈가 "창문으로 비친" 아침 햇살을 언급했다는 사실이 이채롭다. 아침 햇살이 그의 영혼을 새롭게 하고, "하나님 영광의 빛의 형상과 같이" 느껴지도록 했다. 에드워즈는 거의 모든 자연이, 하나님과 관련된 신적인 실체나 진리나 원리를 나타내고, 하나님께서 구속하시는 방법을 보여주는 "형상"이나 "그림자"라고 믿었다. 결국, 에드워즈의 신학에서 "창조의 목적은 하나님께서 피조물의 의지와 지성에 자기 자신을 나누어 주시는 것—이를 통해서 자신의 영광을 나누어 주심—이다. 우주 자체는 이런 신적인 자기 교통의 일부이고, 매 순간이 주권적인 하나님의 권능으로 움직이는 행위다."[91]

에드워즈에게는, 자연의 색깔이나 모양이나 과정이나 움직임 가운데 어떤 것도 영적인 진리를 담아내지 않는 것이 없었다. 에드워즈는 "모든 우주, 하늘과 땅, 공기와 바다, 성경의 신적인 구성과 역사가 신적인 일들에 대한 형상으로 가득 차 있다"고 믿는 자신을 두고 사람들이 "생각이 많은 공상가"라고 비아냥댈 것이라고 적기도 했다.[92]

병상에 누워서도 에드워즈는 매일 아침 창문으로 들어오는 햇빛을 고대했다. 햇빛 속에서 그는 "하나님 영광의 광채"를 보았고, 이로 인해 영혼이 "새롭게 되는 것"을 느꼈기 때문이다! 자연을 통해 스스로를 드러내시는 하나님 계시의 중요성을 우리는 경시하고 당연시하는 것은 아닌지 모르겠다. 그것이 햇빛이든 아니면 천둥을 몰고 오는 구름이든 아니면 유유히 나는 흰머리 독수리든 간에, 삶의 사소한 것들 가운데서 하나님의 아름다움과 권능을 주목할 수 있을 만큼 오랫동안 멈춰서 그것들을 바라본 적이 얼마나 있는지 모르겠다. 천부의 허락 없이는 새 한 마리도 하늘에서 떨어지지 않는데, 이 세상에서 일어나는 대부분의 물리적 현상과 일상적인 일들에 하나님의 영광이 얼마나 광범위하게 깃들어 있을지 생각해 보라.

이 다음에 아프거나 약해져서 혹은 건강한 몸으로 침대에 조용히 누워 있을 일이 있으면, 눈을 크게 뜨고 피조물에 깃들어 있는 창조주의 임재에 주목해 보기를 바란다. 한줄기 빛을 발견하게 될지 누가 아는가!

구주를 맛봄

"마을(노샘프턴)으로 돌아온 후에" 그는 다음과 같이 적고 있다.

> 나는 종종 예수 그리스도의 탁월함과 하나님의 영광스러운 완전함을 생각하며 하나님 안에서 달콤함을 만끽했다. 하나님의 거룩으로 인해 하나님은 나에게 영광스럽고 사랑스러운 분으로 느껴졌다. 하나님의 모든 성품 가운데 하나님의 거룩은 항상 나에게 가장 사랑스러운 것으로 다가왔다. 긍휼히 여길 자를 긍휼히 여기시는 하나님의 절대적 주권과 값없는 은혜, 그리고 하나님의 성령의 역사에 철저히 의존되어 있는 인간의 전적인 무능력과 같은 교리가 달콤하고 영광스러운 가르침으로 다가온 적이 한두 번이 아니었다. 이런 교리는

나를 너무나 즐겁게 했다. 하나님의 주권은 항상 나에게 그분의 영광에 아주 중요한 부분으로 다가왔다. 나는 그분을 주권적인 하나님으로 높였고, 그분의 주권적인 긍휼을 구했다.

나는 복음의 교리를 사랑했다. 복음의 교리는 내 영혼에 푸른 초장과 같았다. 복음은 내가 가장 열망하고 내 안에 항상 있기를 바라는 가장 값진 보화였다. 그리스도로 말미암은 구원의 방식은 영광스럽고 탁월하고 가장 즐겁고 아름다운 것이었다. 그리스도로 말미암지 않고 다른 방식으로 구원을 받는 것은 천국을 심각하게 훼손하는 것처럼 보였다.

에드워즈가 쓴 이 글에서 우리가 발견할 수 있는 한 가지 주된 교훈은, 성경과 하나님의 아들 예수 그리스도의 인격과 사역에서 드러난 하나님의 계시는 흔히 진리라고 인정되는 것 이상이라는 사실이다. 그도 그럴 것이, 거짓된 것에서 우리가 무엇을 기대할 수 있겠는가? "나는 복음이 진리라고 믿는다"라고 말하는 것으로는 충분하지 않다. 마귀도 복음이 진리라는 것을 믿지만 불못으로 가게 되어 있다.

위의 단락에서 에드워즈는 성경의 "진리", 그중에서도 특히 하나님에 대한 "진리"를 사랑스럽고 달콤하고 영광스럽고 탁월하게 여기도록 하는 "마음의 새로운 지각"을 강조한다. 영혼에는 성경의 진리에 단순히 동의하기보다 그것을 즐거워하는 지각이 있다. 하나님의 거룩이 얼마나 아름다운지 단순히 인정하기보다 그것 때문에 즐거워할 수 있는 지각이 있는 것이다.

에드워즈는 아주 신중하게 용어를 선택했다. 하나님에 대한 교리는 그의 "기쁨"이었고, "달콤하고 영광스러웠다." 이런 진리는 단순히 합리적이고 이성적인 것을 넘어서서 성경과 일치하고 실체와 부합한다. 이런 진리는 "가장 값진 보화요 내가 가장 사모하는 보화요 내 안에 풍성히 거하기를 바라는 보화다." 주권적인 긍휼로 사람을 구원하시는 하나님의 방법이 에드워즈에게 가장 "영광스럽고 탁월하고 가장 유쾌하고 가장 아름답게" 느껴졌다.

에드워즈에게 회심은 분명히 믿음과 다른 것이 아니다. 그러나 이 믿음은 믿음의 대상에게 있는 초자연적이고 영광스럽고 아름다운 속성이 믿음의 주체인 영혼에게 깊이 뿌리내리는 믿음이다. 구원하는 믿음은 하나님께서 이루신 일의 아름다움을 영혼이 "느끼고" "지각하는" 믿음이다. 구속받은 마음은 진리의 "사랑스러움"에 매료되어 그것을 열망하고 사모하고 빛나는 복음의 광채에 만족하며 안심하는 전인적인 반응을 나타낸다. 이 광채 앞에서 다른 모든 "빛들"은 흐릿해질 뿐이다. 이 "영원한" 즐거움 앞에서 다른 모든 "즐거움"은 헛되고 불만족스러운 것일 뿐이다(시 16:11).

성자의 아름다움과 충분성

존 파이퍼는 이렇게 쓰고 있다. "때로 우리가 성경으로부터 필요로 하는 것은 우리의 꿈이 이루어지는 것이 아니라, 이루지 못한 우리의 꿈이 그리스도의 흡족한 영광에 삼켜지는 것이다."[93] 이 말이 많은 영혼에게 크게 다가오지 않고 도전이 되지 않는 이유는, 예수 그리스도만이 죄가 할 수 없는 일을 능히 하시는 분, 매일매일 믿고 안

심하고 의지할 수 있는 분이라는 사실을 믿는 사람들이 거의 없기 때문이라고 나는 확신한다.

예수님만을 간절히 원한다거나, "주 밖에는 나의 복이 없다"(시 16:2)고 말로만 증거하는 것으로는, 그분의 선하심과 아름다움과 능력과 임재에 대한 확신 때문에 죄를 죽이는 데까지 나아가지는 못한다. 그리스도의 영광을 입으로만 고백하는 것으로는 부족하다. 에드워즈가 계속해서 언급하는 "마음의 새로운 지각"이 필요하다. 이 새로운 지각을 통해 그리스도의 영광은 말할 수 없이 달콤하고 즐거운 것으로 드러나고, 이것이 아닌 다른 모든 즐거움은 하나같이 무색해져 버린다.

육신의 눈이 아닌 믿음의 눈으로 하나님의 아들을 볼 때 비로소 그분을 즐거워하게 된다(엡 1:18). 성경을 보면서 우리의 초점을 그분께 맞추고 우리를 둘러싼 피조세계에서 드러나는 그분의 창조 위엄을 주목할 때, 우리는 하나님의 아들을 기뻐할 수 있게 된다. 믿음의 눈을 갖는다는 것은 희한한 체험을 하는 것도 아니고, 죄가 갑작스럽게 싫어지는 변화를 이따금씩 꿈꾼다고 생기는 것도 아니다. 영적으로 경박하고 부주의하게 그리스도를 아는 것만으로는, 죄가 주는 강력하고 매력적인 유혹을 물리칠 수 없다.

내가 바라는 바는 "여호와를 항상 내 앞에 모시"겠다는 결심이 일생 동안 매일의 일상에서 계속되는 것이다(시 16:8). 은혜로 강해지고 뜻을 정하여 "내 눈을 돌이켜 허탄한 것을 보지 말게" 해주시도록, 그리고 내 영혼과 마음과 의지가 성자의 탁월함에 사로잡히게 해주시도록 하나님께 간청하는 것이다(시 119:37). 두말할 필요도 없이, 이 시편기자의 기도는 우리가 자신의 집과 자동차와 일상과 여가를 "허탄한 것들"로 채우지 않기 위해 실제적인 발걸음을 내딛는 것과 다르지 않다.

이런 일을 성공적으로 할 수 있는 쉬운 길이나 획일적인 방법이 있는 것은 아니다. 그러나 내가 에드워즈를 읽을 때마다 용기를 얻는 것은 하나님께서 하시면 그렇게 될 수 있다는 것이다. 「신앙고백」에서 에드워즈는 두 번에 걸쳐서 그리스도의 아름다움에 대한 자신의 체험을 서술한다. 이미 읽은 대로, 이 말은 하나님과만 있는 시간을 갖기 위해 힘쓰고, 그 마음이 성경으로 흠뻑 적셔지고, 일찍부터 자기가 할 수 있는 모든 힘을 다해 마음을 둔감하게 하고, 영적 시력을 흐리게 하고, 영혼을 무기력하게 하여, 영적인 힘을 소진시키는 활동과 영혼을 바보로 만드는 산만한 일과 허탄한 것들로부터 자신의 삶과 시간의 우선순위를 분명히 했던 사람이 하는 말이라는 사실을 우리는 기억해야 한다.

> 그리스도와의 연합이 한없이 기쁘게 다가오는 때가 많았다. 그분을 나의 머리로 모시고, 내가 그분의 몸의 지체가 되고, 그분을 나의 선생이요 예언자로 모시는 것은 얼마나 즐거운 일인가. 그리스도를 붙잡고 광야와 같은 이 세상을 지나가는 어린아이가 되는 달콤한 생각을 자주 하는데, 그럴 때마다 내 영혼이 얼마나 그것을 열망하고 바라는지 모른다. "너희가 돌이켜 어린아이들과 같이 되지 아니하면"이라고 말하는 마태복음 18:3을 생각할 때마다 얼마나 좋은지. 그리스도께로 나아가 가난한 심령으로 완전히 낮아져서 그분만을 높

이는 구원을 받아 누리는 생각을 하면 너무나 좋다. 그리스도로 말미암아 그리스도께로 자라가기 위해 나 자신으로부터 완전히 절연되는 생각을 하는 것을 좋아한다. 그리스도 안에서 모든 것의 모든 것 되시는 하나님을 모시고, 하나님의 아들을 믿는 겸손한 삶, 거침없이 그분을 믿는 믿음의 삶 살기를 좋아한다. 그런 말씀을 적어 놓은 시편 115:1과 누가복음 10:21이 너무나 달콤하게 다가왔다. "여호와여, 영광을 우리에게 돌리지 마옵소서. 우리에게 돌리지 마옵소서. 오직 주는 인자하시고 진실하시므로 주의 이름에만 영광을 돌리소서.…… 그때에 예수께서 성령으로 기뻐하시며 이르시되 천지의 주재이신 아버지여, 이것을 지혜롭고 슬기 있는 자들에게는 숨기시고 어린아이들에게는 나타내심을 감사하나이다. 옳소이다. 이렇게 된 것이 아버지의 뜻이니이다." 그리스도께서 기뻐하신 하나님의 주권이 나에게도 즐겁게 다가왔다. 하나님의 주권을 즐거워하는 그리스도의 모습에서 나는 그리스도의 탁월함과 그분의 영을 보았다…….

나는 종종 그리스도의 탁월한 충만함과 온유와 참된 구원자 되심을 보았다. 그런 그리스도의 모습은 그 무엇보다 달콤하고 그 누구보다 사랑스럽게 다가왔다. 그분의 보혈과 대속과 의로움은 나에게 달콤하게 다가왔을 뿐 아니라, 그럴 때마다 항상 나 자신을 버리고 그리스도께 잠기고 싶은, 말할 수 없는 탄식과 내면의 사투와 영혼의 열망이 함께 일어났다.

1737년 어느 날, 건강을 위해서 말을 타고 숲 속을 산책했다. 한적한 곳에 이르자 말에서 내려 평소에 하던 대로 걸으면서 하나님을 묵상했다. 기도하는 가운데 하나님과 인간의 중보자이신 하나님 아들의 영광과, 그분의 놀랍고 위대하고 충만하고 순결하고 달콤한 은혜와 사랑과, 그분의 온유하고 부드러운 겸비함을 보았다. 나에게는 참으로 기이하고 놀라운 모습이었다. 이 은혜는 온화하고 달콤할 뿐 아니라 하늘보다 높고 광대했다. 어떤 생각과 개념으로도 담아낼 수 없을 만큼 광대한 탁월함을 지닌 그리스도의 위대한 인격에 나는 할 말을 잃었다. 그런 상태가 한 시간 내내 지속되는 동안 나는 큰소리로 울었고, 하염없이 흐르는 눈물을 멈출 수가 없었다. 그때만큼은 내 영혼의 열망이 모두 사라져 버렸음을 느꼈다는 것 외에 달리 표현할 길이 없다. 티끌 가운데 누워서 그리스도만으로 가득 채워지고, 거룩하고 순결한 사랑으로 그분을 사랑하고, 의뢰하고, 그분을 힘입어 살고, 섬기고, 따르고, 신적이고 천상적인 순결함으로 성결케 되고 깨끗해진 것 같았다. 이후로도 나는 여러 번 동일한 광경을 보았고, 그때마다 동일한 체험을 했다.

영적인 가슴앓이

그리스도의 이름을 보거나 하나님의 성품을 가리키는 단어를 보는 것만으로도 내 마음은 뜨겁게 타올랐다. 삼위일체 하나님은 나에게 더욱 영광스럽게 다가왔다. 하나님께서 성부, 성자, 성령의 삼위로 계신다는 생각에 나는 기뻐서 어쩔 줄을 몰랐다.

내가 누린 달콤한 기쁨과 즐거움은 나 자신이 좋은 상황에 있기 때문에 맛본 것이 아니라, 내가 직접 목도한 복음의 영광스러움에서 나온 것이었다. 이런 달콤함을 누릴 때면, 내가 지금 처한 상황이 어떤지는 전혀 상관이 없었다. 이런 때에 영광스러운 기쁨의 대상이신 그분으로부터 눈을 돌려 내 자신에게 몰두하고, 내가 얼마나 안전하고 좋은 상태에 있는가를 계산해 보고 좋아하는 것은 막대한 손실이다.

나는 여기서 두 번째 문단에 주목하고자 한다. 먼저 이 말을 살펴보자. "내가 누린 달콤한 기쁨과 즐거움은 나 자신이 좋은 상황에 있기 때문에 맛본 것이 아니라, 내가 직접 목도한 복음의 영광스러움에서 나온 것이었다."

나는 때때로 사람들에게 내가 "희락주의자hedonist"라고 말한다. 항상 즐거워해도 여전히 더 큰 즐거움을 원하게 되기 때문이다. 그러나 나는 "기독교 희락주의자Christian hedonist"다. 하나님께 있는 즐거움과 예수님 안에서 그분이 우리를 위하시는 모든 것은 아무리 갈망해도 다함이 없고 부족하기 때문이다.[94] 어떤 사람들이 비난하는 바와 달리, 에드워즈는 틀림없는 기독교 희락주의자였다! 그는 자신의 기쁨과 즐거움과 희락을 열정적으로 추구했기 때문이다. 사실은 여러분도 그렇다. 그러나 잘 보라. 에드워즈가 체험한 가장 달콤한 기쁨과 즐거움은 결코 자신의 "선한 상태"가 점점 더 나아질 것이라는 기대에서 비롯된 것이 아니다. 이 말을 써도 좋을지 모르겠지만, 그의 "행복"은 좀 더 돈을 벌고 개인적으로 좀 더 안정을 누리고 동료들의 인정을 받고 육신의 건강이 회복되는 것들에 좌우되지 않았다.

누가 우리를 보고 "안녕하세요?" 하고 인사할 때, 흔히 자신의 "상태가 좋은지" 여부에 따라 우리의 대답은 달라진다. 곧, 우리가 투자한 주식의 주가, 통장 잔고, 재정 상태, 그리고 우리의 삶을 좌우하는 것처럼 보이는 많은 외적이고 물리적인 환경이 어떠하냐에 따라 대답이 달라진다. 에드워즈는 시편 73:25에 나오는 아삽의 말을 되뇐다. "하늘에서는 주 외에 누가 내게 있으리요. 땅에서는 주 밖에 나의 사모할 이 없나이다." 관심도 없고 바라지도 않는다고 호언하던 이 땅에 있는 것들이 갑자기 온데간데없이 사라지거나 무너져 내리거나 손에서 벗어나기 전까지는 누구나 쉽게 인용하는 구절이다. 그러나 정작 그렇게 되고 나서야 우리는 정직하게 고백한다. "맞습니다, 하나님. 죄송합니다. 하나님 말고도 제가 바라는 것들이 있었습니다. 하나님, 저는 하나님이 좋습니다. 하지만 제가 바라는 것들이 제 손 안에 있고, 그런 것들을 얻을 수 있을 때 하나님을 더 좋아한다는 것도 알게 되었습니다."

"복음의 영광스러운 일들"(이 말을 통해 에드워즈는 예수님의 모습을 통해 계시된 하나님 자신을 가리키는 것 같다)이 우리의 가장 달콤한 즐거움과 기쁨이라고 정직하게 말할 수 있는가? 아니면 "우리 자신의 상황"이 호전된 후에야 복음의 영광스러움을 누리려고 하는가?

에드워즈는 계속해서 이렇게 말한다. "이런 달콤함을 누릴 때면, 내가 지금 처한 상황이 어떤지는 전혀 상관이 없었다." 청교도들은 이런 것을 가리켜서 새로운 감정이 주는 "배제시키는" 능력이라고 했다. 에드워즈는 하나님을 즐거워하는 것이 아주 달콤하고 만족스럽고 탁월해서, "자신이 처한 상황"에 대한 "생각"은 온데간

데없이 사라져 버렸다고 말한다. 하나님의 빛나는 광채에 모든 것이 무색해진다. 하나님에 대해 명확히 알게 되어 다른 것들은 모두 희미해져 버린다. 주님의 우편에서 누리는 그분 임재의 즐거움과 달콤함과 기쁨에 겨워(시 16:11), "자신의 상황"을 호전시킬 여러 가지 편의와 편리가 사라질까 하는 두려움은 깨끗이 사라져 버린다. 재정적 어려움과 물리적 고통에 휘둘리며 살지 않는 능력은 여러분 영혼에 있는 즐거움을 향한 갈망을 부인하는 것이 아니라, (히브리서 기자가 "더 낫고" "영구한" 소유라고 말한[10:34]) 하나님의 임재와 아름다움과 영광을 통해 그런 열망을 만족시키는 데서 생겨난다!

사도 바울이 자신은 "근심하는 자 같으나 항상 기뻐"한다고 선언할 수 있었던 이유가 바로 여기 있다(고후 6:10). 그가 이 땅에서 겪는 고통이나 실망에 무뎌진 것도 아니고, 거기에 예속된 것도 아니었다. 그는 낡아질 수밖에 없는 겉사람의 실상을 알았고 피할 수 없는 "환란"이 우리를 기다리고 있다는 사실을 분명히 알았다. 그러나 "비교할 수 없을 정도로 영원하고 크나큰 영광"에 자신의 소망을 둔 사도 바울은 "낙심"하지 않았다(고후 4:16-17). 우리가 보이는 것을 바라보는 것이 아니라 보이지 않은 것을 바라봄으로, 혹은 에드워즈의 말대로 우리의 영혼이 "복음의 영광스러움"을 직접 목도하게 될 때, 이 소망은 더욱 힘을 얻어 활활 타오른다(18절).

마지막으로, 에드워즈는 이렇게 말한다. "이런 때에 영광스러운 기쁨의 대상이신 그분으로부터 눈을 돌려 내 자신에게 몰두하고, 내가 얼마나 안전하고 좋은 상태에 있는가를 계산해 보고 좋아하는 것은 막대한 손실이다."

말할 것도 없이 우리 밖에 있는 "영광스러운 기쁨의 대상"은 하나님이시다! 거울 속에 비춰진 나의 모습이든 아니면 여기저기에 투자해 놓은 주식이든 혹은 자신이 행복해지려면 꼭 있어야만 하는 것처럼 생각되는 어떤 것이든 간에, 내 눈이 영광스러운 기쁨의 대상이 아닌 것들에 사로잡혀 있다면 그것은 엄청나게 괴롭고 견딜 수 없는 손실이라고 에드워즈는 말했다. 다른 손실은 다 참아도 그리스도 안에서 드러난 하나님의 위엄과 광채가 얼마나 영광스러운지를 알지 못하는 것만큼은 절대 참을 수 없어야 한다!

25장_ 말씀과 성령

성경연구

에드워즈의 성경 사랑은 열정적으로 계속되었다. 그가 그리스도의 아름다움을 목도한 것도 성경을 통해서였다. 성경 한 장 한 장을 읽으며 그는 살아 계신 하나님의 능력을 알게 되었다. 내주하시는 성령의 영광을 깨닫게 된 것도, 그가 이와 관련된 성경 본문을 묵상하는 가운데 일어난 일이다. 성경이 그의 삶을 어떻게 뒤바꿔 놓았는지 에드워즈는 자신의 「신앙고백」에 다음과 같이 짧게 적고 있다.

> 다른 때는 물론 그때도 나는 다른 어떤 책보다 성경에서 큰 즐거움을 누렸다. 성경을 읽고 있으면 성경에 기록된 한 마디 한 마디가 내 마음을 만지는 것 같았다. 복되고 능력 있는 성경 말씀과 조화를 이루는 어떤 것이 내 마음에 있는 것 같았다. 성경 한 줄 한 줄이 찬란

하게 빛나고, 성경이 나를 살리는 양식을 공급해 주는 것 같아서 도저히 성경을 안 읽고 지낼 수가 없었다. 성경의 한 문장에 깊이 착념하다 보면 그 안에 숨겨진 진기한 것들을 발견하는 경우도 종종 있었는데, 거의 모든 문장이 경이로운 일들로 가득 차 있었다.

성경을 좀 읽으려고 해도 너무 지루해서 못 읽겠다는 사람들의 반응과 얼마나 다른가! 생명을 일깨우고 보존할 뿐 아니라 어떤 "문자"도 만질 수 없는 사람의 마음을 만족케 하는 성경의 권능에 대해 에드워즈는 다시 한 번 이렇게 쓰고 있다.

> 나는 하나님의 말씀이 얼마나 탁월한지 종종 깨닫곤 한다. 이 달콤하고 탁월한 생명을 나누어 주는 말씀은 살아 있는 말씀으로, 생명의 빛으로, 말씀에 대한 목마름을 일으키고 내 마음에 풍성히 거한다.

에드워즈가 말하고자 하는 바는, 시편 119편의 기자가 성경 말씀이 자기의 영혼에 어떻게 다가오는지 반복적으로 묘사하면서 생각했던 것과 다르지 않을 것이다. 간단히 예로 든 다음 말씀들을 숙고해 보면서, 하나님 말씀의 영광과 권능에 대한 자신의 태도가 이렇게 생생하고 열정적인 언어로 묘사될 수 있는 것인지 자문해 보자.

- 내가 모든 재물을 즐거워함 같이 주의 증거들의 도를 즐거워하였나이다(14절).
- 주의 율례들을 즐거워하며 주의 말씀을 잊지 아니하리이다(16절).

- 주의 규례들을 항상 사모함으로 내 마음이 상하나이다(20절).
- 주의 증거들은 나의 즐거움이요 나의 충고자니이다(24절).
- 내가 주의 법도들을 사모하였사오니 주의 의로 나를 살아나게 하소서(40절).
- 나의 사랑하는 주의 계명들을 스스로 즐거워하며(47절).
- 주의 입의 법이 내게는 천천 금은보다 좋으니이다(72절).
- 내가 주의 법을 어찌 그리 사랑하는지요. 내가 그것을 종일 작은 소리로 읊조리나이다(97절).
- 주의 말씀의 맛이 내게 어찌 그리 단지요. 내 입에 꿀보다 더 다니이다(103절).
- 주의 증거들로 내가 영원히 나의 기업을 삼았사오니 이는 내 마음의 즐거움이 됨이니이다(111절).
- 그러므로 내가 주의 계명들을 금 곧 순금보다 더 사랑하나이다(127절).
- 사람이 많은 탈취물을 얻은 것처럼 나는 주의 말씀을 즐거워하나이다(162절).
- 내 영혼이 주의 증거들을 지켰사오며 내가 이를 지극히 사랑하나이다(167절).

"말씀 한 절을 오래" 묵상하는가? 아니면 허둥지둥 스쳐 지나가는가? 한 말씀이나 한 구절 혹은 한 줄을 붙들고 마음으로 계속해서 되뇌고 소리 내어 말해 보고, 심지어 그것을 주님께 노래로 들려드릴 때, 우리는 성경에서 가장 큰 유익을 얻는다. 그 말씀을 암송하고 묵상하고 반추하고 곰곰이 생각해 보라. 빛을 비추어 그 말씀을 깨닫게 하시도록 성령께 부르짖어 보라. 자신의 영혼과 마음과 생활과 여가시간을 진리의 말씀의 빛으로 평가해 보라. 자신의 생각과 행동과 욕구와 같은 것을 말씀의 권위 아래로 가져가라.

위의 말씀들을 이 시편의 나머지 부분과 상관없이 읽어서는 안 된다. 하나님의 말씀이 이 시편기자의 마음을 달콤하게 사로잡은 이유는 그가 "전심"으로 하나님을 구했고(2, 10절), 온 마음으로 주의 법도를 묵상했고(5절), 하나님의 "도"에 주의했기 때문이다(15절). 그는 "주의 율법을 항상 영영히 끝없이" 지키겠다고 다짐했다(44절). 계속해서 되풀이되는 시편기자의 기도를 들어보자.

- 내 눈을 열어서 주의 율법에서 놀라운 것을 보게 하소서(18절).
- 주의 율례들을 내게 가르치소서(26, 68, 124, 135절 참조).
- 나에게 주의 법도들의 길을 깨닫게 하여 주소서(27절).
- 거짓 행위를 내게서 떠나게 하시고 주의 법을 내게 은혜로이 베푸소서(29절).
- 여호와여, 주의 율례들의 도를 내게 가르치소서(33절).
- 나로 깨달아 주의 계명들을 배우게 하소서(73절, 34, 125, 144, 169절 참조).
- 명철과 지식을 내게 가르치소서(66절).
- 주의 공의를 내게 가르치소서(108절).

이것이 우리의 기도가 된다면 우리도 에드워즈와 같이 "달콤하고 권능 있는 말씀"이 우리 마음과 조화를 이루는 것을 느끼기 시작하고, 하나님의 말씀에서 "소성케 하는 양식"을 맛보며, "그 안에 있는 기이한 것들"을 보게 될 것이다. 시편의 나머지 부분들이 이 사실을 확증한다. 하나님께서는 성경 말씀이 자신의 삶을 변화시키고 자신의 죄를 죽이고 그리스도를 높이는 능력의 말씀인 것을 체험하기를 원하는 사람의 마음을 말씀과 상관없이 내버려 두시지 않으신다.

성령으로 충만함

에드워즈는 표적과 기사는 사도 시대로 끝났다고 믿었다. 그가 이런 태도를 취하게 된 주된 원인은 제1차 대각성운동과 관련하여 나타난 극단적이고 광신적인 행동들 때문이었다. "하나님의 음성"을 들었다고 하면서 자신의 지혜롭지 못하고 심지어 비성경적인 결정을 정당화하는 일단의 무리의 행태를 우려했던 것이다. 그는 또한 아직도 계시적 은사가 계속되고 있다는 당시 사람들의 주장에 반대했다. 그런 것들로 인해 성경의 충분성과 궁극성이 손상될 것이라 믿었기 때문이다. 내가 이 부분에 대해 에드워즈와 생각을 달리함에도 이 점을 언급하는 것은, 그의 믿음이 성령을 향한 그의 사랑과 존경을 조금도 약화시키지 않았다는 것을 강조하기 위함이다.

　삼위일체에 관한 에드워즈의 서술을 보면 성령에 대한 독특한 이해가 잘 드러난다. 「삼위일체에 관하여 *Essay on the Trinity*」에서 그는 이렇게 적고 있다.

성부는 자존하시고 가장 절대적인 방식으로 계시는 제 일위의 신성이다. 성자는 하나님의 지성에서 나신 신성이다. 다시 말해 자신에 대한 온전한 이해를 가지고 그 이해 안에서 존재하시는 신성이다. 성령은 자기 자신에 대한 하나님의 무한한 사랑과 기쁨의 행위 안에 존재하시는 신성이다. 그리고…… 이 완전한 신성the whole Divine essence은 이런 신적인 이해와 신적인 사랑 모두에 참되고 독특하게 존재하고, 각 위격은 온전히 구분되는 인격이다.[95]

에드워즈는, 성령께서 성부와 성자 사이에서 영원토록 흘러나오는 사랑과 기쁨이기는 하지만 성부나 성자보다 아래에 계시는 분은 아니라는 사실을 조심스럽게 주장하고자 했다. 이 "완전한 신성"은 성령 안에도 참되게 존재하기 때문이다. 제 삼위인 성령께서도 다른 위격들과 마찬가지로 신성의 모든 속성과 영광을 영원하고 동등하게 가지신다. 자신의 주장이 성령을 성부와 성자 사이에 있는 비인격적인 힘 정도로 격하시키는 것이라고 생각하게 될까 봐, 에드워즈는 말이 끝나기가 무섭게 성부, 성자, 성령의 "각 위격은 온전히 구분되는 인격이다"라고 말하고 있다.

그는 또한 성령의 주된 사역을 성도로 하여금 진리를 깨닫게 하고 그들을 거룩하게 하시는 것으로 자주 언급하고 기록했다. 그의 다음 글을 읽어 보자.

삼위 하나님 가운데 거룩케 하는 직분을 가지고 신적인 생명과 빛을 신자의 영혼에 나누어 주시는 제 삼위의 영광을 느낄 때가 많았다.

그분의 성령으로 교통하실 때, 영혼을 채우고 만족케 할 만큼 충만하시고 충분하시고, 달콤한 교통 가운데 성령을 부어 주시고, 찬란하게 빛나는 해와 같이 달콤하고 명랑하게 빛과 생명을 흩뿌리시는 하나님께서 신적인 영광과 달콤함의 무한한 원천으로 다가왔다.

에드워즈는 여기서 자신이 지각한 하나님의 본성과 역사를 지극히 감각적인 언어로 다시 한 번 묘사한다. 스스로 원천이 되어 영원토록 흘러넘치는 샘과 같은 하나님이 "달콤한 교통" 가운데 스스로를 부어 주신다. 지옥에 합당한 영혼에게 전혀 부족함이나 모자람 없이 자기 자신을 알리고 내어주신다. 영원토록 마르지 않는 그분은 측량할 수 없고 다함이 없는 빛과 영광의 보고다! 그분은 자신의 임재에 목말라하는 모든 사람의 영혼을 능히 "해갈하고 채우실" 만큼 넉넉한 분이다.

이런 말은 "무엇이 부족한 것처럼 사람의 손으로 섬김을 받으시는" 것이 아니라, "만민에게 생명과 호흡과 만물을 친히 주시는" 자존하시는 모든 자족의 하나님에 대해 묘사하는 사도행전 17:25의 사도 바울의 말을 떠올리게 한다. 에드워즈가 그랬던 것처럼, 하나님께서 "신적인 영광과 달콤함의 무한한 원천"이라고 믿는다면, 우리가 드리는 예배나 헌금이나 봉사나 선한 의도와 같은 것이 하나님의 영광을 드높이거나 위대하게 만드는 데 어떤 식으로든 기여하게 될 것이라는 불경한 생각은 하지 않을 것이다.

하나님께서 "신적인 영광과 달콤함의 무한한 원천"이라면, 우리는 그분을 어떻게 예배해야 하는가? 우리는 그분을 어떻게 영화롭게 하는가? 어떤 태도와 마음으로 그분께 나아가야 하는가? 하나님이 마치 무엇이 부족해서 우리의 도움을 받는 분인 것처럼 하나님을 비하하지 않고도 하나님께 영광을 "돌리는" 방법은 무엇인가? 존 파이퍼는 이렇게 말한다.

> 하나님은 나(누가 되었든)의 도움을 필요로 하시는 분이 아니다. 내가 채워 드려야 할 어떤 결함을 가지신 분도 아니다. 하나님은 스스로 완전하신 분이다. 삼위 하나님의 교통으로 행복이 넘치시는 분이다. 굳이 말하면, 하나님은 저수통이 아니라 깊은 산속에서 솟아나는 샘이라고 할 수 있다. 깊은 산속에 있는 샘은 스스로 솟아난다. 끊임없이 솟아나 다른 것들을 흘러 적신다. 반면에 저수통은 펌프나 양동이로 물을 퍼 담아야 한다. 저수통의 가치를 드러내고 쓸모 있게 하려면, 부지런히 물을 퍼 날라 채워야 하지만, 샘의 가치는 그렇지 않다. 당신이 무릎을 꿇고 두 손으로 물을 퍼 가슴 깊이 들여 마시고, 동네로 내리 달아 당신이 발견한 샘을 사람들에게 말해 줄 때 샘의 가치는 드러난다. 산 아래에 있는 강에서 물을 끌어 올려 열심히 샘에 퍼 담는 것은 깊은 산속에서 솟아나는 샘을 가치 있게 하는 것이 아니다. 우리가 지금까지 살펴본 대로, 하나님은 당신의 수고를 필요로 하는 저수통이 아니라 깊은 산속에서 끊임없이 솟아나는 샘과 같다. 하나님이 샘과 같은 분이시기 때문에 하나님을 기쁘시게 하는 것은 무엇을 드리기 위해서가 아니라 그분이 주시는 것을 얻기 위해, 물을 퍼 담기 위해서가 아니라 물을 들이키기 위해 그분께 나아가는 것이라는 성경의 사실이 우리에게는 전혀 새삼스럽지 않다.

이 사실을 붙드는 우리의 믿음은 더욱 강해진다.

하나님께서는 내가 드려야 할 한 가지―나의 목마름―를 가장 기뻐하시는 분이라는 성경의 진리를 붙잡는 것만이, 불의함으로 넘쳐나는 사망의 골짜기를 살아가는 죄인이 가질 수 있는 소망이다. 하나님께 있는 주권적인 자유와 자기 충족성이 나에게 너무나 소중한 이유가 바로 여기 있다. 이런 것들이야말로 많은 물을 길어 오는 것이 아니라, 파산한 죄인들이 은혜의 샘에서 마시기 위해 무릎을 꿇는 것을 하나님께서 기뻐하신다는 내 소망의 근거다…….

다시 말하면, 소망 없는 죄인들을 위한 말로 다 할 수 없는 좋은 소식―하나님께서는 우리가 우리의 능력을 보여드리기보다 그분의 능력이 나타나기를 기다리는 것을 기뻐하신다―곧 내가 몇 번이고 다시 들어야 할 좋은 소식은, 주권적이시고 스스로 부족함이 없으시고 자유로우신 하나님에 대한 비전에 확고한 근거를 두고 있다.[96]

하나님을 섬기기 위해서든, 예배하기 위해서든 아니면 예수님 안에서 우리를 위하시는 그분의 모든 것을 누리기 위해서든 간에 우리는 하나님께 다음과 같이 나아가야 한다.

하나님을 더 권능 있게 하거나 부요하게 하거나 높아지게 할 만한 어떤 것도 드릴 수 없다는 자신의 철저한 무능력을 고백하면서 나아가야 한다.

여러분이 가진 것이 무엇이든, 여러분이 누구이든, 여러분이 이룬 것 혹은 이루고자 하는 것이 무엇이든 간에 그 모든 것은 하나님께서 여러분에게 은혜의 선물로 주신다는 사실에 진심으로 감사하면서 나아가야 한다.

하나님께서 주시는 힘으로 봉사하고(벧전 4:10), 하나님께서 벌게 하신 재물로 돕고, 하나님을 찬양할 때도 그리스도 예수 안에서 여러분을 위해 자신을 주신 하나님을 아는 지식과 구원 때문에 하나님을 찬양한다고 마음과 입술로 선언하고 나아가야 한다.

여러분의 모든 필요를 채우시는 부족함이 없으신 하나님을 선언하며 나아가야 한다. 하나님의 사랑을 찬양하라. 그분이 그렇게 사랑하는 분이 아니었다면, 여러분은 하나님의 정의로운 심판 아래 영원히 정죄를 받았을 것이다. 그분의 권능을 찬양하라. 그분이 무력했다면, 약속하신 것을 능히 이루실 것이라는 소망도 가질 수 없었을 것이다. 죄를 용서하시는 그분의 긍휼을 찬양하라. 그리스도의 보혈로 여러분을 깨끗이 씻기로 하지 않으셨다면, 여러분은 여전히 자신의 죄 가운데 소망 없이 살고 있었을 것이다. 이렇게 우리는 하나님을 찬양함이 마땅하다!

자신의 빈 잔을 들고 다음과 같은 복에 겨운 탄원을 드리며 나아가라. "하나님, 제 잔을 넘치도록 채우셔서 하나님을 영화롭게 하소서!"

연약하고 방황하는 마음을 가지고 기쁨으로 구하면서 나아가라. "하나님, 하나님의 뜻을 행하고 하나님의 길에 머물 수 있도록 저를 강건하게 하셔서 영광을 받으십시오!"

속절없이 하나님을 바라면서 기도로 나아가라. "하나님, 저의 대적들과 어려움에서 저를 건지셔서 영광을 받으십시오!"

자신의 죄를 가지고 감사함으로 기도하며 나아가라. "하나님,

저를 육체의 속박으로부터 풀어 주시고 제게 있는 탐욕과 시기와 정욕의 사슬을 끊으셔서 하나님을 영화롭게 하십시오!"

　기쁨과 즐거움을 향한 갈망을 가지고 간절히 부르짖으며 나아가라. "하나님, 충만한 기쁨으로 저를 채우심으로 하나님을 영화롭게 하소서! 하나님, 다함이 없는 즐거움을 저에게 주셔서 하나님을 영화롭게 하소서! 하나님, 하나님으로 제 마음을 흡족하게 하셔서 영광을 받으십시오! 하나님, 하나님의 아름다움으로 저를 사로잡으셔서……하나님의 위엄으로 저를 압도하셔서……비교할 수 없이 무한한 주님의 장엄함을 새롭게 알게 하사 저를 매료시키셔서 하나님을 영화롭게 하소서! 하나님, 예수 그리스도의 얼굴에 있는 하나님을 아는 지식의 광채를 제 마음에 비추사 하나님을 영화롭게 하소서!"

26장_ 고통스럽지만 유익한 죄의 자각

일부 그리스도인은 에드워즈 「신앙고백」의 어떤 부분을 아주 불편하게 여겼다. 자신의 죄악됨을 묘사하는 에드워즈의 말이 지나치게 내면 지향적이고 너무 비관적이고 음울하다는 것이다. 회심하기 전 우리의 상태에 대해서는 이렇게 볼 수도 있지만, 일단 거듭나서 의롭게 되고 용서받았다면 우리는 그리스도 안에 있는 새로운 피조물이기 때문에, 우리의 관점은 긍정적인 방향으로 완전히 바뀌어야 한다는 것이다. 이에 대한 에드워즈의 묘사를 살펴보자.

이 마을에 살기 시작한 이래로 나는 나 자신의 사악함과 죄악됨을 분명히 목도할 때가 많았다. 그럴 때마다 나는 소리 내어 울지 않을 수 없었고, 그런 상태가 너무 오랫동안 지속되어서 다른 사람들을 만나지도 못하고 혼자 있어야 하는 때가 한두 번이 아니었다. 나 자신이 얼마나 사악하고 나쁜지, 회심하기 전보다 훨씬 더 분명하게 다가왔다. 하나님께서 내 죄를 일일이 언급하신다면, 나는 이 세상이 시작된 이래 존재한 모든 인류 가운데 가장 나쁜 인간으로 드러날 것이고, 지옥에서도 가장 몹쓸 곳에 있어야 할 것처럼 보일 때가 한두 번이 아니었다. 자신의 죄 문제를 이야기하기 위해 나를 찾아온 사람들이 자기는 마귀와도 같이 사악하다고 털어놓을 때면, 그들의 그런 말조차 나의 사악함을 표현하기에는 지극히 경미하다고 느꼈다.

나의 죄는 무한히 퍼붓는 홍수나 내 머리 위로 무너져 내리는 산들과 같이 말로 할 수 없을 만큼 엄청난 것이었다. 어떤 생각이나 상상력으로도 제대로 표현할 수 없을 정도였으며, 오랫동안 이런 상태가 지속되었다. 그저 내 죄가 내 머리 위로 무한히 쌓이고 또 쌓이는 것처럼 느껴졌다. 이런 상태가 수년 간 지속되었는데, 이 시간 동안 내 생각과 입술에는 '무한한 죄에 무한히 더해지는 무한한 죄!'라는 말 외에는 다른 말이 떠오르지 않았다. 내 마음을 들여다보고 내 사악함을 주목하면, 그것은 마치 지옥보다 더 깊은 심연과도 같았다. 위대하신 여호와의 모든 영광과 충만함의 무한한 높이에까지 이르는 값없는 은혜와, 그 권능의 모든 위엄과 영광스러운 주권 가운데 내미시는 은혜와 능력의 팔이 없었다면, 나는 틀림없이 죄악으로 인해 아무도 볼 수 없고, 오직 심연의 밑바닥까지 꿰뚫고 미치시는 하나님의 주권적인 은혜의 시선만이 다다를 수 있는, 지옥보다 더 낮은 데로 꺼져 들어갔을 것이 분명하다. 그러나 이런 죄의 크기에 비해 죄에 대한 확신은 보잘것없고 미미했다. 그 이상 내 죄를 더 느낄 수 없다는 사실에 나는 경악할 수밖에 없었다. 나의 죄악 때문에 슬퍼하고 울부짖기도 했지만, 그때마다 내가 저지른 죄에 비해 내가 하는 회개는 아무것도 아니라는 것을 알았다.

최근에 상한 마음에 대한 갈망이 크게 일어났다. 하나님 앞에 낮게 엎드리고 싶었다. 겸손을 위해 기도할 때마다, 다른 그리스도인들보다 더 겸손하지 못한 내 모습에 견딜 수가 없었다. 사람들이 가지고 있는 겸손의 정도가 다 각자에게 맞는 것이겠지만, 가장 낮은 자리까지 겸손해져야 할 내가 그렇게 하지 못하는 것은 내 안에 있는 악한 자긍심 때문인 것 같았다. 사람들은 '티끌에까지 낮아지고' 싶다고 이야기한다. 이런 표현이 그들에게는 적합할지 모르지만, 나는 항상 "하나님 앞에서 무한히 낮아져야" 한다고 생각했다. 오랫동안, 기도할 때마다 이런 기도를 드리는 것이 나에게는 지극히 당연한 일이었다. 내가 초신자였을 때 내 마음에 남아 있는 무한한 사악함, 교만함, 외식, 속임에 대해 내가 얼마나 무지했는지 생각하면 너무 마음이 아프다.

에드워즈가 자신의 죄악됨을 지나치게 강조하고 있는가? 그는 극도로 예민한 양심에 시달린 사람이었는가? 우리가 보기에는 그럴지도 모른다. 그러나 에드워즈 자신이 보기에는 전혀 그렇지 않았다. 우리가 가진 많은 자료를 통해 그의 생애를 살펴보면, 그는 사실 누가 보더라도 이제까지 가장 경건하게 살았던 사람들 가운데 한 명이다. 에드워즈가 다른 사람들의 사악함과 자신의 죄악을 문자적이고 양적으로 비교해서 그런 결론을 내렸다고는 생각하지 않는다. 사람들의 죄와 사악함에는 다 그 정도가 있다. 어떤 것은 다른 것들보다 더 사악하다. 그러나 에드워즈의 관심을 사로잡았던 것은 다른 사람들의 죄와 비교해서 자신의 죄가 어느 정도냐 하는 것이 아니라, 하나님의 기준에서 자신이 얼마나 멀리 떨어져 있는가 하는 것이었으리라.

에드워즈 자신의 개인적 타락에 대한 지각과 인식은 하나님의 무한한 거룩에 비추어 자신을 바라본 데서 비롯되었다. 이런 에드워즈가 스스로에 대해 내릴 수 있는 합당하고 유일한 결론은 모든 사람들 가운데 자신이 "가장 나쁜" 사람이고, "지옥에서도 가장 낮은 자리"에 앉기에 합당한 사람이라는 것이다. 우리가 에드워즈와 비슷한 결론에 도달하지 못한 것은 우리가 자신의 영혼을 초자연적인 의로움에 비추어 바라보기보다는 우리끼리 서로 비교하느라 너무 많은 시간을 허비했기 때문이라고 말하면 너무 지나친 것인가?

에드워즈가 자기의 타락과 사악함을 생생하게 지각할 수 있었던 이유는 무엇인가? 나는 이런 지각이 하나님을 아는 지식에서 왔다고 생각한다. 우리 자신을 이렇게 보지 못하는 이유는 우리가 하나님을 전혀 알지 못하기 때문일 수도 있다. 우리가 하나님을 안다고 할지라도, 하나님의 거룩과 그분의 순결함과 측량할 수 없는 의로움과 상상할 수 없을 정도로 깊은 그분의 고결함과 진리와 선을 향한 그분의 뜻과 헌신에 대해 우리가 거의 알지 못하고 있기 때문일 수도 있다. 우리가 그분을 제대로 안다고 하면, 우리가 "사소한 잘못"이라고 쉽게 간과하는 것들이 갑자기 소스라치게 놀랄 정도로 구역질 나고 소름 끼치는 악으로 드러날 것이기 때문이다.

여러분이 흑암 가운데 있다면 타락을 깨닫기가 쉽지 않을 것이다. 그러나 여러분이 하나님 영광의 빛 가운데 행한다면 모든 흠과 결점이 비교할 수 없을 만큼 크게 보일 것이다. 우리가 느끼지 못하는 것을 에드워즈가 느낄 수밖에 없었던 이유가 바로 여기 있다. 또한 우리가 자신의 죄에 너무 익숙해졌고, 심지어 죄를 편하게 느끼는 지경에 이르렀기 때문에, 기껏해야 죄에 대해 불평하고 투덜거리는 정도로 끝나는 것은 아닐까?

오늘날과 같이 온갖 인간중심적인 치료가 판치는 세상에서는 에드워즈와 같이 청교도적인 사람을 보면 다음과 같이 말할 것이다. "맘을 편히 가지게! 스스로에게 그렇게까지 가혹하게 하지 말게나. 자네가 스스로에 대해 생각하는 것처럼 자네는 그렇게 나쁜 사람이 아니야. 단지 자네 자아상에 조금 문제가 있을 뿐이라네." 에드워즈가 자신에 대해 묘사한 것은 결코 오늘날 우리가 흔히 "낮은 자존감"이라고 부르는 것 때문이 아니라, 성경에서 말하는 "높은 수준의 하나님 존중" 때문이었다고 단언한다!

에드워즈가 지옥과 그곳에서의 영원한 고통과 영원한 심판이 의롭다는 사실에 대해 그토록 깊이 이해했던 것도 이것 때문이었을까? 사람들이 하나님을 잘 모르기 때문에 지옥을 부정하고 반감을 갖는다. 하나님을 아는 지식은 죄를 알게 한다. 그리고 죄를 알게 되면, 지옥이 합당하게 여겨진다. 우리가 하나님을 경시하기 때문에 지옥의 개념이 부당한 것처럼 보인다.

우리가 또한 기억해야 할 것은 에드워즈 자신이 타락했다는 사실 때문에 움츠러들거나 무기력해지지 않았다는 사실이다. 정결한 삶을 향한 그의 발걸음이 위축되지도 않았다. 자신의 도덕적인 부패의 실체에 함몰되거나, 하나님께 나아가는 것을 단념하거나 수동적인 삶을 정당화하거나 더 나아가서 타락에 대한 핑계로 삼지 않았다. 어떻게 그럴 수 있었을까 묻고 싶은가? 그의 마음에서 하나님의 은혜와 끝없는 사랑과 그리스도 예수 안에 있는 구속의 긍휼이 죄의 실체보다 더 분명하고 능력 있게 하나의 실체로 자리하고 있었기 때문이다. 다시 그의 말을 들어 보자. "위대하신 여호와의 모든 영광과 충만함의 무한한 높이에까지 이르는 값없는 은혜와, 그 권능의 모든 위엄과 영광스러운 주권 가운데 내미시는 은혜와 능력의 팔이 없었다면, 나는 틀림없이 죄악으로 인해 아무도 볼 수 없고, 오직 심연의 밑바닥까지도 꿰뚫고 미치시는 하나님의 주권적인 은혜의 시선만이 다다를 수 있는, 지옥보다 더 낮은 데로 꺼져 들어갔을 것이 분명하다."

아, "하나님의 주권적인 은혜의 시선"이여! 오직 하나님의 이 시선만이 지옥의 가장 낮은 심연까지 굽어 살펴서 그 속에 함몰되어 있는 죄악된 영혼을 찾아내고, 기쁨과 자유와 용서의 높은 곳까지 들어 올린다.

즐겁게 의지함

앞서 말한 것처럼, 에드워즈는 자기 죄의 실체에 좌절하기보다는 하나님의 강력한 은혜와 주권적이고 선하신 기쁨을 더욱더 간절하게 의뢰했다.

나는 요즘 내가 얼마나 하나님의 은혜와 능력과 순전한 기쁨에 전적으로 의존하고 있는지, 이전보다 더 크게 절감하고 있다. 나 자신의 의로움이라는 것이 얼마나 혐오스러운 것인지에 대해서도 더 깊이 느끼고 있다. 내 안에서 일어나는 모든 즐거움, 친근함, 나의 행위와 체험, 마음과 삶의 선한 것들을 생각할 때마다 역겹고 거북하기만 했다. 나의 교만함과 자기 의와 같은 것을 이전보다 더 민감하게 느꼈고, 이런 생각들 때문에 매우 힘들었다. 내 주변 어디서나 끊임없이 일어나 고개를 쳐드는 뱀들을 볼 수 있었다.

이런 말이 현대인에게는 얼마나 이상하게 들릴까! 오늘날 사람들은 자신의 행동이나 생각을 성찰해 보는 것을 가지고 자신의 "마음이나 생활의 장점"이라고 하면서 자랑스럽게 뽐내고 드러낸다. 자신의 업적을 다른 사람들에게 알리기에 혈안이 되어 있다. 많은 사람들이 그런 즐거움을 삶의 목적으로 삼고 살아간다. 에드워즈는 그런 즐거움을 혐오할 뿐 아니라 역겨워 했다.

우리가 "얼마나 하나님의 은혜와 능력과 순전한 기쁨에 전적으로 의존하고 있는지" 에드워즈가 알았던 것처럼 알고 있는가? 아마 그렇지 못할 것이다. 에드워즈의 글을 읽으면서 사도 바울이 "힘에 겹도록 심한 고난을 당하여 살 소망까지 끊어"졌다고 말한 고린도후서 1:8-11이 떠올랐다(8절). 이미 "사형 선고를 받은" 몸이라고 느낄 정도였다(9절). 그럼에도 그는 이 모든 것이 "우리로 자기를 의지하지 말고 오직 죽은 자를 다시 살리시는 하나님만 의지하게" 하신 것이라고 말한다(9절).

제임스 데니 James Denney는 그의 고린도후서 주석에서 에드워즈가 이 말을 하면서 마음에 품었던 바를 잘 잡아내고 있다.

우리는 본성적으로 스스로를 의지한다. 이런 습성은 우리의 본성일 뿐 아니라 일생의 습관을 통해서 굳어진 것이기 때문에, 어지간한 어려움이나 곤경을 통해서는 이것을 깨뜨리지 못한다. 우리에게 있는 자기확신을 뿌리 뽑기 위해서 하나님께서는 그분이 하실 수 있는 모든 것을 하신다. 하나님께서는 우리를 절망으로 몰아가셔야만 한다. 우리 마음에서 우리가 들을 수 있는 소리, 도움을 받기 위해 사방을 둘러보아도 들리는 소리라고는 오직 죽음, 죽음, 죽음일 정도로 극심한 절망 가운데 우리를 데려가셔야 한다. 초인적인 소망이 잉태되는 곳이 바로 이런 절망의 자궁이다. 바로 이런 절대적인 무기력을 통해서 인간은 하나님을 향한 신뢰를 새롭게 한다.…… 우리 대부분은 어떻게 하나님의 섭리를 신뢰하게 되는가? 무수한 경험을 통해 사람이 우리의 발걸음을 인도하는 것이 아니라는 사실을 알게 됨으로써가 아닌가? 끊임없이 우리의 자원과 모략의 한계에 이르고, 우리와 비교할 수 없이 지혜롭고 자애로운 지혜와 사랑이 우리를 위해 일하지 않는다면 우리의 삶은 도덕적 혼돈 그 자체라는 것을 절감했을 때가 아닌가?…… **오직 절망과 자포자기의 절체절명의 순간을 통해서만 우리는 하나님의 사랑에 눈뜨게 된다.**[97]

복음의 탁월성에 대한 결론적 언급

에드워즈라면 복음 자체의 탁월성에 대한 다음의 말로 자신의 「신앙고백」을 마무리 지었을 것이라는 생각이 든다.

> 어떤 면에서 보면 처음 회심한 후 이삼 년 동안 지속적으로 큰 기쁨과 즐거움을 누렸던 내가, 지금보다 훨씬 더 나은 기독교인이었던 것처럼 보이지만, 나는 그때보다 최근 몇 년 동안 더 충만하고 지속적으로 하나님의 절대 주권을 느꼈고 그것을 즐거워하고, 복음을 통해 계시된 중보자이신 그리스도의 영광을 더 많이 자각했다. 특별히, 모든 다른 교리보다 뛰어난 복음의 탁월성을 놀랍게 발견한 어느 토요일 밤, 혼잣말로 복음에 대해 이런 말을 할 수밖에 없었다. "이것이 바로 나의 가장 소중한 빛, 나에게 가장 특별한 교리다." 그리스도에 대해서는 "이 분이 바로 나의 가장 최고의 예언자다"라고 중얼거렸다. 그리스도를 따르고 그분께 배우고 조명을 받고 교훈을 얻고 그분을 배우고 그분에게까지 자라가는 것이 말할 수 없이 달콤하게 다가왔다.
>
> 또 다른 어느 토요일 밤(1739년 1월), 하나님의 거룩한 마음에 부합한, 마땅히 해야 할 의로운 일을 하면서 신자로서의 의무를 다하는 삶이 내게 너무 달콤하고 복되게 다가왔다. 나는 이런 마음에서 터져 나오기 시작한 울음을 가눌 길이 없어서 사람들이 없는 곳으로 가 문을 닫고 혼자 있어야 했다. 나는 정말 울 수밖에 없었다. "하나님이 보시기에 합당한 일을 행하면서 사는 사람들은 얼마나 복

받은 사람들인가!" 바로 이때, 하나님께서 이 세상을 통치하시고 모든 만물을 그분의 기쁘신 뜻대로 다스리신다는 사실이 물밀듯이 감동적으로 다가왔고, 하나님께서 통치하고 계시고 그분의 뜻이 이루어질 것이라는 사실에 뛸 듯이 기뻤다.

여러분은 어떤 일로 눈물을 흘리는가? 성경이 말하는 순종이 에드워즈가 느꼈던 것과는 다르게 다가오는 사람들이 있을 것이다. 그들은 자신이 믿는 바, 하나님의 율법이라는 강압적인 짐 아래 비굴해진다. 성경이라는 구속복을 입기라도 한 것처럼 스스로 갇혀 있다고 느낀다. 그들에게 하나님은 모두가 다 자기처럼 불행해야만 직성이 풀리는 성질 사나운 폭군처럼 느껴진다. 하나님 말씀의 계명은 그들이 이제까지 일구어 온 작은 행복과 즐거움마저 빼앗아 가기 위해 교묘하게 짜 놓은 계략처럼 쓰라리기만 하다. 이런 그들이 "의무"라든지 "마땅히 해야 할 의로운 일"과 같은 말을 듣고 슬퍼하는 이유는 바로 이런 생각에서다.

에드워즈는, "의무의 길을 따라" 걷는 것이 "너무 달콤하고 복된" 나머지 다른 사람에게 방해가 될 정도로 큰 울음을 터뜨리는 바람에 혼자 있을 수 있는 곳을 찾아가서 울어야 했다! 그리스도인의 삶에 대한 이런 관점은 도대체 어디서 온 것인가? 그가 하나님의 마음과 천지를 지으신 하나님의 목적을 깨달음으로써 그런 관점을 가질 수 있었다.

하나님의 은혜와 자비와 선하심이 그분이 우리에게 주신 계명을 통해서 찬란하게 빛나고 있다고 에드워즈는 확신했다. '그리스도인의 행복Christian Happiness'이라는 설교에서 그는 이렇게 말한다. "가장 자애로운 그분이 우리를 위로하기 위해 하신 일들 가운데 이 일보다 더 큰 일이 또 어디 있겠는가? 그분이 우리에게 바라시는 것은 우리가 스스로를 비참하게 만드는 길에서 돌이켜 행복해지는 것이다."[98]

들었는가? 이 말을 그냥 지나치지 않기 위해 잠시 멈추어야겠다. 다시 한 번 이 말을 읽어 보라. 하나님께서 우리에게 바라시는 것은 "우리가 비참해지는 길에서 돌이켜 행복해지는 것이다." 이 말씀을 하신 분이, 지난 수년 동안 여러분이 "섬겨 온" 바로 그 하나님이 맞는가? 그래야 한다. 자, 이제 하나님께서 어떻게 여러분의 이 위대한 열망을 이루어 가시는지 에드워즈의 설명을 계속해서 들어 보자. 깜짝 놀라게 될 것이다.

> 우리가 비참하지 않고 행복해야 할 것을 사람의 방식대로 말하고자 하는 강한 열망을 가지고 하나님께서는, 우리가 그분께 있는 긍휼과 선하심을 향해 나아가게 하시고, 우리를 그렇게 만들 수 있는 일들만을 우리에게 명령하신다. 자신의 신하, 자신의 종, 자신의 자녀에게 유익과 선이 될 것만을 명령하고 요구하는 이가 있다면, 우리는 그를 놀랍도록 인자한 왕, 놀랍도록 친절한 주인, 한없이 자애로운 아버지라고 생각하지 않겠는가? 하나님께서 바로 우리에게 그런 왕이시고 그런 주인이시고 그런 아버지이시다.[99]

하나님의 입에서 나온 모든 규례들 하나하나, 모든 계명들 한 절 한

절은, 이런 규례와 계명에 순종하는 이들을 상상할 수 있는 최상의 행복으로 불러들이기 위해 친히 작정하신 것이다. 그렇게 하신 이유는 무엇인가? 여러분이 하나님으로 가장 흡족해 할 바로 그때 하나님께서 가장 큰 영광을 받으시기 때문이다![100] 하나님의 율법을 콩기름과 같이 경솔하게 삼켜 버리지 말라. 율법을 주신 하나님의 의도를 알게 되면, 이 율법이 여러분의 입술에 꿀과 같이 달고, 여러분의 영혼을 소성시키고, 하나님의 율법이 정하는 의무들이 무엇보다도 "사랑스럽고 복되게" 드러날 것이기 때문이다.

부록

조나단 에드워즈의 생애·사역·저작에 대한 연보[101]

인용문 말미에 "예일Yale"이라는 말과 함께 나온 숫자들은 인용문을 가져온 예일대학판 에드워즈 전집[102]의 권수와 페이지를 가리킨다. 에드워즈의 생애에서 일어난 주요 사건들 외에도, 에드워즈의 사역을 좀 더 넓은 틀에서 이해할 수 있도록 하는 중요한 역사적 사건들의 날짜와 더불어 간접적으로 그와 관계되는 의미 있는 일들을 괄호 안에 넣었다.

〔*1701년* 코네티컷 주 뉴헤이븐에 예일대학이 설립되다.〕

1703년 10월 5일 코네티컷 주 이스트윈저에서 에드워즈가 태어나다.

에드워즈는 형제 없이 열 명의 누이가 있었는데, 이들은 모두 키가 적어도 180센티미터가 넘었다. 그의 친할머니는 상습적으로 간통을 저질렀고, 다른 남자의 아이를 낳았다. 정신병이 있었던 그녀는 자주 발작적으로 흥분하고 화를 냈으며, 폭력을 사용해 사람들을 위협했다(그녀의 여동생은 자신의 아이를 살해했고, 그녀의 오빠는 자기의 누이를 도끼로 죽였다). 그녀는 결국 가족을 버리고 도망했고, 에드워즈의 할아버지는 할머니와 이혼하기에 이른다.

에드워즈는 어릴 적에 아버지로부터 다방면에 걸친 신학적 훈련을 받았다. 그는 여섯 살에는 라틴어를, 열두 살에는 헬라어와 히브리어를 읽을 수 있었다.

[1706년 벤저민 프랭클린이 태어나다.]

1710년 1월 9일 코네티컷 주 뉴헤이븐에서 에드워즈의 아내가 될 사라 피어폰트가 태어나다.

1712년 이스트윈저에서 영적 각성을 경험하다. 늪지에 기도 움막을 짓다(에드워즈는 자신이 아직 참된 회심을 경험하지 못한 때였다고 생각함).

1716-1720년 학부생 시절을 보내다.

당시에는 보통 열여섯 살에 학부를 시작했다. 9월 웨더스필드에 있는 코네티컷 칼리지에서 학부를 시작했다. 10월에 새로 지은 예일대학에서 공부하기 위해 뉴헤이븐으로 이사했지만, 지도교수인 새뮤얼 존슨Samuel Johnson과의 불화로 다시 웨더스필드로 돌아왔다. 존슨이 떠나자 에드워즈는 6월에 다시 뉴헤이븐으로 갔다. 최고 학년이 되었을 때(1719-1720년) 그는 늑막염을 심하게 앓았다. 9월 졸업식에서 라틴어로 고별사를 했다.

1719-1720년 '곤충에 관하여Of Insects'를 저술하다.

1720-1721년 '그리스도인의 행복Christian Happiness'이라는 제목으로 공적인 첫 설교를 하다.

1720-1722년 예일대학에서 석사과정(M.A.)을 밟다.

1721년 봄 깊은 신앙 체험(회심?)이 시작되다(4월 무렵).

성경 한 구절을 묵상하다가 하나님 임재의 달콤함에 대한 깊은 사랑을 시작하다.

"처음 맛본 이래로 지금까지 풍성하게 누려 온 하나님과 신적인 일들에 대한 내적이고도 달콤한 즐거움을 내가 처음 발견한 것은 디모데전서 1:17을 읽고 있을 때였다. '영원하신 왕 곧 썩지 아니하고 보이지 아니하고 홀로 하나이신 하나님께 존귀와 영광이 영원무궁하도록 있을지어다. 아멘.' 이 말씀을 읽을 때 내 영혼은 거룩한 하나님의 영광을 지각했고, 내 존재 전체가 그것을 받아들이는 것 같았다. 내가 지금까지 경험한 모든 것과는 전혀 다른 새로운 지각이었다. 성경의 어떤 말씀도 당시의 이 말씀처럼 다가온 적은 없었던 것 같다. 하나님이 얼마나 탁월한 분이신지 묵상했고, 내가 이런 하나님을 누린다면, 그리고 천국에서 이런 하나님께 사로잡히고 영원히 삼킴을 받는다면 얼마나 행복할까 생각했! 내 자신에게 이 말씀으로 된 노래를 들려주듯, 나는 계속해서 이 말씀을 되뇌었다. 그분을 누리기 위해 기도의 자리로 나아갔다. 전혀 새로운 감정으로 기도할 수 있었고, 기도하는 것이 이전과 완전히 달라졌다"(「신앙고백」).

1721년 '무지개에 대하여Of the Rainbow', '빛에 관하여Of Light Rays'를 저술하다. '자연 철학Natural Philosophy', '원자에 관하여Of Atoms', '존재에 관하여Of Being', '상상의 편견Prejudices of the Imagination'을 저술하기 시작하다.

1722년 8월-1723년 4월 뉴욕 시에 있는 장로교회에서 목회를 하다.

1722년 늦가을에 그는 자신의 '결심문Resolutions'을 기록하기 시작했다.

1723년 8월 17일 마지막 일흔 번째 결심을 기록했다. 그해 12월에 그는 자신의 영적 일기를 쓰기 시작했다. 이 일기는 1722년부터 1725년 사이에 간헐적으로 기록되었고, 여기에 1734년부터 1735년 사이에 네 개를

더 기록했다. 이 기간에 또한 자신이 읽은 책과 읽고 싶은 책의 목록인 '카탈로그Catalogue'를 적어 가기 시작했다. (에드워즈가 뉴욕에 도착하기까지 거의 18개월 동안 그는 자신의 부모와 회심의 본질에 관해 논쟁을 벌이고 있었다[Yale 10:261-278]. 1723년 8월 12일 일기에서 이렇게 적고 있다. "지금 나의 구원에 대해 어떤 식으로든 의구심을 갖는 것은 뉴잉글랜드 사람들과 옛날 영국의 비국교도들이 체험했던 회심의 구체적인 단계들을 내가 체험하지 못했기 때문이다. 그래서 나는 이제부터 그들이 그런 구체적인 단계들을 통해 회심할 수밖에 없었던 실제적인 이유와 근거에 대해 만족스러운 대답을 찾을 때까지 쉬지 않을 것이다.")

1722년 9월 예일대학의 학장인 티모시 커틀러Timothy Cutler, 그리고 두 명의 지도교수 가운데 한 명과 다섯 명의 지역교회 목사들이 국교회로 전향하겠다고 공개적으로 선언했다(이는 "대배교The Great Apostasy"로 잘 알려진 사건이다). 사람들은 국교회가 "알미니안적 주장Arminian impulses"에 대해 타협적인 태도를 취하고 광교회주의Latitudinarianism를 수용하고 국교회 예배의식에 권위주의와 타락의 위험성이 잠재되어 있다고 우려를 표했다.

1722년 10월 「묵상글 모음*The Miscellanies*」을 기록하기 시작하다. 「묵상글 모음」은 하나의 짧은 문단에서부터 몇 페이지에 이르는 글들을 모아 놓은 것으로, 여기에는 1,400개가 넘는 짧은 기록들이 있다.

"목회를 처음 시작한 때부터 제 연구의 많은 부분은 기록을 통해 이루어졌습니다. 기록을 통해 마음에 떠오른 모든 중요한 생각을 발전시켜 나갔습니다. 책을 읽거나 묵상을 하거나 대화를 하는 가운데 중요한 문제에 대해 도움이 될 만한 것이 떠오르면 최선을 다해 실마리를 찾아냈습니다. 이런 방식으로 제게 유익이 되는 수많은 주제들에 대해서 떠오른 가장 좋은 생각들을 적어 나갔고, 오랫동안 이렇게 연구를 하면 할수록 그 방법은 몸에 익어서 제게 더 유익하고 즐거운 것이 되었습니다"(1757년 10월 19일. 뉴저지대학 평의회에 보낸 편지).

1723년 「묵상글 모음」 aa-93을 기록하다.

1723년 4월 뉴욕 시에서 했던 목회를 마치다.

1723년 5월 이스트윈저에 있는 집으로 돌아오다.
    사라 피어폰트에 대한 찬사의 시를 쓰다(당시 그녀는 불과 열세 살이었다).

1723년 9월 예일대학에서 석사과정(M.A.)을 마치다. 라틴어로 쓴 그의 논문은 (아담의 죄가 그의 후손에게, 그리고 그리스도의 의가 신자들에게 돌려지는) 전가imputation의 교리에 관한 것이었다.

1723년 9월 '마음The Mind'이라는 제목의 글을 쓰기 시작하다.

1723년 10월 '요한계시록 주해Notes on the Apocalypse'를 시작하다.

1723년 10월 23일 '거미에 대한 글Spider Letter'을 쓰다.

1723년 11월 '사라 피어폰트에게Apostrophe Sara Pierpont'를 쓰다.

1723년 11월-1724년 5월 코네티컷 주 볼턴에 있는 교회에서 목회를 하다.

1724년 「묵상글 모음」 94-146을 기록하다.

1724년 1월 '성경 주해Notes on Scripture'를 시작하다.

1724년-1726년 5월 21일 예일대학에서 가르치다(1725년 가을에 세 달 동

안 심하게 아팠다.

"이렇게 아픈 가운데 하나님께서 성령의 달콤한 감화로 나를 다시 찾아오셨고, 내 마음은 신적이고 즐거운 일들과 영혼이 동경하는 것들에 깊이 몰두했다"(「신앙고백」).

1724년 9월 알 수 없는 영적인 어려움에 시달렸고, 이로 인해 그는 삼 년 동안이나 의기소침하게 지냈다. 다음에 나오는 일기는 *그가 1726년 9월 26일에 쓴 것이다.*

"삼 년 전 졸업식이 있기 한 주 전 이맘때쯤에 이런 상태가 시작되었으니, 삼 년 동안 대부분의 시간을 의기소침하고 우울한 마음으로 지낸 셈이다. 이때는 전과 달리 영적인 일들에 대해서도 비참할 정도로 무감각하게 지냈다"(Yale, 16:788).

1725년 「묵상글 모음」 152-195를 기록하다.

1726년 「묵상글 모음」 196-237, 261-262, 267-274, 313-313을 기록하다.

1726년 4-7월 코네티컷 주에 있는 글래스턴베리에서 이따금씩 설교하다.

1726년 8월 29일 노샘프턴에 있는 외조부 솔로몬 스토다드로부터 도와달라는 부탁을 받다. 9월에 가르치는 일을 그만두고, 11월에 요청을 받아들여 노샘프턴으로 가다.

1727년 「묵상글 모음」 238-255, 279-305, 315-317을 기록하다.

1727년 2월 15일 노샘프턴 교회의 목사로 세워지다.

1727년 7월 28일 사라 피어폰트와 결혼하다.

1727년 가을 삼 년 동안의 긴 침체로부터 극적인 회복을 경험하다.

1727년 10월 29일 뉴잉글랜드에 큰 지진이 일어나고, 이어 짧은 영적 각성이 이어졌다. 12월 21일 전국적으로 지켜진 금식일에 '임박한 진노를 피할 수 있는 유일한 길은 오직 개혁뿐이다Impending Judgments Averted Only by Reformation'라는 제목으로 설교했다.

1728년 9월 혹은 10월 '신적인 일들의 그림자Shadows of Divine Things'라는 제목의 글을 시작했다. 이 책은 나중에 「신적인 일들의 형상*Images of Divine Things*」이라는 이름으로 제목이 바뀌는데, 1756년까지 기록했다.

1728년 8월 25일 첫째 아이 사라Sara가 태어나다.

1728년 「묵상글 모음」 256-260, 265-266, 275-278, 306-310, 318-384를 기록하다.

1729년 「묵상글 모음」 385-454를 기록하다.

1729년 외조부 스토다드가 죽고 에드워즈가 노샘프턴 교회의 목사가 되다. 1735년에 이 교회의 회원이 650여 명이었다. 에드워즈는 하루 보통 열세 시간을 서재에서 보냈다. 그러나 사람들이 흔히 이야기하는 것과는 달리, 그는 서재에만 파묻혀 사는 사람이 아니었다. 항상 자신의 가족과 회중에게는 열려 있어서, 언제든지 그들이 찾아오면 서재로 맞아들여 함께 기도하고 신앙적인 상담을 해주곤 했다.

1729년 봄 에드워즈는 이때 "목소리를 못 낼 정도로 급격한 정신적·육체적 피로에 시달렸고, 오늘날 심리학자들이 창의성과 자주 동일시하는 불안장애anxiety disorder의 온갖 증상들이 나타났다"(Yale 14:13). 4월 말부터 5월 초까지 17일 동안 뉴헤이븐을 다녀왔지만, 6월 초에 다시 갑자기 쓰러져 거의 한 달 동안 설교도 할 수 없었다.

〔*1729년 12월* 에드워즈의 누이인 제루샤Jerusha가 "심한 열병"을 앓다가 죽다.〕

1730년 「묵상글 모음」 455-487을 기록하다.

1730년 11월 '삼위일체에 관하여Discourse on the Trinity'를 시작하다.

1730년 4월 26일 둘째 아이 제루샤Jerusha가 태어나다.

1730년 10월 자신의 「여백 성경Blank Bible」에 첫 번째 기록을 시작하다.

〔*1731년* 뉴포트 여행중에 조지 버클리 감독Bishop George Berkeley과의 만남을 가졌을 것이다.〕

1731년 1월 488부터 시작하는 「묵상글 모음」을 기록하다.

1731년 5월 7일 로드아일랜드 뉴포트에서 "비너스라는 흑인 소녀"를 사다.

1731년 7월 8일 보스턴의 공개 강연에서 '인간의 의존을 통해 영광 받으시는 하나님God Glorified in Man's Dependence'이라는 제목으로 설교하다(고전 1:29-31을 본문으로 한 이 설교가 처음으로 출판됨).

1732년 2월 13일 셋째 아이 에스더Esther가 태어나다.

1733년 1월 「묵상글 모음」 612를 기록하다.

1733년 12월 625에서 시작하는 「묵상글 모음」을 기록하다.

1734년 4월 7일 넷째 아이 메리Mary가 태어나다.

1734년 8월 '신적이고 초자연적인 빛A Divine and Supernatural Light, Immediately Imparted to the Soul by the Spirit of God, Shown to be both a Scriptural, and Rational Doctrine'을 설교하다.

1734년 11월 '오직 믿음으로 말미암는 칭의Justification by Faith Alone'를 설교하다(예일대학판에 95페이지에 걸쳐 수록됨). 「묵상글 모음」 668을 기록하다.

1734-1735년 노샘프턴과 코네티컷 골짜기에 첫 번째 부흥의 물결이 일어나다.

1735년 6월 1일 에드워즈의 숙부인 조셉 홀리가 자신의 목을 칼로 그어 자살하다.

1734-1735년 로버트 브렉Robert Breck에 대한 소송이 제기되다. 스프링필드의 제일교회가 알미니안인 로버트 브렉을 목사로 청빙하기로 결정했다. 에드워즈가 속한 햄프셔 카운티의 목회자들 대다수가 반대하는데도 브렉이 1736년 1월에 그 교회 목사로 세워진다.

1735년 '기도를 들으시는 가장 존귀하신 하나님The Most High, a Prayer-Hearing God'이라는 제목으로 설교하다.

1736년 8월 「묵상글 모음」 698을 기록하다.

[*1736년* 에드워즈의 누이 루시Lucy가 당시 유행했던 후두 질환으로 죽다.]

1736년 8월 31일 다섯째 아이 루시Lucy가 태어나다.

1736년 가을-겨울 조셉 벨라미Joseph Bellamy가 에드워즈와 함께 연구하기 위해 찾아오다.

1737년 「놀라운 회심이야기*A Faithful Narrative of Surprising Conversions*」가 출간되다(1737년부터 1739년 사이에 이 책은 3판 20쇄를 거듭한다).

1737년 3월 13일 에드워즈가 섬기는 교회의 회중석 중앙이 금이 가 아래에 있는 교인들을 덮치는 사건이 발생했으나 사상자는 발생하지 않았다. 이 일로 인해 12월 25일에 새로운 교회당이 지어졌다.

[*1738년* 존 웨슬리가 영국에서 감리교 부흥을 일으키다.]

1738년 '그리스도의 탁월성The Excellency of Christ'을 설교하다.

1738년 4-10월 '사랑과 그 열매들Charity and Its Fruits'을 설교하다(1851년에 출간됨).

1738년 7월 25일 여섯째 아이인 티모시Timothy가 태어나다.

1738년 10월「묵상글 모음」756을 기록하다.

1739년 2월「묵상글 모음」788을 기록하다.

1739년 3-8월 이사야 51:8을 근거로 한 시리즈 설교, '구속의 역사History of the Work of Redemption'를 진행하다(1774년에 출간됨).

1739년 8월「묵상글 모음」807을 기록하다.

1739년 겨울「묵상글 모음」832를 기록하다.

1740년 1월「묵상글 모음」841을 기록하다.

1740년 6월 20일 일곱째 아이인 수잔나Susannah가 태어나다.

1740년 8월「묵상글 모음」847을 기록하다.

1740년 조지 윗필드의 뉴잉글랜드 순회설교로 제1차 대각성운동(1740-1742년)이 시작되다.

> 10월 31일에 노샘프턴에 도착한 윗필드는 10월 17일과 주일 아침에 교회에서 설교하고, 주일 저녁은 에드워즈의 집에서 설교했다. 그 다음에도 이틀에 걸쳐서 세 번의 설교를 더했다. 윗필드는 에드워즈가 "설교 내내 울었다"고 적고 있다. 에드워즈에 따르면, "계속되는 설교를 통해서 회중의 마음이 녹아내렸고, 거의 모든 회중이 울면서 설교를 들었다"고 한다(Yale 4:545).

1740년 11월 '새 노래로 찬양They Sing a New Song'이라는 제목으로 설교하다.「묵상글 모음」859-860을 기록하다.

1740년 12월 「신앙고백*Personal Narrative*」을 기록하다.

1741년 5월 「묵상글 모음」 862를 기록하다.

1741년 7월 8일 '진노하시는 하나님의 손 안에 있는 죄인들Sinners in the Hands of an Angry God'이라는 제목으로 설교하다.

1741년 8-9월 「묵상글 모음」 874를 기록하다. 노샘프턴에서 대각성운동이 절정에 이르다.

1741년 9월 10일 '하나님의 성령의 역사의 두드러진 표증들Distinguishing Marks of the Work of the Spirit of God'이라는 제목으로 예일대학 졸업식 강연에서 설교하다.

1741년 12월 새뮤얼 홉킨스Samuel Hopkins가 에드워즈의 집에 도착하다(홉킨스는 에드워즈를 직접 목격하고 그의 전기를 쓴 유일한 사람이다). 에드워즈에 대해 그는 이렇게 말한다.

"유약한 체질인데도 에드워즈와 같이 오랫동안 연구에 집중할 수 있는 학생은 드물다. 그는 보통 하루 열세 시간을 서재에서 보냈다. 여름에는 여가 시간에 주로 말을 타거나 산책을 했다. 그는 보통 저녁을 먹고 나서 누가 동행하지 않는 한 4킬로미터 정도 말을 타고 한적한 숲으로 들어가서 숲 속을 거닐었다. 그럴 때면 중요한 주제가 머릿속에 떠오르곤 했는데, 떠오른 생각을 적기 위해 펜과 잉크를 챙겨 다녔다. 그렇게 할 수 없는 겨울에는 거의 매일 도끼를 들고 한 시간 반 정도 장작을 팼다."

1741년 12월 「묵상글 모음」 903을 기록하다.

〔*1742년* 스코틀랜드에 부흥이 일어나다.〕

1742년 1월 19일-2월 4일 사라 에드워즈가 황홀경을 체험하다.

"자기 부인의 영적인 체험에 대해 적어 놓은 에드워즈의 기록은 그의 모든 기록 가운데 가장 놀랄 만한 것이라고 할 수 있다. 그리고 사라 자신의 서술은…… 이 땅에서도 천국을 얼마나 많이 누릴 수 있는지를 말해 주는 놀라운 증언이다."[103]

1742년 3월 16일 노샘프턴 언약Northampton covenant(마을 전역에 걸친 갱신에 대한 약속)을 맺다.

1742년 6월 「묵상글 모음」 991을 기록하다.

1742년 가을-겨울 「뉴잉글랜드의 신앙 부흥에 대한 몇 가지 생각 *Some Thoughts Concerning the Present Revival of Religion in New England*」을 쓰다.

1742년 「신앙감정론 *Religious Affections*」이라는 제목으로 출간될 일련의 설교를 시작하다(1743년에 끝남).

1743년 5월 9일 여덟째 아이인 유니스Eunice가 태어나다.

1743년 9월 찰스 촌시가 에드워즈에 대한 대응으로서 「뉴잉글랜드의 종교적 상황에 대한 성찰 *Seasonable Thoughts on the States of Religion in New England*」을 출간하다.

부흥에 대한 촌시의 전반적인 평가는 이렇다. "전대미문의 미신과 광신의 영이 온 땅을 뒤덮고 있다.…… 많은 사람들이 참된 기독교의 평정을 찾기 바란다. 동시에 내가 덧붙이고 싶은 말은, 일반적으로 지금 드러나는 현상은 다름 아닌 열광주의적 흥분의 결과일 뿐이라는 사실이다. 사람들 사이에 많이 회자되는 선한 이야기들이 내게는 그저 흥분에서 비롯된 소동에 불과한 것처럼 들린다."

1744년 「묵상글 모음」 1067-1069를 기록하다.

1744년 3월 '불온서적' 사건(몇몇 청년들이 성적인 만족을 위해 책을 돌려 보고 소녀들을 희롱함)이 시작되다.

1744-1749년 「메시아의 모형들 *Types of the Messiah*」을 저술하다(「묵상글 모음」 1069).

1745년 5월 26일 아홉째 아이이자 둘째 아들인 조나단Jonathan이 태어나다.

1746년 「신앙감정에 관한 논문 *A Treatise Concerning Religious Affections*」이 출간되다.

[*1746년* 뉴저지대학(프린스턴대학의 전신)이 설립되다.]

1747년 5월 6일 열째 아이인 엘리자베스Elizabeth가 태어나다.

1747년 5-6월 데이비드 브레이너드가 방문하고(5월 28일) 죽다(10월 9일).

1747년 10월 「기도합주회 *A Humble Attempt to promote Explicit Agreement and Visible Union of God's People in Extraordinary Prayer for the Revival of Religion and the Advancement of Christ's Kingdom on Earth*」가 출간되다.

1748년 2월 14일 딸인 제루샤Jerusha가 죽다.

[*1748년 6월 19일* 에드워즈의 외숙부이자 그의 가장 큰 후원자였던 존 스토다드John Stoddard가 죽다.]

1748년 여름 「묵상글 모음」 1101을 기록하다.

1749년 「데이비드 브레이너드 생애와 일기 *An Account of the Life of the Late Reverend David Brainerd*」를 출간하다.

1749년 8월 「성찬 참여 자격에 대한 겸허한 연구 *An Humble Inquiry into the Rules of the Word of God, Concerning the Qualifications Requisite to a Complete Standing and Full Communion in the Visible Christian Church*」가 출간되다.

1750년 4월 8일 열한 번째 아이이자 셋째 아들인 피어폰트Pierpont가 태어나다.

1750년 6월 22일 노샘프턴 교회에서 해임되다. 에드워즈가 사임한 이유로 가장 자주 언급되는 것들은 다음과 같다. 첫째, 열한 명의 자녀를 부양하기 위해 사례를 올려 줄 것을 요청했기 때문에, 둘째, 번들링bundling(약혼한 남녀가 옷을 입은 채 한 잠자리에서 자는 뉴잉글랜드의 옛 풍속으로 성관계는 금지됨)에 대한 에드워즈의 대응 때문에, 셋째, 잘못에 직접 가담한 이들의 명단과 그것을 단지 옆에서 지켜보았던 목격자들의 명단을 구분하지 않은 채 공개했기 때문이다. 무엇보다도 가장 중요한 이유는 역시 성찬을 "회심의 수단"으로 여긴 외조부 스토다드의 가르침에 반대한 것이었다.

1750년 7월 2일 고린도후서 1:14을 본문으로 노샘프턴 교회에서 고별설교를 하다.

고별설교를 마치고 사흘이 지난 후, 그는 존 얼스킨John Erskine에게 다음과 같이 편지를 썼다. "이제 가족의 생계를 위해 서툰 손을 놀려 무슨 일이든 해야 하는데, 저에게는 역시 공부가 맞는 모양입니다. 우리 가족은 하나님의 손 안에 있습니다. 그분을 찬양합니다. 그분이 우리를 어떻게 하실지 저는 염려하지 않습니다." 교회에서 해임된 이후에도 7월부터 11월 사이에 노샘프턴 교회 강단에서 예닐곱 번을 더 설교했다.

1751년 6월 인디언을 위한 목회와 선교를 하려고 매사추세츠 주 스톡브리지에 정착하다.

1751년 3월 「묵상글 모음」 1180을 기록하다.

1751년 10월 18일 모든 가족이 스톡브리지로 옮겨 가다.

〔*1752년* 벤저민 프랭클린이 연으로 번개 실험을 하다.〕

1752년 6월 29일 셋째 딸 에스더가 뉴저지대학 총장인 애론 버와 결혼하다. 이 둘의 아들 애론 버 주니어Aaron Burr Jr.는 나중에 미국 부통령이 된다.

1752년 여름 「오류를 바로잡고 진리를 옹호함*Misrepresentations Corrected and Truth Vindicated*」을 출간함으로써 성찬 참여 자격에 대한 솔로몬 윌리엄스Solomon Williams의 주장에 대응하다.

1752년 8월 「묵상글 모음」 1200을 기록하다.

1752년 9월 28일 '참된 은혜True Grace, Distinguished from the Experience of Devils'를 설교하다.

1753년 3월 14일 자신의 유언장을 작성하다.

1753년 4월 「의지의 자유 *Freedom of the Will*」 초고를 완성하다.

1753년 겨울 1227부터 시작하는 「묵상글 모음」을 기록하다.

1754년 여름 중병에 걸려 7개월 동안 앓다.

1754년 12월 「의지의 자유」를 출간하다.

1755년 2월 11-13일 막 완성한 「하나님의 천지창조의 목적 *Dissertation on the End for Which God Created the World*」 원고를 벨라미와 홉킨스에게 읽어 주다. 이어 「참된 미덕의 본질 *The Nature of True Virtue*」을 저술하다(1765년에 출간됨).

1755년 부친인 티모시 에드워즈 Timothy Edwards가 여든일곱의 나이로 이스트윈저에서의 목회생활을 마치다.

1756년 1281에서 시작하는 「묵상글 모음」을 기록하다.

1757년 1358에서 시작하는 「묵상글 모음」을 기록하다.

1757년 2월 프린스턴에 있는 뉴저지대학에서 부흥이 일어나고, 이 일로 성령을 진실로 부어 주실 것에 대한 에드워즈의 소망을 새롭게 하다.

1757년 5월 「원죄론 *The Great Christian Doctrine of Original Sin Defended*」을 완성하다.

[*1757년 에드워즈의 사위이자 뉴저지대학의 총장인 애론 버가 죽다.*]

1757년 9월 29일 뉴저지대학 이사회가 에드워즈에게 편지를 써서 총장직을 제의하다.

1757년 10월 19일 총장직을 제의하는 편지에 답신을 보내다. 에드워즈 자신이 이 자리에 적합하지 않다고 생각하는 데는 다음과 같은 이유가 있었다.

"저는 많은 부분에서 그 자리에 부적합한 사람입니다. 특히 체질적으로 허약하고, 성격적으로도 활달하거나 쾌활하지 못하고, 행동과 외모가 어린아이같이 유약하고, 말이 어눌할 때도 많고, 사람들에게 불쾌감을 줄 정도로 따분하고 경직되어 있어 사람들과 대화도 잘 못할 뿐 아니라 무엇보다도 대학을 행정적으로 이끌어 가는 일에 맞지 않습니다"(Yale 16:726).

그는 또한 자신이 "특히 기하학과 고등수학과 같은 분야"에서 자격이 되지 않는다고 했다.

1758년 1월 8일 스톡브리지에 있는 인디언들에게 고별설교를 하다.

1758년 1월 27일 부친인 티모시 에드워즈가 죽다.

1758년 「원죄론」을 출간하다.

1758년 2월 16일 뉴저지대학 총장으로 취임하다.

1758년 3월 22일 천연두 예방접종의 부작용으로 쉰네 살의 나이로 세상을 떠나다.

프린스턴에서 총장의 집무를 시작한 지 한 달 후에 에드워즈는 천연두 예방접종을 받았으나(2월 23일), 부작용으로 인한 열병으로 3월 22일에 세상을 떠났다. 임종시에 딸 루시에게 이런 말을 남겼다.

"사랑하는 루시, 이제 곧 너를 떠나는 것이 하나님의 뜻인 것 같구나. 내 사랑하는 아내에게 내 사랑을 전해 주렴. 그리고 오랫동안 우리 두 사람을 묶고 있던 비상한 연합은 영적인 것이었기에 영원토록 이어질 것이며, 어려운 시험을 잘 이겨 내고 밝은 마음으로 하나님의 뜻을 받들면 좋겠다고 전해 다오. 내 사랑하는 아이들아, 이제 너희 아버지는 너희를 떠난다. 그러나 이로 인해 너희 모두가 너희를 결코 떠나지 않으시는 아버지를 찾는 계기가 되기를 바란다."

이 소식을 편지로 받은 사라도 심하게 앓고 있었다. 4월 3일에 그녀는 딸 에스더에게 편지를 보냈다.

"무슨 말을 해야 할지…… 거룩하고 선하신 하나님께서 어두운 구름으로 우리를 덮으셨구나. 하나님의 막대기에 입 맞추고, 더 이상 아무 말 하지 말자! 주님께서 하신 일이니. 하나님께서 나로 그분의 선하심을 누리게 하심으로 우리가 이제까지 그와 함께 있을 수 있었단다. 하지만 내 마음의 주인 되신 나의 하나님은 여전히 살아 계시다. 내 남편이자 너의 아버지인 그가 우리에게 남겨 준 것이 어찌 그리 대단한지! 우리는 모두 하나님께 드려졌단다. 나도 그곳에 그분과 함께 있기를 너무나 간절히 원한다. 항상 너를 사랑하는 엄마, 사라 에드워즈."

1758년 샐리Sally와 애론Aaron이라는 두 명의 아이를 가진 딸 에스더가 죽다(애론은 나중에 미국의 부통령이 되지만 안타깝게도 그리스도인은 아니었다).

1758년 10월 2일 사라 에드워즈가 이질에 걸려 마흔여덟의 나이로 필라델피아에서 죽다.

1761년 막내인 베티Betty가 열네 살의 나이로 죽다(일곱 딸들 가운데 유니스

가 가장 오래 살았는데, 1822년에 일흔아홉의 나이로 세상을 떠난다).

1771년 에드워즈의 모친이 아흔여덟의 나이로 세상을 떠나다.

에드워즈가 죽은 후, 새뮤얼 홉킨스와 조셉 벨라미가 그가 남긴 원고들을 모아 출간하는 일을 맡았다.

에드워즈의 생애를 연구한 저작들 가운데 가장 도움이 될 만한 것들을 몇 가지 추려 보았다.

> Philip. F. Gura. *Jonathan Edwards: America's Evangelical*. New York: Hill & Wang, 2005. 284 pp.
>
> George M. Marsden. *Jonathan Edwards: A Life*. New Haven, Conn.: Yale University Press, 2003. 615 pp. (「조나단 에드워즈 평전」 부흥과개혁사)
>
> Iain H. Murray. *Jonathan Edwards: A New Biography*. Carlisle, Pa: Banner of Truth, 1987. 503 pp. (「조나단 에드워즈: 삶과 신앙」 이레서원)
>
> Patricia J. Tracy. *Jonathan Edwards, Pastor: Religion and Society in Eighteenth-Century Northampton*. New York: Hill & Wang, 1980. 270 pp.
>
> Ola Elizabeth Winslow. *Jonathan Edwards: 1703-1758, A Biography*. New York: Octagon, 1973 [1940]. 406 pp.

주

1. John E. Smith, "Editor's Introduction," in Jonathan Edwards, *Religious Affections*, ed. John E. Smith, vol. 2 of *The Works of Jonathan Edwards*(New Haven, Conn.: Yale University Press, 1969), 8.
2. Jonathan Edwards, *Religious Affections*, ed. John Smith, vol. 2 of *The Works of Jonathan Edwards*(New Haven, Conn.: Yale University Press, 1969), 84. 에드워즈의 논문을 다시 복원해서 출간한 몇몇 책들이 있는데, 그중에 가장 도움이 될 만한 것은 예일대학에서 출간한 전집(1746년에 S. Kleenland가 출간한 초판을 가지고 작업했다)과 Edward Hickman이 펴낸 두 권으로 된 전집이다. *The Works of Jonathan Edwards*, 2 vols.(Carlisle, Pa.: Banner of Truth, 1979), 1:234-343. 이 책은 1808년의 Worcester판에 기초해서 Banner of Truth에서 출간한 것이다(단행본으로도 나왔다. *Religious Affections*[Carlisle, Pa.: Banner of Truth, 1991]). James M. Houston이 편집한 요약판도 나왔다. *Religious Affections: A Christian's Character Before God*(Minneapolis: Bethany, 1996). www.JonathanEdwards.com에서 온라인판으로도 볼 수 있다.
3. 이 책에서 인용한 「대각성 이야기」*A Faithful Narrative*」에 대한 책은 다음과 같다. *Jonathan Edwards on Revival*(Carlisle, Pa.: Banner of Truth, 1991), 2-74. 이 서술은 또한 관련된 서신들과 더불어 예일대학판에서도 볼 수 있다. Jonathan

Edwards, "A Faithful Narrative," in *The Great Awakening*, ed. C. C. Goen, vol. 4 of *The Works of Jonathan Edwards* (New Haven, Conn.: Yale University Press, 1972), 99-211.
4. Edwards, *Faithful Narrative*, 9.
5. 같은 책, 11.
6. Edwin S. Gaustad, *The Great Awakening in New England* (Gloucester, Mass.: Peter Smith, 1965), 20.
7. Edwards, *Faithful Narrative*, 12.
8. 같은 책, 13.
9. 같은 책.
10. 같은 책.
11. 같은 책.
12. 같은 책, 14.
13. 같은 책, 15.
14. 같은 책.
15. 같은 책.
16. 같은 책, 19.
17. 같은 책, 21.
18. 같은 책.
19. 같은 책, 23.
20. 같은 책, 24.
21. 같은 책.
22. 같은 책, 25-26.
23. 같은 책, 37-38.
24. 같은 책, 45.
25. 같은 책, 46.
26. 같은 책, 47.
27. 같은 책.
28. 같은 책.
29. 같은 책, 69.
30. 같은 책.
31. 같은 책.
32. 같은 책.

33. 같은 책, 71.
34. 같은 책.
35. Goen, "Editor's introduction," in Edwards, *Great Awakening*, 48. (「부흥론」 부흥과개혁사)
36. 같은 책, 49.
37. 다음 책에서 인용. Cited in Arnold A. Dallimore, *George Whitefield: God's Anointed Servant in the Great Revival of the Eighteenth Century*(Westchester, Ill.:Crossway, 1990), 89-90. (「조지 윗필드」 복 있는 사람 출간 예정)
38. 다음 책에서 인용. Gaustad, *Great Awakening in New England*, 29.
39. Goen, "Editor's Introduction," in Edwards, *Great Awakening*, 49.
40. 같은 책, 51.
41. 같은 책, 62.
42. 같은 책.
43. 같은 책, 63.
44. 다음 책에서 인용. Gaustad, *Great Awakening in New England*, 70.
45. 같은 책, 72.
46. 다음 책에서 인용. George. M. Marsden, *Jonathan Edwards: A Life*(New Haven, Conn.: Yale University Press, 2003), 281. (「조나단 에드워즈 평전」 부흥과개혁사)
47. 같은 책, 282.
48. Gaustad, *Great Awakening in New England*, 79.
49. 같은 책, 61-62.
50. 본서에서는 이 책에 대해 *Jonathan Edwards on Rivival*, 75-147을 참고했다. 다음 책도 참고하라. Edwards, "The Distinguishing Marks," in Goen, ed., *Great Awakening*, 213-288.
51. Edwards, *Distinguishing Marks*, 87.
52. 같은 책, 109.
53. Edwards, *Religious Affections*, 95. (「신앙감정론」 부흥과개혁사)
54. Smith, "Editor's Indroduction," in Edwards, *Religious Affections*, 11.
55. 같은 책, 17.
56. 같은 책.
57. Michael A. G. Haykin, *Jonathan Edwards: The Holy Spirit in Revival* (Webster, N.Y.: Evangelical Press, 2005), 48.

58. 이제까지 신학 저널들에 신앙감정을 분석하는 수많은 논문들이 실렸지만, 평범한 독자들을 위해 이 중요한 저작을 설명해 주는 것은 거의 없었다. 지금까지 나온 책 중에 그래도 제럴드 맥더모트의 책이 이런 목적에 가장 부합한다. *Seeing God: Twelve Religious Signs of True Spirituality*(Downers Grove, Ill.: Inter Varsity, 1995). 이 책의 두 번째 판은 리젠트 칼리지 출판부Regent College Publishing에서 다음과 같은 제목으로 나왔다. *Seeing God: Jonathan Edwards and Spiritual Discernment*(2000).

59. John Piper, *Desiring God*(Sisters, Ore.: Multnomah, 2003). (「하나님을 기뻐하라」 생명의말씀사)

60. 존 파이퍼의 용어를 인용해서 말해 보면, 이 말은 조나단 에드워즈를 "기독교 희락주의자Christian Hedonist"라고 부를 수 있는가 하는 의문을 제기한다. 존 파이퍼는 '조나단 에드워즈는 기독교 희락주의자였는가?'라는 논문을 통해 이 질문에 대한 긍정적인 대답을 탁월하게 전개한다. 다음 사이트를 보라. www.desiringgod.org.

61. 전자는 죄의 지배로부터의 자유, 다시 말해 더 이상 죄의 권세 아래서 종 노릇 하지 않아도 되도록 해주신 분으로 그리스도를 깨닫고 죄를 멀리하고 죄와 싸우는 신자들의 관점이고, 후자는 단순히 자신의 죄책을 없애서 천국에 갈 수 있도록 하신 분으로 그리스도를 보는 이들의 생각을 대변한다. 이런 사람들은 여전히 이기적이고 육신적으로 그리스도를 바라보고 이용할 뿐이다―옮긴이.

62. 에드워즈가 「신앙고백」을 「신앙감정론」보다 먼저 썼다는 데는 모두가 동의하고 있다. 대니얼 쉐아는 "이 글은 에드워즈가 1742-1743년에 행한 일련의 설교를 준비하는 가운데 기록된 것이라고 볼 수 있는데, 이 설교들을 기반으로 한 것이 바로 「신앙감정론」이다. 분명한 것은 이 책 마지막 단락에서 그가 언급한 날짜인 1739년 1월 이전까지는 이 책이 아직 끝나지 않았다는 사실이다"고 말한다 (Daniel B. Shea, "The Art and Instruction of Jonathan Edwards' *Personal Narrative*," in *Critical Essays on Jonathan Edwards*, ed. William J. Scheick[Boston: G. K. Hall & Co., 1980], 275; originally published in *American Literature* 37[March 1965]: 17-32). 지금까지 어느 정도 분명하게 알게 된 것은 「신앙고백」은 나중에 에드워즈의 사위가 되는 애론 버의 요청에 의해 기록되었다는 사실이다. 조지 클래혼은 에드워즈가 1741년에 그로부터 받은 편지를 인용하는데, 이 편지에서 애론 버는 1740년 12월 14일에 에드워즈로부터 받은 편지에 감사하고 있다. 버는 이렇게 덧붙인다. "당신에게 이 글을 쓸 마음을 갖도록 하시고, 특별히 당신이 체험한 것들을 거리낌 없이 기록하도록 하신 하나

님께 감사드립니다. 이 글은 제 영혼에 큰 유익이 되었습니다. 다른 사람들의 체험에 대한 글을 읽고 또 직접 듣기도 했지만, 당신의 글만큼 제게 큰 영향을 준 것은 없었습니다. 정말 제가 꼭 필요로 하는 때에 당신의 글을 읽게 되었고, 그동안 제가 무지했던 것들을 분명히 깨닫게 해주었습니다"(cited in George S. Claghorn, introduction to "Personal Writings," in Jonathan Edwards, *Letters and Personal Writings*, ed. George S. Claghorn, vol. 16 of *The Works of Jonathan Edwards*[New Haven, Conn.: Yale University Press, 1998], 747).

63. 「신앙고백」은 에드워즈가 죽은 지 7년이 지난 1765년에 새뮤얼 홉킨스가 처음으로 출판했다. 당시 이 책은 7,000단어가 채 안 되는 분량이었다. 쉐아에 따르면 "이 책은 서둘러 기록한 인상을 주었다. 그러나 만약 그가 하루 만에 자신의 영적 자서전을 써 내려갔다고 한다면, 그가 자신의 체험을 판단하는 기준에 이르기까지는 20년, 아니 그 이상이 걸렸다"(Shea, "Art and Instruction," 266). 많은 에드워즈 저작들에 「신앙고백」의 본문이 담겨 있다. 나는 www.jonathanedwards.com에서 제공하는 본문을 사용했다. 독자들은 다음의 저작들에서 이 본문을 구할 수 있다. *Letters and Personal Writings*(ed. Claghorn) 그리고 *A Jonathan Edwards Reader*, ed. John E. Smith, Harry S. Stout, and Kenneth P. Minkema(New Haven, Conn.: Yale University Press, 1995), 281-296. 히크만판도 있다. *The Works of Jonathan Edwards*, ed. Edwards Hickman, 2 vols.(Carlisle, Pa.: Banner of Truth, 1979), 1:xii-xv, xlvi-xlviii. 「신앙고백」의 많은 재판본들의 간략한 역사에 대해서는 다음을 보라. George S. Claghorn, introduction to "Personal Writings," in Edwards, *Letters and Personal Writings*(ed. Claghorn), 751-752 and Shea, "Art and Instruction," 80, n. 1.

64. Shea, "Art and Instruction," 266.

65. Charles Hambrick-Stowe, "The 'Inward, Sweet Sense' of Christ in Jonathan Edwards," in *The Legacy of Jonathan Edwards; American Religion and the Evangelical Tradition*, ed. D. G. Hart, Sean Michael Lucas, and Stephen J. Nichols(Grand Rapids, Mich.: Baker, 2003), 79.

66. Claghorn, introduction to "Personal Writings," in Edwards, *Letters and Personal Writings*(ed. Claghorn), 748.

67. 「신앙고백」을 이해하는 데 있어서 마이클 맥클라이먼드가 쓴 다음 책이 내게는 큰 도움이 되었다. *Encounters with God: An Approach to the Theology of Jonathan Edwards*(New York: Oxford University Press, 1998), 37-49.

68. 같은 책, 42.

69. 같은 책, 44.
70. 같은 책, 48.
71. 에드워즈의 이런 언급을 보면서 그의 생각에 공감하는 독자들이 많을 것이라고 생각한다. 죄인을 구원함에 있어서 하나님의 주권이 종종 불의하고 부당할 뿐 아니라, "끔찍한 교리"로 다가오는 때도 있다. 여기는 하나님의 선택에 대해 논하는 자리가 아니기 때문에 이 주제에 관한 필자의 책을 한 권 소개한다. *Chosen for Life: The Case for Divine Election*(Wheaton, Ill.: Crossway, 2007).
72. Jonathan Edwards, "A Divine and Supernatural Light," in *A Jonathan Edwards Reader*, ed. John E. Smith, Harry S. Stout, and Kenneth Minkema(New Haven.: Yale University Press, 1995), 112.
73. 같은 책, 111, 저자 강조.
74. 같은 책.
75. 같은 책, 112.
76. 같은 책, 저자 강조.
77. 같은 책, 115.
78. 같은 책, 123.
79. George S. Claghorn, introduction to "Personal writings," in Jonathan Edwards, *Letters and Personal Writings*, ed. George S. Claghorn, vol. 16 of *The Works of Jonathan Edwards*(New Haven, Conn.: Yale University Press, 1998), 747, 저자 강조.
80. John Piper, *When I Don't Desire God: How to Fight for Joy*(Wheaton, Ill.: Crossway, 2005), 184. (「하나님을 기뻐할 수 없을 때」 IVP)
81. 같은 책, 184-185. 파이퍼가 사용한 햇빛이라는 심상은 C. S. 루이스의 글에 근거를 두고 있다. *God in the Dock*(Grand Rapids, Mich.: Eerdmans, 1970), 212.
82. John Piper, *God Is the Gospel*(Wheaton, Ill.: Crossway, 2005). (「하나님이 복음이다」 IVP)
83. 에드워즈가 이 부분에 대해 말하고 있는 설교들과 「묵상글 모음」의 전체 목록을 원하면 폴 램지Paul Ramsey의 에세이를 보라. "Heaven Is a Progressive State," in Jonathan Edwards, *Ethical Writings*, ed Paul Ramsey, vol. 8 of *The Works of Jonathan Edwards*(New Haven, Conn.: Yale University Press, 1989), 706-738.
84. Jonathan Edwards, "Diary," in *A Jonathan Edwards Reader*, ed. John E. Smith, Harry S. Stout, and Kenneth P. Minkema(New Haven, Conn.: Yale

University Press, 1995), 268.
85. 에드위즈의 종말론에 대한 가장 유익하고 도움이 되는 책은 맥더모트의 책이다. Gerald R. McDermott, *One Holy and Happy Society: The Public Theology of Jonathan Edwards*(University Park: Pennsylvania State University Press, 1992). 에드위즈의 종말론을 간단히 다루면서 나는 그의 이 탁월한 책에서 많이 참고했다. 에드위즈의 종말론에 대해서 참고할 만한 다른 책들도 많다. Stephen J. Stein's essay, "Eschatology," in *The Princeton Companion to Jonathan Edwards*, ed. Sang Hyun Lee(Princeton, N.J.: Princeton University Press, 2005), 226-242. 스티븐 스타인Stephen J. Stein은 우리에게 다음과 같이 상기시킨다. "'마지막에 일어날 일들'에 관한 개인적인 묵상이나 공적인 기록에서 조나단 에드위즈는 '종말론eschatology'이라는 용어를 전혀 사용하지 않는다. 영어권에서 이 말은 19세기 중반에 처음 등장했다"(226). (『조나단 에드위즈의 신학』 부흥과개혁사)
86. McDermott, *One Holy and Happy Society*, 35.
87. Jonathan Edwards, "Some Thoughts Concerning the Revival," in Jonathan Edwards, *The Great Awakening*, ed. C. C. Goen, vol. 4 of *The Works of Jonathan Edwards*(New Haven, Conn.: Yale University Press, 1972), 353.
88. McDermott, *One Holy and Happy Society*, 51.
89. Jonathan Edwards, in a letter "To William McCulloch," in Goen, ed., *Great Awakening*, 560.
90. McDerott, *One Holy and Happy society*, 85.
91. "Editor's Introduction," in Jonathan Edwards, *Typological Writings*, ed. Wallace E. Anderson and Mason I. Lowance, Jr., with David Watters, vol. 11 of *The Works of Jonathan Edwards*(New Haven, Conn.: Yale University Press, 1993), 9.
92. 같은 책, 7-8.
93. John Piper, *When I Don't Desire God: How to Fight for Joy*(Wheaton, Ill.: Crossway, 2004), 101.
94. John Piper, *Desiring God*(Sisters, Ore.: Multnomah, 2003).
95. Jonathan Edwards, "Essay on the Trinity," in *Treatise on Grace and Other Posthumously Published Writings,* ed. Paul Helm(Cambridge, Mass.: James Clarke, 1971), 118.
96. John Piper, *The Pleasures of God*(Portland, Ore.: Multnomah, 1991),

215-216.

97. James Denney, "The Second Epistle to the Corinthians," in W. Robertson Nicoll, ed., *The Expositor's Bible*, 6 vols.(New York: Wilbur B. Ketcham, n.d.), 5:724.

98. Jonathan Edwards, "Christian Happiness," in Jonathan Edwards, *Sermons and Discourses 1720-1723*, ed. Wilson H. Kimnach, vol. 10 of *The Works of Jonathan Edwards*(New Haven, Conn.: Yale University Press, 1992), 304.

99. 같은 책.

100. 존 파이퍼의 책을 보라. *The Pleasures of God*(Portland, Ore.: Multinomah, 1991), 215-216.

101. 휘튼 칼리지에서 조나단 에드워즈의 삶과 신학에 대한 과목을 가르치기 위해 준비하면서 이 연표의 초안을 작성했다. 이 초안을 다 끝냈을 때 나는 케네스 민케마Kenneth Minkema가 이와 비슷한 연대표를 만든 것을 알게 되었고, 나의 이 연표에 그가 연구한 것을 임의로 참고하고 덧붙였다. 이런 연구뿐 아니라, 우리가 에드워즈를 더 잘 이해할 수 있도록 많은 선구적인 연구를 하고 있는 그에게 나는 지금도 깊이 감사하고 있다. 다음 책에서 그의 '조나단 에드워즈의 삶과 저작에 대한 연표Chronology of Edwards' Life and Writings'를 볼 수 있다. *The Princeton Companion to Jonathan Edwards*, ed. Sang Hyun Lee(Princeton, N.J.: Princeton University Press, 2005), xxiii-xxviii.

102. *The Works of Jonathan Edwards*(New Haven, Conn.: Yale University Press).

103. Ian Murray, *Jonathan Edwards: A New Biography*(Edinburgh: Banner of Truth, 1987), 193. (「조나단 에드워즈: 삶과 신앙」이레서원)